U0006624

蔣永敬 著

孫中山

與胡志明

臺灣商務印書館

目次

自序

　　越南毗鄰中國西南粵、桂、滇三省地區，中越歷史關係久遠，越人吸收中國文化最深，雙方人民交往頻繁。一八八五年中法戰敗，越南淪為法之「保護國」，孫中山深受衝擊，「始決傾覆清廷、創建民國之志」。越人抗法革命與中國反清革命，可謂同時並進。在空間方面，辛亥（一九一一）革命前孫中山除以日本為活動據點外，並以越南作為粵、桂、滇三省活動的基地。與此同時，越南革命領袖潘佩珠亦以日本作為活動的據點，也以粵、桂、滇三省作為對越活動的途徑。一九〇五年潘、孫在東京開始交往以後，中越革命黨人頻有接觸。一直到一九二五年潘在中國上海被法越殖民當局逮捕，解回越南監禁。此時胡教明（阮愛國）已在廣州，利用潘之革命基礎，一直到一九四五年二次大戰前，胡與越南革命黨人大部分時間，都是留在中國，繼續對越進行活動。

　　越南革命黨人與中國之關係，筆者曾在一九六〇年利用國民黨黨史會之越南革命檔案資料，撰有《胡志明在中國》一書，一九七二年由《傳記文學》出版。一九九〇年撰《孫中山與潘佩珠》一文，在廣東中山市翠亨村孫中山的故鄉學術研討會上發表。前者涵蓋的時間為一九二五年到一九四五年，後者為一九〇五年到一九二五年，正好銜接四十年。

　　《胡志明在中國》的出版，將近四十年，絕版已久。所用檔案原始資料，至為珍貴，值得研究者的參考。今修訂補充改題為《越南革命黨人在中國：以胡志明為中心》。另外收入〈孫中山與潘佩珠〉一篇，增列「中越革命領袖」標誌，作為本書《中越革命關

係》的第一篇構成全書的體系。難免仍有疏漏之處，尚祈讀者有以
教正之。

蔣永敬　二〇一〇年十月於台北市

第一篇／中越革命領袖：孫中山與潘佩珠

第一章

前言

　　在孫中山倡導革命運動的過程中，對中國以及亞洲形勢的改變，具有重大程度的影響者，一為一九一一年的辛亥革命；一為一九二四年的國民黨改組。越南為亞洲的重要一環，人文、地理與中國的關係，尤為密切。潘佩珠所倡導的越南反法革命運動，與孫中山的反滿革命運動，幾乎同時並進。在活動的空間方面，辛亥革命前，孫中山除以日本作為活動的據點外，並曾以越南作為對粵、桂、滇三省活動的基地；與此同時，潘氏亦曾以日本作為活動的據點，並曾在廣州與香港等地與中國革命黨人多所聯絡，以粵、桂、滇三省作為對越活動的途徑。此一時間上和空間上的重疊，對中、越兩方革命運動，必有互動之處，值得探求。這方面的研究，過去在中國大陸及越南方面，已有相當程度的成就；惟在臺灣方面近年來的研究，則被忽略。至於一九二四年孫中山之改組國民黨對越南革命的關係，就所見到的著作或資料方面，顯較前一階段為不足。筆者雖在多年前有《胡志明在中國》一書的問世，曾涉及此一階段的關係，但以文獻的不足，其中若干問題，有待補充與修正之必要。本文之撰寫，承黃彥教授之助與徐善福教授的慷慨，獲得嚮往已久的珍貴資料和著作，使筆者能對前一階段的忽略，得以補充；對後一階段略有修正。

　　就孫中山在辛亥革命運動的過程中而言，其與越南革命運動的關係，一為越南革命領袖潘佩珠與孫中山和中國其他革命黨人的交

往，對越南革命運動的影響；次為孫中山從一九○○年到一九○八年之間，曾多次來往越南，尤其在一九○七年到一九○八年之間，孫中山以河內為指揮中心，發動粵、桂、滇邊境的四次起義，與當時越人的反法事件的關聯問題；三為辛亥武昌起義後民國之建立，對越南革命運動所發生的鼓舞作用及其思想政策的轉變。以上問題，頗值深思與探討。

就孫中山一九二四年改組國民黨對越南革命運動的影響而言，其中較為顯著者，一為越南革命黨人范鴻泰在廣州沙面行刺越南法總督馬蘭（M. Merlin）事件所帶來的衝擊；次為潘佩珠再度到粵成立越南國民黨；三為胡志明（阮愛國）之來粵活動與越南青年革命同志會的產生。以上三者都是孫中山改組國民黨時對越南革命運動有直接的關聯。

本文將就辛亥革命與國民黨改組兩個階段，來探討孫中山和潘佩珠及其對越南革命運動的關係和影響。

第二章

潘佩珠與梁啟超的契合

　　辛亥革命而影響於越南革命運動的，起於潘佩珠與孫中山及其革命黨人之不斷的交往。從一九〇五年到一九一一年之間的交往，對越南革命運動最顯著的轉變，一為潘佩珠的活動由聯日轉為聯華；一為潘氏的思想由君憲轉為民主。但潘在出國之初，卻與中國保皇派梁啟超相契合。

　　潘佩珠原名文珊，別號巢南子，又字是漢，一八六七年生於越南中部義安省南壇縣，青少年時期，曾參加反法活動。一九〇〇年在義安中解元，聲名大著。從此結合同志，在國內作積極的反法革命運動。[1]與同志鄧蔡珅（魚海）擬訂三項活動計畫：

> 　　其一，為聯絡舊勤王餘黨及諸綠林健兒，倡起義兵，目的專在於討賊復仇，而其手段必以暴動為首難。
>
> 　　其二，為擁扶盟主，於皇親中立之，陰結諸路有力者應援。且糾協南北忠義之士，謀同辰（時）大舉。
>
> 　　其三，為依以上二計畫，如必須外援辰（時），則為出洋求援之舉。[2]

　　上項計畫之目的，專在於恢復被法統治之越南，設立獨立政府。除此之外，尚無任何之主義。

　　為實行上項計畫之第一款，潘氏曾於一九〇一年策劃襲擊義安未成；次年復往蕃昌訪抗法英雄黃花探，商討聯合起義問題。黃因

病，由其部將接待。為實行上項計畫之第二款，潘於一九〇三年聯
繫上嘉隆王的後裔、皇子景的嫡孫圻（畿）外侯強㭭。於一九〇四
年五月與同志阮諴（小羅）等十餘人議定成立團體（一九〇六年正
式定名為維新會），舉強㭭為會主。並商定三項重要工作如下：

> 一、為會勢力擴張計，要於最近時期，廣招會員，厚集經費。

> 二、為暴動發難後之接續進行，要於最近時期，籌定各種材
料。

> 三、為確定求援之方針與其手段。

前二款則以各會員任之，後一款則委阮諴、潘佩珠密籌之。[3]
會後，阮諴與潘佩珠密籌求援之方針與手段，阮謀與潘曰：
「余（阮）想現時列強情勢，非同文同種之邦，無肯援我者。
中朝已讓越與法，況今國勢削弱，自救不遑。惟日本為黃種新進
國，戰俄而勝，野心方張。往以利益說之，彼必樂為我援。縱秦兵
不出，而購械借資，必易為力。若為秦庭之泣，莫如赴日為宜。」[4]
經過周密的安排，潘與曾拔虎、鄧子敬三人於一九〇五年初潛
行出國赴日。此時潘氏的反法革命，奉皇裔強㭭為翁主，宗旨專在
恢復越南，建立君主立憲國。其在思想上頗與中國的保皇派近；且
其未出國前，已曾得讀保皇派梁啟超的《戊戌政變記》、《中國
魂》及《新民叢報》等，極欽慕梁氏其人。故其途經香港時，首訪
保皇派之《商報》，但該報負責人徐勤竟不接見。乃走訪孫中山革
命派的《中國日報》，該報負責人馮自由卻予熱情的接待，與之筆
談頗久，對其反法革命，大表同情。惟馮表示，現革命尚未成功，
援越尚非其時。乃為策劃往謁粵督岑春煊，但未能如願。轉往上
海，遇中國留美學生周椿，告以梁在橫濱的住址。潘大喜，決定一
到日本，必先謁梁。四月，潘藉中國留學生湖南趙君之助，同乘日
船至橫濱。兩人相處雖至融洽，但潘知趙為革命派，對其即將謁梁
之事，則有隱諱，不敢談及。顯示潘對中國革命、保皇兩派交往的

選擇，已有定見。

潘抵橫濱後，遄往晤梁，兩人一見如故。梁除為其介紹日本民黨要人犬養毅、大隈重信予潘以援助外，並為潘氏獻策如下：

一、貴國（越南）不患無獨立之日，而但患其無獨立之民。

二、謀圖光復之計畫，有三要件：（一）貴國內之實力；（二）兩廣之援助；（三）日本之聲援。

貴國內苟無實力，則其下二條，皆非貴國之福。

貴國實力為民智、民氣與人才；兩廣之援助為軍事與餉械；日本聲援為外交上亞洲強國首先承認獨立之一國。

三、潘談及求援日本之事，梁云：「此策恐非善。日兵入境，決無能驅之使出之理，是欲圖存而益以促其亡也。」

四、貴國不患無獨立之機會，而祇患無能承機會之人才。德與法宣戰之時，則為獨立之絕好機會也。[5]

再次，梁與潘商榷圖存之計，梁云：

「中越以地理、歷史關係，二千餘年，密切甚於兄弟，豈有其兄立視弟之死而不救之乎？袞袞諸公，徒肉食耳！予心痛之。予殫力心思，現時只有二策，為能貢獻於君者，其一多以劇烈之文字，纂寫貴國淪亡之病狀，與法人滅人國種之毒謀，宣布於世界，或能喚起世界之輿論，為君策外交之媒介，此一策也。君若能回國，或以文字寄回國內，鼓勵多數青年出洋遊學，藉為興民氣、開民智之基礎，又一策也。」[6]

潘對梁氏的策劃，大為佩服。據潘自述：「余此時腦界眼界為之豁然。深悟從前思想及諸經營，皆孟浪荒唐，無足取者。」於是潘即撰《越南亡國史》一書，由梁之新民叢報社為之出版。七月，潘即偕鄧子敬攜其《越南亡國史》數十冊回國。此行目的有二：一為謀挾畿外侯強柢出國，以為號召；二為謀求俊秀青年數人出洋，

以為潛引越人遊學外洋之先導。[7]前者是因犬養毅的建議；後者即為潘所倡導的「東遊」運動，實際則來自梁氏的主張。

---

1 徐善福〈潘佩珠研究〉（上），《暨南大學學報》（哲學社會科學學報），
　一九八〇年，第三期，三六～三七頁。
2 潘佩珠《潘佩珠年表》。越南堤岸《遠東日報》，一九六二年八月五日至九
　月二十七日連載。原標題為《越南民族革命耆宿潘佩珠先生自傳》，潘佩珠
　先生遺著。《潘佩珠年表》是潘在其文的序言中定名。徐善福在文中註云：
　《潘佩珠年表》是潘於一九二五年在上海被法帝綁架回國後約於逝世（一九
　四〇年）前寫成的。與其一九一三年在廣州被龍濟光逮捕入獄三天後寫成的
　《獄中書》，同為研究潘氏歷史的直接而重要的材料。以下簡稱《年表》。
3 《年表》。按《年表》所記月分，應為陰曆。
4 《年表》。
5 《年表》。
6 《年表》。
7 《年表》。

第三章
潘由君主立憲傾向民主共和

　　潘與孫中山的初晤，是由於犬養毅的主動介紹。顯然由於兩人在思想觀念上的差距，其融洽情形，遠不及與梁之會晤。經過兩次的會談，可謂「不得要領」。依據兩人的行蹤，會晤的時間，應在一九〇五年七、八月間（陽曆）孫自歐洲到達橫檳以後不久的事。[1]會晤的地點，是在橫濱山下町唐人街的中和堂。[2]兩人會晤情形，據潘氏之自述：

> 予持犬養毅名帖及其介紹詞，詣橫檳致（中）和堂謁孫，時夜八點矣。孫出紙筆與予互談革命。孫曾讀過《越南亡國史》，知余腦中未脫君主思想，因極痛斥君主之虛偽，而其結果則欲越南黨人加入中國革命黨；中國革命黨成功之時，即舉其全力援助亞洲諸被保護國同時獨立，而首先著手於越南。予所答辭則亦謂民主共和政體之完全，而其主意則反欲中國革命黨先援越南，越南獨立時，則請次北越借與革命黨為根據地，可進取兩廣，以窺中原。予與孫辯解相持有數點鐘之久。夜十一點，予始辭別。孫約余以次夕再會談。越數日，復在致（中）和堂會孫，再申明前夕所談之意。其實予與孫此時兩皆誤會，予實未知中國革命內容如何；而孫亦未知越南革命真相如何。雙方談解，皆隔靴搔癢耳。結果俱不得要領。[3]

　　其實，孫中山革命之始，其目標為傾覆清廷，創建民國，其最後理想，則為亞洲民族之解救與世界人道之伸張。但其程序，必先

中國革命之成功，乃有可能完成其理想。此一信念，早在一八九七年八月在橫濱初晤宮崎寅藏時即曾表示：「余（孫）固信為中國蒼生，為亞洲黃種，為世界人道而興起革命。」其步驟，則為：「欲救中國四萬萬眾之蒼生，雪亞東黃種之屈辱，恢復宇內之人道而擁護之者，惟有成就吾國之革命，即為得之。」[4] 孫中山這一信念，日人宮崎寅藏深能體會。鑒於潘氏「不得要領」，孫乃介紹潘氏往晤宮崎。宮崎以坦率的態度告訴潘說：「貴國之力，必不能以倒法人，其求援於友邦，未為不是。然日本何能厚援君？日本人政治家大抵富於野心而貧於義俠，君宜勸諸青年多學英語或俄語、德語，多與世界結交，鳴法國之罪惡，使世界人聞之，重人道，薄強權，世界正不乏此等人，始能為公等援耳。」[5] 蓋潘氏此時對日本的求援，抱以樂觀的希望，對於宮崎的坦誠之言，亦未能「深信」也。

　　儘管潘與孫中山和宮崎的會談，未得要領，但由於情勢的演變，使潘改變了原來的看法。就其與孫兩次晤談後的結果而言：「然其後吾（越）黨窮急時，則藉手於彼（孫）黨為多。則兩夕會談為之媒介也。」就其與宮崎晤談後的結果而言，至一九〇八年冬日本應法之要求，取締潘之「東遊」運動後，乃知日本之不可恃，乃專傾向於中國革命黨，益騁聯絡世界之思想。實自會晤宮崎後開始。

　　越南革命黨人最早因「窮急」而借助於中國革命黨者，根據潘的自述，則為梁立岩其人。潘云：

　　　其最可愛者為梁君立岩。君行動不羈，談笑間時呈豪爽之氣。見旅況益窘，幾難自存，則慨然曰：不以此辰（時）吹簫，更復何時？遂枵腹步行，自橫濱至東京一日夜，夜投警察署門口，席地而睡。警吏詰以日語，茫然不知所答，而搜囊又空空如也，則疑為心病人。及以筆談，乃知為我少年。日警吏奇之，給以火車費，遣之回橫濱。君得錢頗足供數日糧，仍不回寓，遍訪東京諸中華留學生

寓所。

　　偶覓得《民報》報館，中華革命黨之機關也。主筆為章太炎，管理為張繼，二人皆為革命黨先鋒，君自投館，以實情告。章、張哀之，使就館，供三等書記之役。且囑回橫濱，引同患者來，當量容數人。6

　　按潘所記之梁立岩求援於《民報》事，應在一九○六年二月間。但章太炎到一九○六年七月十五日始自上海出獄到達東京。《民報》自第六號起，由章任主編。7故潘所記之章，顯係另有其人。今據宋教仁的日記《我之歷史》在一九○六年二月四日確有一越南人至東京《民報》社求助，由張繼與曾摶九兩人商量結果，允留報社工作。二月五日及八日，宋並與此越南人兩度筆談，對其亡國之痛，深為同情。惟宋記其人姓名為「龐希」。但其情況，則與潘記梁的情況略同。茲摘錄宋之日記如下：

　　五日（二月）晴，下午前田氏偕何小柳（天炯）來坐良久，言《民報》社昨日得一越南人來居，並可經理報事，其人乃自越南逃出來東者，一行共三人。大抵亦稍有思想與目的而後為此者。但經濟異常困難，昨（四）日張溥泉（繼）與曾摶九商，故招其人至此也。

　　戌初至《民報》社，晤昨（四）日來之越南人，言語不通，以筆相談。彼言姓龐名希，越南東京河內人，憤祖國之亡，乃潛行至此，存有目的，但現今未敢遽言而已。又言彼國現主成泰帝如何，為法人之奴隸，法人錮之於順化城中，不得出城外一步，名則皇帝，實則奴隸之不如也云云。噫！亡國之痛亦甚矣！8

二月八日又記：

　　「途過《民報》社，與越南人龐筆談最久。」9

　　潘氏留日漸久，對孫中山之革命運動亦漸多瞭解，乃逐漸主動的與中國革命黨人聯絡。潘之思想，也開始轉變。他鑒於「將來必有由滇回越之一日，欲預先聯絡彼都人士之感情。」乃積極結交雲南留東學生如殷承瓛、楊振鴻、趙伸等。其後並自薦於趙等所辦之《雲南》雜誌為義務編輯員。該雜誌為當時革命刊物之一。

　　潘在該刊物中發表有《哀越弔滇》及《越亡慘狀》等文。並與重要革命黨人黃興、章太炎、胡漢民、張繼、梅景九、陳其美等多所交往。因在思想上產生變化。如潘之自述：

> 「余因多與中國革命黨人相周旋，民主之思想已日益濃厚。雖阻於原有之計畫，未能大肆其詞，然腦中含有一番更弦易轍之動機，則自此始。」10

　　迨日本取締潘之「東遊」運動後，使潘之聯日計畫完全落空。於是乃專傾向於中國革命黨及世界各民族之與越南同病者相聯絡。尤以聯絡中國為要。一九〇八年十月，有東亞同盟會的成立，其成員有中、越、韓、印、菲及日本等國人士，由潘任會長。又鑒於中越有脣齒相依之關係，而中國之粵、滇、桂，尤與越南關係密切，潘於是奔走於各該省留日學生之間，得雲南學生會長趙伸及廣西學生會長曾彥的贊同，成立桂、滇、越聯盟會。顯示潘之組織與聯絡的能力，受到肯定。

　　惟兩會成立未久，即被日本當局取締。至一九〇九年二月，日本更迫令潘與強柢出境。強柢往香港，潘則往廣州，續與中國革命黨人聯絡活動。

---

1 孫中山於一九〇五年七月十九日（陰曆六月十七日）抵橫濱。十月七日（九月初九日）離日赴西貢。潘在七月（陽曆八月）上旬離日，至九月（十月）上旬返日。故孫、潘會的時機應為陽曆七月下旬至八月上旬之間。

2 《年表》記為致和堂。應為中和堂之誤。見馮自由：《革命逸史》（臺北：
　臺灣商務印書館，民國五十八年），第三集，〈中和堂小史〉，一三〇頁。

3 《年表》。

4 孫中山〈中國必革命而後能達共和主義〉，一八九七年八月與宮崎寅藏談
　話，《國父全集》（臺北：國民黨中央黨史會，民國六十二年），第二冊，
　七七六頁。

5 《年表》。

6 《年表》。

7 羅家倫主編《國父年譜》（臺北：國民黨中央黨史會，民國五十八年，增訂
　本）上冊，二一四～二一五頁。

8 宋教仁：《我之歷史》，一〇四、一〇六頁。庚申（一九二〇年）桃源三育
　乙種農校印行（臺北：文星書店影印，民國五十一年）。宋日記中之「曾搏
　九」應即曾繼梧，湖南新化人，一九〇五年七月三十日同盟會舉行籌備會時
　即加入，亦為同盟會發起人之一。

9 《年表》。

10 《年表》。

第四章
滇桂邊境起義與
越人反法事件

　　孫中山自一九〇五年八月成立中國同盟會後，革命聲勢雖甚浩
大，然自一九〇七年至一九一一年在粵、桂、滇三省的八次起義，
均告失敗。其中幾次起義以河內為指揮中心者，則為一九〇七年到
一九〇八年間的欽廉防城、鎮南關、欽廉上思及河口各次起義。在
此期間，孫中山於一九〇七年三月由日本來到河內，設立機關部於
甘必達街（Gambetta St.）六一號。到一九〇八年一月被法越當局
迫令出境。仍留下同志黃興、胡漢民等繼續其工作。一直到這年八
月胡始離開越南。孫中山在欽廉等各次起義中，除了得自越南以及
南洋地區的華人大力支援外，初期也得法越殖民當局的默許。至對
當地越人的反法革命有無關聯，由於資料的缺乏，迄多晦暗不明。
越南方面雖有少數片段的間接資料，來強調兩者的關係，有的史學
家仍持以保留的看法。[1]今據中國方面的資料，鎮南關與河口兩次
起義，對於當時的越人反法事件，顯有關聯。資料之一，是新加坡
同盟分會副會長張永福記述孫中山「對於最前線英勇戰士失敗歸來
的情形」有關越南情況的報告，其內容如下：

　　　他（孫中山）得了越南的報告，說當地的土（越）人，因受著
　　我們革命熱情衝動，他們就鬧起一件大事來了。這事原是安南的土

人悲失國之慘，圖謀革命光復，而法蘭西人則監視甚嚴，法網甚
密。安南人雖有異志，亦難一伸。此時我們的革命健兒，適由鎮南
關退入越南界內，風氣所及，春風吹柳，安南人心經此渲染，，躍
躍欲動，其與吾黨接近者，均來請求援助。吾軍同志於主客應酬
間，或有人口頭答應。越人乃急圖義舉。然以手無寸鐵，決難發
動。尋謀決以砒毒死該地駐軍軍營兵士，奪他們的槍械。計畫既
定，遂以許多砒霜（即信石）由在法人軍營中服務的越南人僕役，
置於餐室中的飲水桶裡。晚餐時，法兵各據席作鯨飲，投毒之廝
役，以事既已成功，各先後逃避。迨砒毒性發，法兵累累倒地，慘
哭哀號。醫生檢驗食品，乃知兵士所飲之水含有重量砒質，立拘安
南人之在營中服務者；然所拘者大抵事外無辜之人。聞法兵之中毒
者二百餘人，服量多者乃得瀉，轉能活命；服量少者死去較多。
（孫先生當時有云：服砒霜過多可不死，蓋砒霜性下墜，服多者得
瀉，砒霜隨大便下，故可倖免）聞先後法國士兵共死去六、七十
人。法官見此異變，一方面下令戒嚴，一方面在地方上大搜捕平
民，因而累及我旅越之軍人同志，以無身稅紙多被拘去；所拘將近
千人，並有送回中國交官廳處分消息。孫先生得這電耗，大為震
驚，即去電越南東京法政府，向其交涉。電商多次，終難邀允。孫
先生乃以西文長電直接拍往西貢總督，證明這許多被羈囚的同志，
均屬中國革命軍人，為本人率領者，照戰時公法，避敵之人應邀第
三國優待。電商多次，法督乃回電允准照辦；惟須遣離法境往星加
坡居留。[2]

潘佩珠《年表》中亦記有「河內習兵，有投毒殺法兵官之
事」。惟語焉不詳。

一九〇八至一九〇九年之間，北圻越人起義攻打河內；黃花探
亦經幾年的養精蓄銳之後，對法兵進行武裝鬥爭。[3]在時間上，正
是中國革命黨在河口起義敗退以後，有眾多人槍流入越境，是否與

越人反法戰爭有所關聯？今據一些中文資料顯示，兩者關係至為明
確。例如一九〇八年十一月十四日新加坡同盟會人員張永福、陳楚
楠等八人的一封聯名函中說道：「吾黨自河口辦事（指起義）後，
適遇越南土人起事，致法人疑吾黨軍人從中暗助，恐礙治安。故吾
黨軍人之在越南者，近被法人遞解出境。自四月至今，由越南到叻
（新加坡）者，業已五次，人數二百餘。」4 至河口敗退下來的革
命軍，有否暗助越人起事？據負責策劃河口起義的胡漢民說：「河
口之軍心益離。更守十餘日，乃悉散走，且有竄入越南境，而以其
槍彈暗資助安南革命黨者，余（胡自稱）於理於勢，皆不能禁。法
人於是大忌中國革命黨，使警察四出逮余，將逐出境。」5 當時清
雲貴總督錫良致清廷外務部的電文中，亦指出：「迭據探報，越南
土人之被（革黨）煽者，亦到處皆有。」該電文並指稱被法方緝拿
之「越南土目黃文光、黃文登與猛洞苗人頭目等串通匪黨（革
黨），招集農苗各色人等，萃在瓜寨。」6 看來中國革命黨軍和當
地的越南抗法義軍頗有合流之勢。其嚴重程度，曾與法軍展開戰
爭。有的被法軍截困而投降；有的則被法軍所敗。其中細節，可參
看河內同盟會負責人張奐池在一九〇九年四月二日致緬甸同盟會負
責人莊銀安的信中所云：

> 　　前（三）月二十五日，梁蘭泉及黃八（黃明堂）、馬大、何五
> （護廷）等共十三人歸降西（法）人，到河內後，旋見越督，即被
> 留於兵房，大約於近日出境往星洲。此等人毫無血性，只知貪財好
> 色，自舊歲入山，向以為東潮、提畈處，豈料彼一向在太原（越
> 南）各山中，而部下見其無向前志氣，遂各散去了。而彼被西人截
> 困勢窮，故靦顏投出來，亦可謂禽獸不若，雖萬死亦不足惜矣。現
> 查實林總爺尚有一千之眾屯於東湖（近廣西交界之處），而鄭福田
> 有一千之眾屯東寧平洲大山之中，而馬大亦有一千左右屯在靈山大
> 嶺，尚有數處之五百者，故時出時入，官兵無奈其何，專聽舉動之

消息，然後乘勢而躍，常有音催促早日開張（起義）。惟奈此處才
財兩缺。而西（法）人當日攻提瞰，屢被所敗，盡數弗知敗死多
少，以致南地（越南）各處戒嚴，查察甚緊，來往大不便。[7]

上述情況發生的時間，約與北圻黃花探與法兵開戰同時。

1　章牧（越南）〈孫中山與二十世紀初越南革命的關係〉，《廣東文史資料》
　　（廣州：廣東人民出版社，一九七九年十月），第二五輯──孫中山史料專
　　輯，三三四頁。引用東京義塾（河內）創辦人阮權的話，謂黃花探曾答應提
　　供三千人的糧食給孫中山；孫且到北江探黃。又引教師潘必遵的話：「孫中
　　山從鎮南關前線回來後，曾要求東京義塾提供二千人的給養，東京義塾無此
　　能力，曾介紹給黃花探，黃答應了。」該文復引越南史學家陳輝燎的意見作
　　為註云：「有關阮權的說法未必準確，潘必遵老先生的話更不可信，尤其關
　　於同黃花探的聯繫，一定不可信。」
2　張永福〈談越南砒霜案〉。原據張永福編《南洋與創立民國》（一九三三年
　　出版）。錄自《中華民國開國五十年文獻》（臺北：中華民國開國五十年文
　　獻編纂委員會，民國五十三年一月出版），第一編，第一三冊，四〇六頁。
　　以下簡稱《開國文獻》。
3　徐善福〈辛亥革命與越南民族解放運動〉，《東南亞研究資料》（季刊），
　　一九六三年第二期，八三頁。中國科學院中南分院東南亞研究所，一九六三
　　年四月出版。
4　星洲同志致藍瑞元會長函，戊申年（一九〇八）十一月十四日，《開國文
　　獻》，一～一三、四〇五～四〇六頁。
5　胡漢民〈自傳〉，《革命文獻》（臺北：國民黨中央黨史會，重印本），第
　　三輯，三九七頁。
6　雲貴總督錫良致外務部報告法國寶領事照會電，光緒三十四年（一九〇八）
　　八月十二日，《開國文獻》一～一三，四六一～四六二頁。
7　河內張奐池為報告河口失敗之原因及當時滇桂革命之形勢致莊吉甫（銀安）
　　函，己酉（一九〇九）閏二月十二日晚（一九〇九年四月二日），《開國文
　　獻》，一～一三、四〇七頁。

第五章
辛亥革命對越革命的衝擊

　　一九一一年十月，武昌起義，推翻滿清，孫中山於一九一二年元旦就任中華民國臨時大總統，成立民國政府於南京。此對越南革命運動產生極大之影響。使一度沈寂的越南革命運動，再度興起。原來潘佩珠自一九〇九至一九一〇年間因國內的起義挫敗後，由廣州前往暹羅，與同志務農生息，等待時機，作生聚教訓的長期計畫。但由於中國辛亥革命的爆發，使他改變計畫，決定再回中國，重振旗鼓，積極展開工作。[1] 潘氏首先起草《聯亞芻言》小冊數萬言，即偕同志數人至曼谷，訪同盟會暹羅分會長及《華暹新報》負責人蕭佛成。蕭為其《聯亞芻言》付印一千冊，分贈各方。潘抵廣州後，來自越南各地的志士數以百計。其中來自河內的阮仲常述及國內的情況云：「中華革命成功之風潮，影響於我國（越南）甚大，人皆激奮，比前大增，在外若有先聲，在內不患無再活之風氣。」眾議激昂。潘乃略擬進行之程序，先開全體會議，議訂革命趨向與其遵守之主義。第一，則為決定一主義，以解決國體問題；第二，則須再遴派回國內之委員，遍行三圻，進行運動工作；第三，則聯絡中國革命黨人，設立機關，招致有力者求械餉之援助。

　　一九一二年三月初，潘借廣州沙河劉氏祠堂（劉永福舊宅）召開全體黨人大會。其須首先解決者，則為君主與民主的問題。經過潘氏的提議和堅持，結果以多數人贊成民主主義。於是決議取消以君主立憲為宗旨的維新會，重新建立以民主共和為宗旨的越南光復

會。其章程第一條為：「驅除法賊，恢復越南，建立越南共和民國為本會惟一無二之宗旨。」以強柢為會長，潘為總理。分設總務、評議、執行三部；執行部又分設軍務、經濟、交際、文牘、庶務等委員各二人。於執行委員外，又設國內運動委員三人，即南、中、北圻各一人。

　　為致力對外之運動，潘於三月下旬赴南京謁見孫中山。時中國南北議和已成，南京臨時參議院選舉袁世凱繼任臨時大總統，唐紹儀組織新內閣。故潘氏抵達南京時，適當新舊交替之衝，政府事務紛如亂絲，孫亦應接不暇，與潘僅晤談數分鐘而已。潘即與陸軍部長黃興接洽數次，談及援越事，黃曰：「我國援越，實為我輩不可辭之義務。然此時謀及，尚屬太早。今所能為諸君計者，能遴派學生入我國學校或入軍營，儲備人才，以俟時機。至遲亦不過十年。關於此事，一切有所需，皆能辦之。其他尚不能為諸君謀也。」潘聞黃言，頗為失望。黃復以書信為潘介紹廣東都督陳炯明，[2]托以料理留粵越人各事。

　　潘經上海，謁滬軍都督陳其美，兩人素有交往，潘即直接告以困苦乞援之實情。陳毫無踟躕，以四千元相贈。潘復告以派人回國實行暴動，陳初不以為然，經潘反覆詳解，陳大然之，遂給以軍用炸彈三十顆。使潘所挾以來之希望，稍獲慰藉。[3]

　　潘回粵後，為謀國內之武裝革命，一在國內發動士兵；二在國外借助於中國的軍援。於是一面注重於國內運動委員之派遣；一面注重於在華設立聯絡機關。後者因華人蘇少樓、鄧警亞等人的協助，有振華興亞會的組織。此會於一九一二年八月開成立大會，到會者近二百人，以鄧警亞為會長，潘副之，蘇少樓任總幹事。鄧為中國同盟會會員，時任廣州《平民報》記者。蘇少樓少時經商越南，亦為同盟會員，一九一一年回粵參加「三二九」之役；辛亥廣東光復任民軍統領，民軍解散，乃卸職。潘至廣州，臣蘇為肝膽之交。[4]

為求中越的聯合更加密切，潘在這年九月又改組其越南光復會，使華人得以參加。仍以強㭆為會長，潘任總理，蘇少樓副之。分設財政、軍務、庶務、交際各部，其中有粵人鄧冬生任軍務部副部長，臺灣人楊鎮海任庶務部長。楊曾在臺灣入高等校，獲醫師文憑，曾與諸志士組織抗日團體，謀洩被捕。脫獄逃至廣東，得讀越南光復會宣言及潘氏著作，遂入越南光復會，並當選委員。[5]

就組織的型態而言，光復會在實際上就是越南的革命臨時政府，且有越南光復軍的組織，還制定越南國旗（黃底五紅星）和光復軍旗（紅底五白星）。發行有通行銀票和軍用票。前者分一百元、五十元、十元和五元四種；後者分一百元、二十元、十元和五元四種。用越文和中文在票面上說明：革命成功，民國政府成立後，加倍發還。[6]

越南光復會的成立，使越南革命運動和孫中山的革命運動，進入一個更為密切的關係。由思想觀念而至組織制度，多與中國革命相似。因此，學者認為：「孫中山的思想，不僅影響著這一時期的越南個別革命家如潘佩珠等，而且還影響越南的革命組織。」同時，辛亥革命在組織上也給越南革命以極大的影響。由維新會改組成的光復會，不但在政治綱領上比其前身提高了一大步，而且在組織上也比其前身健全和嚴密得多。此外，光復會把發動士兵的工作放在首要地位。這一轉變，是受到武昌起義以新軍為主力的啟發。他們吸收了中國革命的經驗，派杜基光到雲南成立光復會分會，專做軍運工作，以及後來每次武裝起義，都有士兵參加，都說明了光復會在這方面所作的努力。[7]

潘佩珠的聯華活動，是多方面的。他不僅與中國南方革命黨派聯絡，同時也和北京政府方面有聯絡。袁世凱任大總統後，潘為了迎合袁氏的心理，派具有皇系的強㭆到北京謁袁，受到袁氏的優待。且與陸軍總長代國務總理段祺瑞建立良好關係。段曾表示：「大總統必有大懲賊人之一日」。且對強㭆說：「中國不可不對外

示威，遲至五、六年，整頓中國完好，將必以越南為試驗場。」越南青年得以官費入北京軍事學校，畢業後，袁皆優養之。一九一三年七月，中國發生二次革命，孫中山的革命勢力被袁擊敗，在國內不能立足，袁黨龍濟光督粵，越南黨人尚能在粵存在，實賴袁、段維持之力。一九一四年初，龍因越督之要求，拘捕潘氏，幸賴段以陸軍命令電龍，切實保護，乃未引渡於法人。幽禁於觀音山，與外界隔絕。至一九一七年四月龍在粵被逐，始獲釋放。[8]

---

1 徐善福〈潘佩珠研究〉（上），四〇頁。

2 《年表》記為粵叔胡漢民，有誤。按胡時在南京，任總統府秘書長，與潘素識，當無須介紹。其時陳代粵督。胡於是年四月底始回廣州復任廣東都督。

3 《年表》。

4 鄧警亞〈中越革命志士組織「振華興亞會」進行抗法鬥爭回憶〉，《辛亥革命回憶錄》（北京，一九八二年出版），第八冊，三九七頁；四〇一頁。

5 《年表》。

6 徐善福〈辛亥革命與越南民族解放運動〉，八七頁。

7 同上註，八七～八八頁。

8 《年表》。按段代國務總理時間為一九一三年五月以後。時中國因宋教仁被刺案與大借款案，袁與民黨關係瀕於決裂。段所稱「大懲賊人」，實指民黨而言。

第六章
范鴻泰的廣州沙面事件

　　第一次世界大戰以後，世界革命思潮以及亞洲民族爭取獨立的新覺醒，孫中山所倡導的革命，經過長期的挫折之後，到一九二四年的中國國民黨改組，又進入了一個新的革命高潮。對越南革命運動，也產生了深刻的影響。其間最為突出的事件，則為越南志士范鴻泰於一九二四年六月十九日在廣州沙面租界行刺越南總督馬蘭事件。馬蘭雖未斃命，而范卻壯烈成仁。此一事件，使越人革命情緒為之激昂，消沉多年的越南光復會為之復活，使越南產生了兩個新的革命組織，一為潘佩珠的越南國民黨；一為胡志明（阮愛國）的越南青年革命同志會。此兩組織對此後越南國內革命運動的蓬勃發展，有重大影響。

　　一九二三年初，孫中山驅走占據廣州的陳炯明叛軍後，即在上海與蘇聯代表越飛（Adolf A. Joffe）發表聯合聲明，揭開「聯俄」序幕，使蘇聯支持中國的革命運動。同時，孫中山也允許中國共產黨員加入中國國民黨，共同從事國民革命運動。不久，蘇聯也派了大批顧問專家來到廣州，協助孫中山的革命工作。來到廣州的越南革命志士，又趨活躍。他們有個心心社的組織，表示一心忠於祖國，一心忠於革命。[1] 其成員有胡松茂、黎鴻峰、贊英等。[2] 范鴻泰是一九二四年春到廣州。[3] 也加入心心社的組織。據廣東番禺胡屼所撰《安南范烈士墓記》云：

君諱鴻泰……長睹法律之苛暴與法吏之恣睢，輒生憤慨。會有志者相與組織政黨為革命運動，邀君入黨，君從之。時黨人分兩派，一主運動三圻軍隊反正而逐法人；一主暗殺悍將酷吏以除民害。君意以運動軍隊固屬要圖，然苟無壯烈之舉，則不足寒敵人之膽而激勵國人。故左袒暗殺派而謀有以實行焉。[4]

范刺馬蘭的經過，《墓記》云：

法吏馬蘭者，將道出日本，而為滬、粵之遊。君（范）聞之，先期挾手槍炸彈徑之於東京上海間。以偵吏嚴密，無隙可乘，遂來粵，為最後之舉。調知法人將宴馬蘭於域多利旅館也，乃謀同志某君曰：事成與否，固不可期，然吾誓不入於法人之手；惟君須將吾黨宗旨宣示於外，以免法人有所誤會而誅求，則幸甚！君遂於六月十九日午後八時逕赴域多利旅館，排眾入於舞蹈室，彈槍同發，一時男女枕藉，血肉模糊。君笑曰：大事畢矣，吾其死乎！乃赴水死。[5]

范之行刺目標本為馬蘭，但馬蘭倖免於難。當場炸死其他法人四名，即法領事夫婦及法銀行行長夫婦；重傷二人，法醫院院長及一名隨員，至翌晨而斃。其所使用的兩顆炸彈，是得自廣州黃埔軍校俄籍教練所製；兩支六響手槍，購自中國的軍官。刺案發生後，法方曾向廣州革命政府要求驅逐越人及責令賠償損害。時孫中山任軍政府大元帥，曾曰：「予未聞有越南人；即使有之，亦皆好人，無一兇手。」廣東省長廖仲愷則云：「東洋總督此行，所經粵地皆安如泰山，及一入租界，乃發生此危險事，英法警兵不力之罪，已無可辭。以後法政府若欲防危險事件之發生，可於臨時照會，請我國警兵入租界，為貴國人保護，則甚善矣。」[6]

該案亦曾引起中國工人的長期罷工，以抵制沙面租界的無理規定。因為當時沙面租界領事團曾為此案向廣東省長廖仲愷提出照

會，要求廣州當局鎮壓「陰謀」，並要求將其領事裁判權適用於反抗外國政府的地區。廣州方面拒之。沙面租界當局乃規定自八月一日起，凡下午九時以後進入沙面的中國人，均須持有租界所發帶有照片的通行證。此舉遂即引起沙面中國工人的罷工，以抗議其對中國的侮辱。此一罷工運動相持至三十六天之久，終因英法領事允許取消其規定而結束。[7]

此舉亦顯示了中國工人對越人正義行動的支持。

中國國民黨為了表揚范的義烈行動，由廖仲愷、汪精衛等請出公費三千元，謀於越南黨人，將范烈士之墓改葬於黃花崗的一小山上，使與黃花崗七十二烈士之墓相對。建築壯偉，豎以石碑，碑有亭，碑心字大如掌。題曰：「越南志士范鴻泰先生之墓」。題字人為鄒魯。[8]鄒魯為當時的中國國民黨中央執行委員、中央青年部部長、廣東大學（後稱中山大學）校長。並由國民黨人胡弇（胡毅生）撰書《安南范烈士墓記》。記云：「粵人義之，收其屍，葬諸二望崗之原墓西南向。」使之面對越南祖國。從此越南青年男女，為了瞻仰范烈士之墓，紛紛從越南各

地來到廣州，接受革命的洗禮。[9]

范之義烈行動，對越南革命運動的影響是非常重大而深遠的。例如潘佩珠述稱：「是時中華各報及外人所發行之英美各報，皆一連四五日，接續登其事，加以批評。世界人之知有越南人；知有越南革命黨，此事實為最有力之宣傳。則知此事之影響亦甚大矣。」[10]一位越南老革命黨人阮良朋亦曾回憶說：

> 范鴻泰烈士在沙面投擲的炸彈聲廣泛地震動了輿論的時候，法國殖民者驚惶失措，世界各國人民都已經開始注意越南的革命。中國人民對我們有著進一步的了解，從而也更加支持我們的正義鬥爭。沙面事件大大地鼓舞了越南愛國者的革命鬥爭精神。[11]

1 楊萬秀《孫中山對越南革命的影響和幫助》，《學術論壇》（廣西），一九八二年，第一期，七九頁。

2 長征《胡主席》（河內：越南外文出版社，一九六六年），七頁。

3 《年表》。記為二月，係陰曆。

4 番禺胡弇撰書《安南范烈士墓記》，民國十四年（一九二五）一月一日。臺北，國民黨黨史會藏拓本。該拓本附註：胡弇，即胡毅生。胡為同盟會員，胡漢民之堂弟。引據蔣永敬《胡志明在中國》（臺北：傳記文學出版社，民國六十一年），四二～四三頁。

5 同上註。

6 《年表》。記廣東省長為胡漢民，應為廖仲愷之誤。

7 蔣永敬《胡志明在中國》，四三～四四頁。

8 《年表》。

9 同 7，四四頁。

10 《年表》。

11 阮良朋口述，阮輝想記錄，陳豪譯：〈我和胡伯伯的幾次會見〉，《胡伯伯》（河內：越南外文出版社，一九六二年），四八頁。

第七章

越南國民黨與同志會的產生

　　在范鴻泰事件的激盪下，越南革命黨人先後在廣州成立兩個革命組織：越南國民黨和越南青年革命同志會。使越南革命運動展開更有組織和持續性的奮鬥。越南國民黨的產生，則由潘佩珠的越南光復會復活而來。據潘自述：

> 　　予於七月（陽曆一九二四年八月）回廣東，停住至九月（十月），因有一種之工作。先是越南光復會自予入獄後，歷四年間，黨人亦已七零八落，光復會日頻於亡。至是年春間，國內諸青年陸續至廣州，而沙面炸彈案發，價值忽增，黨事漸有中興之希望。會蔣中正時為黃埔軍官學校校長，李濟深為校監督（按初為教練部主任，後為副校長），予偕阮海臣謁見此二公，參觀校場，謀送我學生入學事，蔣、李皆大贊成。而校中俄教員三人，又與予晤談，同攝一影。予知現時代風潮，已漸趨於世界革命之傾向，急與諸同志商榷，將光復會取消，而改組為越南國民黨。爰草出越南國民黨章程、越南國民黨黨綱，付印宣布。其內容分為五大部：一、評議部，一、經濟部，一、執行部，一、監督部，一、交際部。其組織規模，大抵取中國國民黨章程而斟酌增損之，固隨時改革之一種手段也。1

　　越南國民黨章程及黨綱宣布未及三月，而胡志明則於年底由莫斯科來到廣州，屢謀於潘，求其改訂章程，而潘亦打算在一九二五

年六月再回廣州，與諸同志商決此問題。但不幸的，潘卻在臨行之前，在上海為法國特務逮捕，解回越南。[2]此對越南革命運動，自是一項嚴重打擊。但其影響，並未因此而消失。同志阮太學等繼續其奮鬥方向，於一九二七年在河內建立組織，積極從事活動。在北越的發展，至為迅速。到一九二九年，約有黨員一千五百人，大多為教師、學生及士兵。由於遭受法國警察的搜捕，在阮太學的領導下，於一九三〇年二月九日倉促起義，襲擊法軍安沛兵營，斃其軍官五名，傷六名，士兵死傷各四名，但迅為法方所平定。參加起義的越籍士兵三十四名及黨員三十人，均被拘捕。事後，法方大肆搜捕越人，有五百七十六人被審判，被判死刑者五十八人（其中十二人被斬首），終身監禁者六十一人，有期徒刑者四十二人。阮太學以下十五名重要幹部在這年六月十五日被執行死刑時，同聲高呼「祖國越南解放萬歲！」[3]

　　越南另一支革命勢力的成長與發展，受到范鴻泰事件影響者，則為越南青年革命同志會（簡稱同志會）的產生。該會是由胡志明就范鴻泰所屬之心心社改稱而來。胡氏生於一八九〇年，與潘為同縣，較潘小二十三歲。亦曾受到辛亥革命的影響而於一九一二年出國，在法國的商船上當海員，足跡遍及世界各地。在法國加入社會黨。一九一九年曾向巴黎和會請願，要求越人的自決權，聲名大著。[4]一九二〇年加入法共，致力於反殖民主義的宣傳。一九二三年至莫斯科。十月三日，訪晤「孫逸仙赴俄考察代表團」之代表蔣介石。[5]當范鴻泰沙面事件發生時，胡正留莫斯科編寫《法國殖民制度的罪狀》，得知「由一個越南人在廣州投擲的炸彈爆炸案」，認為這是殖民地發生的「嚴重的事件」。[6]因此，他一到廣州，便立即和心心社的人員取得聯繫，吸取刺殺馬蘭未成的經驗，擴大為反法運動。他當時曾作出這樣的結論：「要想革命成功，就必須建立一個強大的政黨，以便組織群眾，領導國內群眾進行鬥爭，進而發動起義，奪取政權。」隨後，他和心心社的人員討論，在一九二

五年六月,將心心社改名為越南青年革命同志會。[7]這時,正是潘佩珠被捕解送回越的時候。

　　胡志明到廣州後,孫中山已經離開廣州北上,不久便在北京去世。自無會晤的機會。他對孫中山的著述,曾加以研究,認為孫的三民主義可適用於越南。即民族主義為獨立,民權和民生主義,都是為人民謀幸福。[8]他在廣州也用了許多化名,如李瑞、王山而(瑞的拆寫)、王達人等。一九二六年一月,中國國民黨在廣州召開第二次全國代表大會時,他以「李瑞」的化名,致函國民黨二全大會,要求向大會陳述越南痛苦情形,以為大會研究援助被壓迫民族解放之方針。函的原文如下:

　　　中國國民黨第二次全國代表大會主席團諸同志鑒:敬啟者,敝人是越南亡國流民,奔波到此。幸逢貴會開會聲明援助世界被壓迫民族解放,不勝欣喜!但是「欲與以藥,必先知其病」。所以敝人要求貴會准許前來暴白敝國痛苦情形,使欲助我者得以研究而尋方針。敝國幸甚!革命幸甚!臨書神馳,敬祝中國革命萬歲!中國國民黨萬歲!李瑞。通信處:鮑公館張春木先生轉。中華民國十五年正月六日。[9]

　　通信處中的「鮑公館」,是當時任中國國民黨的俄顧問鮑羅廷(M. Borodin)寓。張春木即是張太雷,當時是鮑的翻譯。此函的原件,現保存在臺北國民黨黨史會的檔案中。上有譚平山的簽註:「討論民族提案時請其出席報告」。一月十四日,他以「王達人」的化名在大會使用法語做報告,由李富春翻譯。在報告中,陳控訴安南民族所受的痛苦外,特別強調中越兩民族間的歷史文化和革命的關係。[10]國民黨二全大會在一月十九日的海外黨務決議案中亦通過「聯絡弱小民族辦法案」,內容為:

　　　「查聯絡弱小民族共同奮鬥,實為我黨惟一之政策,而尤其我

海外同志應負此責任促其實現。故此後各地黨部，應組織聯絡弱小民族委員會，選派熟悉本地情形及言語之同志，與該地土人之有革命思想者聯絡。至聯絡方法，則由該委員會斟酌地方情形規定之，及負責進行。」11

　　此為國民黨在政策上支援被壓迫民族的革命運動一大邁步。對越南革命黨人在中國的活動，當有更多的便利。

　　胡志明在廣州的重要活動，則為發展同志會。會址設在廣州文明路十三號。亦即胡在廣州的住址。設有政治特別訓練班。最初吸收在廣州的越南青年，施以為時六個月的訓練，派回越南從事吸收新的分子，並協助他們偷渡至廣州，接受訓練。訓練完畢，都要經過宣誓加入同志會。宣誓的地點在范鴻泰烈士的墓前。從一九二五年下半年到一九二七年初，經過訓練的至少有二百五十人，約有二百人派回越南。因此，同志會在越南內部的發展，非常迅速。當一九二九年五月，同志會在香港召開全國代表大會時，估計會員人數約達一千人。在三圻各有一個委員會。到一九三〇年二月三日改為越南共產黨。12所以同志會實即胡志明所領導的越共之前身。

1　《年表》。據黃埔軍校一～七期畢業生籍貫統計表，有越南籍畢業生十三人。
2　《年表》。潘被解回越後，被判無期徒刑，軟禁於順化。一九四〇年十月二十九日去世。
3　蔣永敬《胡志明在中國》，七一頁。
4　黃郛《戰後之世界》（上海：中華書局，一九二〇年），二七八～二七九頁。即記有阮愛國在和會的請願事及其談話。
5　毛思誠編《民國十五年以前之蔣介石先生》（香港：龍門書店影印，一九六五年），第五冊，五七頁。
6　胡志明〈法國殖民制度的罪狀〉，《胡志明選集》（河內：越南外文出版社，一九六二年），第一卷，二一〇頁。
7　長征《胡主席》，七頁。

8 同3，六三頁。
9 李瑞致中國國民黨第二次全國代表大會主席團函。一九二六年一月六日。原
　件藏臺北國民黨黨史會檔案。
10 中國國民黨二全大會記錄，一九二六年一月十四日。四九頁。
11 中國國民黨二全大會海外黨務決議案，一九二六年一月十九日。《革命文獻》
　（臺北：國民黨中央黨史會，民國六十七年），七六輯，四四～四五頁。
12 同3，五〇、五五、六七頁。

第八章
結論

　　從一九○五年潘佩珠與孫中山的初晤，而至一九二五年孫的去世和潘之被捕解回越南，在這二十年的時光中，兩人會晤的次數有紀錄可考者，雖只三次，但兩方革命黨人之交往與聯絡，則至頻繁。孫中山所倡導之革命運動，影響於越南革命運動較為深遠而顯著的，一為一九一一年前後的辛亥革命運動；一為一九二四年前後的國民黨改組。就前一階段而言，潘在出國初期，在政治思想上，篤信君主立憲；在對外政策上，積極尋求日本的援助；在交往行動上，傾向於中國的保皇派。故其初到日本時，諸多策劃，得自梁啟超的意見甚多。其有名的「東遊」運動，實得自梁氏的意見。其初與孫中山以及中國革命黨的接觸，也就顯得被動得多了；在思想觀念上，也顯得格格不入。但經實際而漸進的交往，對中國革命了解漸多之後，在思想上，也漸起變化，對民主主義，產生嚮往；其對外政策，也由積極的對日求援，轉向與中國革命黨的聯絡。

　　孫中山一九○七至一九○八年以河內為指揮中心的鎮南關與河口起義，與越人當時的反法事件有何牽連？過去越方雖有片段的間接資料，來強調兩方的密切關係，有的史學家仍持以保留的看法。今據中國方面的資料，兩方顯有難以隔絕的關係。例如一九○八年河內法軍兵營發生越人投毒案，即是當地越人受到中國革命健兒的感染；又河口起義敗後退入越境的中國革命軍，為數眾多，其與一九○九年越人抗法義軍，頗有合流與呼應之勢。至辛亥武昌起義而

至建立民國，對越南革命運動的衝擊，尤為直接而顯著，使由君主立憲為宗旨的越南維新會，改變為以民主共和為宗旨的越南光復會；同時，中國廣州也從此成為越南革命黨人活動的集中地。

孫中山二次革命失敗，中國革命勢力受到嚴重挫折，越南革命亦受不利的影響。潘佩珠雖極力與袁世凱的北京當局結交，但仍不能倖免袁黨粵督龍濟光的迫害。使光復會瀕於解體。直到一九二三年孫中山恢復廣州革命基地，進行中國國民黨的改組工作，使中國革命運動進入新的高潮，越南革命黨人也群集廣州，趨於活躍。一九二四年六月十九日越南志士范鴻泰在廣州沙面行刺越督馬蘭事件發生，在沙面租界當局與廣州革命政府的交涉中，孫中山和國民黨人以及中國工人群眾，多予越人以正義的支持。此一事件，也激發了越人的革命熱潮，使更多的越南青年紛紛來到廣州，接受革命的洗禮。潘佩珠的越南國民黨和胡志明的越南青年革命同志會，便在此種情勢下產生的。此兩組織對越南革命運動的擴大與持久，做了直接的貢獻。

原出自一九九〇年八月廣東中山市翠亨「孫中山與亞洲國際學術討論會」論文

第二篇／越南革命黨人在中國：以胡志明為中心

第一章
「東遊」與「西化」

　　胡志明（一八九〇～一九六九），即越南共產黨創始人阮愛國，從一九一二年離開越南，渡其海外流亡者的生涯，到一九四五年八月二次世界大戰剛一結束，便奪得越南政權，出任北越共黨政權的越南民主共和國的主席。二次大戰以後，利用中法在越的矛盾，一度維持其北越政權的安定。自一九四六～一九五四年，對法進行長期的抗戰，經過奠邊府一役，訂下日內瓦協定，越南被劃分為二，胡保有北越政權。一九六二年，胡又直接對美長期作戰，一九六九年九月三日他病死在河內。美國雖急於求和，但越戰仍不能結束。以面積約十四餘萬方公里、人口約一千二百萬的北越胡志明政權，雖有中共和蘇聯為其奧援，但與美國在越戰中投下的人力和物力相比較，有螞蟻和大象作戰的比擬。

　　胡自一九二四年底經由莫斯科來到廣州，到一九四五年八月取得政權以前，其間為時二十年，曾以各種不同的化名，往返中國至少有五次之多，留華時間前後約達十年之久。其在中國的年代、活動地區，及已知的化名，列舉如下：

　　一九二四年底～一九二七年七月，在廣州、武漢，化名李瑞、王山而、王達人、老王。

　　一九三〇年～一九三三年初，在上海、香港、九龍、廈門，仍叫老王，在香港化名宋文初，被捕後被認出是阮愛國。

　　一九三八年底～一九四一年二月，到延安、衡陽、桂林、龍

州、貴陽、重慶、昆明、靖西，化名 P.C.林、胡光、陳先生（老陳）、胡志明、黃國俊。

一九四二年八月～一九四四年九月，在柳州、靖西，叫胡志明。

一九四四年底～一九四五年四月，在昆明、百色、中越邊區，叫胡志明、老陳、秋大爺，被證實是阮愛國。

中日戰爭期間（一九三七～一九四五），胡在中國停留之久，往返次數之多，活動地區之廣，其接觸的關係，必至複雜。在此時期，是他從事實際活動和準備奪取政權最重要的階段。其間雖有兩年時間不在中國，但其活動範圍仍在中越邊區；且其組織和幹部，仍在中國繼續活動。

越人自被法國統治以後，反法運動不絕如縷。在十九世紀末及二十世紀初年的越人思潮，亦與中國的情勢相似，知識分子之間，有保守派與維新派之分。保守派方面，一種是抱著極端排外的思想；一種是固守傳統的舊學。維新派方面，一種是「西化」，即主張學習法國的新事物，以圖挽救國家的落後；一種是「東遊」，主張效法日本的維新，爭取日本的援助以恢復國土。[1]「西化」亦可稱為改良派，以潘周楨為中心；「東遊」亦可稱為光復派，以潘佩珠為領袖。[2]胡志明的父親阮生輝與潘佩珠是近鄰，[3]而且同是科舉出身。潘於一九〇〇年參加鄉試，考中解元。和生輝交往密切。但生輝卻傾向於「西化」的改良派。早年的胡志明，也有這種傾向。[4]

一九〇五年，當阮生輝到順化出任安南王室的官員時，由於他早已厭惡科舉，自己一面專心學習法文，同時也把胡氏送到順化國立學校（Quoc Hoc School），接受法越教育（Franco-Vietnamese education）。[5]在此之前，潘佩珠曾在這年二月出國到日本，七月初回國，發起「東遊」運動，選送青年潛赴日本留學。於是越南青年志士多逃出越南，東渡日本。[6]當時潘氏也曾勸說胡去日本遊

學，但為胡所拒絕，理由是「父親不在家，不能擅自離家」。[7]事實上，是他的父親希望他「西化」，要他去學法文。[8]因此十五歲的胡志明，即隨生輝前往順化進入國立學校，放棄他過去的中越儒學教育。變為法越學校（Franco-Annamite school）的學生了。[9]

順化國立學校是以「造就唯命是聽的奴才、忠順於帝國主義和封建統治者的僕役為宗旨」。[10]這所學校有小學初級四班，小學高級兩班，專科一班。課程有生物、歷史、地理；但主要的課程是翻譯，把法文譯為越文，和把越文譯成法文。第一任校監是一位兼營林產的法國人，名叫諾德曼（譯音），娶了一位越南女子為妻，他會講越南話，又取名吳帝門。繼任的一位校監是法人盧伊歐（譯音），原是一名法國士兵，對越人的生活習慣比較了解，故被法國殖民當局任為校監。[11]

胡在順化國立學校大約六年之久，到一九一〇年始離開這所學校，並沒有獲得畢業文憑。胡離開這所學校的原因，北越共黨人士即有幾種不同的說法，如長征的記述：說是由於胡氏發覺這所法越學校是以造就聽命的奴才和忠順於帝國主義及封建統治者的僕役為宗旨，因而他退了學。[12]范文同則說由於胡氏進行反法的活動而未獲畢業。[13]這兩種說法，顯然在替胡氏編造光榮的歷史。但比較一項實際的說法，是由於胡的父親阮生輝被革去官職後，胡則退學到潘切去，在育青學校擔任教員。[14]顯然胡之退學，可能由於他的父親之被革職，而發生的經濟原因。

潘切是安南南部靠近海岸的一個小漁城。這裡的育青學校（Duc Thanh School）是一所簡陋的私立學校，位於潘切河的南岸，距離海口幾公里的地方，只有幾間小房子，周圍沒有牆壁，只釘著幾塊木板以避風雨。一九〇七年越人發起維新運動，推行「私人興學運動」（private school's-movement, Dong Kinh Nghia Thuc）時所成立的學校。目的在學習西方（法國）的文化和物質文明，以改變越人的精神面貌和鼓勵興辦實業。因此潘切育青學校由當地聯

成會（商會）所主辦。聯成會則生產魚露兼營雜貨。學校經費是從聯成會所得的利潤中撥出。但自一九○八年維新運動受到法國殖民當局壓迫後，聯成會的活動亦被迫轉變方向，減少維新色彩，而偏重於商業性的經營。胡到潘切育青學校擔任教師，已是一九一一年一月，維新運動已成過去。當時這所學校有三年級到六年級，學生人數大約六七十人。學校的課程有漢文、法文和越文。胡所擔任的課程是三四年級的法文和越文。[15]胡氏從一九○五年進入順化國立學校到育青學校擔任教師，他所接觸的環境和扮演的角色，都與「西化」改良派有關。尚難發現他與反法的革命活動有任何關係。

　　胡離開潘切育青學校是在一九一一年十月間，目的地是要到法國去。為了達成出國的目的，他先到西貢的一所工藝學校學習一點技術。這所學校專為法國一家公司培養海員和專業工人，通常三年畢業。胡卻讀了三個月的速成班，學的是烹飪。一九一二年的夏季，他便在法國的聯合航運公司的 SS La Touche-Tréville 輪船上找到一分職業，做一名侍者（kitchen boy）。[16]並改名為巴（或名「阿三」）。[17]從此他成為一名海員，隨著船的航行，先後到過法國、英國、德國、美國、義大利等國家，並到過法屬非洲的許多殖民地。[18]

　　在胡決定出國的同時，正是孫中山所領導的革命在中國爆發，推翻了受制於列強的滿清專制政府。同時，越南維新運動的改良派領袖潘楨周由於法國人權同盟（the League of Human Rights）之干涉而恢復自由，並且到了法國。[19]潘原是領導私人興學運動的民族主義者，一九○八年由於法國殖民當局鎮壓越人維新運動而被捕入獄，放逐到崑崙島（Poulo Condore）。[20]中國革命的爆發與潘楨周之恢復自由，在越南引起很大的回響。一是民族主義革命運動的深受鼓勵；一是西化改良主義的抬頭。這兩大影響所形成的共同趨向，便是越南青年志士紛紛謀求出國。前者出國的途徑則為中國，仍以光復派的領袖潘佩珠為中心；後者出國的途徑則為法國，以改

良派的潘楨周為目標。來中國者,則是借助於中國革命的成功,以謀越南的光復。當時有潘佩珠的越南革命黨人黃仲謀等多人,先後到中國的廣州,向中國請求援助。在中國革命黨人謝英伯、朱述堂、李熙斌等協助下,在廣州曾作公開的活動。[21]前往法國的越人包括胡氏在內,仍在追尋他的「西化」途徑,同時也是為著現實的生活問題。[22]如長征評述胡之出國的動機云:

> 「那時候(即一九一一年十月以後),他(胡)想應當到法國。到西歐各國去,『看看他們是怎麼做的,然後回國幫助同胞們。』[23]西歐各國對他具有吸引力的是自由、民權、民主的思想,以及科學技術。……從此,他成為一名海員。為維持生活和遠遊,他辛勤地勞動。」[24]

胡之家世及其幼年所接觸的社會,中國的傳統文化和制度,雖流行於越南,但已發生動搖。胡在早期雖曾接受過中國舊式的教育,也和「東遊」派的領袖有所接觸,但對他影響較大的,是他的父親,和法越式的「西化」教育。他放棄教師職業而改任一名低級海員,正是追求他的「西化」途徑。

---

1 《胡伯伯》,一七～一八頁。

2 阮文剛《越南獨立運動一覽》,一七～一八頁(越南旅滬僑民聯合會出版,一九四六年四月十五日,上海)。

3 《胡伯伯》,二頁。潘佩珠的家鄉為南檀縣丹任村,與阮生輝的家鄉金蓮村只隔一片水田。

4 《胡伯伯》,一八～一九頁。

5 《胡伯伯》,一八頁。

6 阮文剛前書,一八頁。

7 《胡伯伯》,一八頁。

8 J. Lacouture, p. 16.

9 Hoang Van Chi, p. 36.

10 《胡主席》，三頁。

11 《胡伯伯》，二〇頁。

12 《胡主席》，三頁。

13 Fall, p. 85.

14 《胡伯伯》，二三頁。

15 同上，二三～二四頁。

16 Fall, p. 86-87；《胡伯伯》，二五頁。

17 J. Lacouture, p. 17.

18 《胡主席》，三頁。

19 《胡伯伯》，二四頁。

20 Hoang Van Chi, p. 37；《胡伯伯》，二二～二四頁。

21 李熙斌《記同盟會中之一個暗殺團》，一九三〇年鉛印稿（國民黨黨史會藏）。

22 J. Lacouture, p. 17，認為胡之出國，除經濟的需要外，尚因不堪殖民統治下的生活及新文化的追求。

23 《胡主席》引自陳民先著《胡主席的革命生活片斷》。按陳民先即胡志明另一化名。

24 《胡主席》，三～四頁。

第二章
胡志明的「西化」

　　從一九一七年末到一九二三年的六年之間，胡志明在巴黎定居下來。初和「西化」改良派的越南人士有所交往，繼與法國左傾人士接觸，由法國社會黨員，而成為法共黨員，獲得一些政治知識和經驗。在法共的庇護下，從事反殖民地的活動，正是胡氏進一步的「西化」。

　　胡做了海員以後，到了法國的馬賽（Marseilles）；隨著船的航行到過非洲西岸和北美。一九一四年，第一次世界大戰爆發，胡決定在倫敦居住下來。白天，他在倫敦一家學校擔任掃雪的工人，晚間在卡爾登飯店（Carlton Hotel）作一名廚師的助手，在法國名廚艾司可非（Escoffier）手下工作。由於他聰敏靈快，會說法語，為這位大廚師所欣賞，被提升到烤麵包部工作。在倫敦，他廣交來自亞洲的僑民，曾加入一個「外僑工人組合」（The Overseas Workers' Association）這一工會大部分為中國人所領導，它是一個祕密的反殖民地組織，支持愛爾蘭（Ireland）的獨立運動。他和費邊派（Fabianism）工團主義者也有所接觸，讀了一些有關政治方面的書籍，知道一些革命的名詞。[1]

　　隨著戰爭的延長，麵包廚師供不應求，胡又回到船上工作。隨著航行，他到了美國，在紐約的黑人哈林區（Harlen）住過一段時間。據范文同的記述，胡在那裡發現美國資本主義者的殘酷與醜惡，三K黨和其他祕密社會對待黑人的野蠻刑罰。他更目睹美國工

人為反戰和要求提高工資的罷工運動。這些經驗，對他一九二四年在莫斯科所發表的《林奇式刑罰》（*The Lynch Law*）一文，深具影響。此文對美國種族矛盾，可謂極盡揭發攻擊之能事。[2]

　　大約在一九一七年末，胡到巴黎定居下來。由於他具有漢文書法的訓練，於是利用他的美妙筆法，以修潤照片的收入來維持生活。自一九一八年到一九二一年之間，他的住址是巴黎第十七區貢崩胡同九號（9, Impasse Compoint, Paris XV11th District）。[3]胡在這段期間，大致是過著飢寒的生活。一九二二年後，胡在巴黎的住址，已遷至第十三區戈比林街（Gobelins）六號，住在一位越南律師潘文長的隔壁房間，也是潘租給他的房子。這個地區是「住著一般的居民」。但胡之生活仍無顯著的改善。

　　胡到巴黎之前的不久，正當俄國發生「十月革命」；第一次世界大戰尚未結束。他發現法國的面目，已完全改觀。到處充滿著強烈的革命氣氛。受苦的人民，似乎在多方面和他同病相憐。他覺得法國的警察和海關並不是一個極端的排外的國家；也有廣大的工人階級同受煎苦。由於戰爭的延長，成千成萬的越南土著被徵召到法國，充當兵士和勞工。胡氏亦如這批越南土著，受到他們法國伙伴的同情與慰藉。似乎使他相信他們之間，可以建立真正的友誼結合。[4]同時，經由留法越人的關係，胡與法國一些社會主義者建立了關係。

　　胡到巴黎，即為自己取名「阮愛國」，周旋於留法的越南名人如潘周楨、潘文長、阮世傳等人之間。這些越人都屬於所謂「西化」派。潘周楨為越南西化改良派的領袖，是胡的父親阮生輝的朋友。據越南一位史學家黃文智的記述：胡到巴黎後，曾向潘周楨遞上他父親的介紹函，希望潘能指導他這位年輕而無經驗的孩子。胡也曾經寄居在潘處一個短時期。但他迅速發現他不能夠接受潘的政治觀點，特別是和法國當局和平合作的論調。[5]後來越共人士如長征雖亦承認潘氏是一位「越南愛國知識分子」，但卻譏評他是「主

張進行改良主義的資產階級民主革命」。[6]和胡比較接近而幫助他
較多的,則為潘文長和阮世傳。潘文長是一位律師,後來成為共產
主義同情者。據一名越共人員的記述,他是一位「愛國的知識分
子,也想了解共產主義。不過他偏重於書本知識,對胡十分尊
重。」[7]在他後來回到越南主持《安南》雜誌時,首次刊載《共產
黨宣言》,對越人傳播共產主義。[8]阮世傳為越南東京(河內)
人,是一位化學工程師,安南獨立黨創始人之一。[9]他是胡在巴黎
最密切的合作良伴,他們和潘文長合作辦了一個週刊名曰《越南
魂》(*Viet Nam Hon*)。[10]胡之認識一些法國左傾政客如勃倫
(Léon Blum)、加香(Marcel Cachin)、毛梯(Marius Moutet)
等,也是由於阮世傳的介紹。[11]

　　越南的所謂「西化」派,無論是屬於右派或左派,似乎有一共
同的活動趨向,即是要求在法人的合作下,來謀改善越人的地位。
不過兩者要求合作的對象容有不同,一者偏向於法國的所謂「資產
階級」;一者偏向於法國的所謂「工人階級」。而法國的政客,無
論是屬於右派或左派,亦未嘗不在個別拉攏屬於自己一派的殖民地
人士,作為政治工具。因此胡之加入法國社會黨,繼而成為法共黨
員,固然得自法國左傾政客的影響與扶掖,同時也是越法雙方派別
活動的一種趨向。胡與法國社會黨人接近或加入社會黨,應早在一
九一八年間,即由於勃倫、加香、毛梯等人之影響。[12]當時胡對於
政治問題,談不到充分的認識;甚至加入社會黨的動機,也不免帶
有幾分虛榮的心理。例如胡之自述:

　　　　「我加入法國社會黨的原因,是對於那些女士們和紳士們,稱
　　　之為我的同志們。他們對於我和被壓迫人民的奮鬥,寄予充分的同
　　　情。但我既不知道什麼是黨、工會;也不知道什麼是社會主義或共
　　　產主義。」[13]

　　胡在巴黎初露頭角,引起人們的注意。是當一九一九年一月到

六月間列強在凡爾賽舉行和平會議時，他以「旅法安南愛國者小組」代表的身分，根據美國總統威爾遜對和會的「十四點計畫」（Wilson's Fourteen Points）主張民族自決的原則，向和會提出八點要求的建議，要求給予越人以自治、民主自由、赦免政治犯、法人與越人間的平等權利，以及廢除強迫勞役、鹽稅，和強制酗酒等。胡的這一改良式的建議，並未獲得和會的理會。他自凡爾賽回到巴黎後，便將他的八點建議書刊布在《越南魂》上，作者署名「阮愛國」。[14]該名從此大為顯著，不僅居留法國的越南人一見面就談「自決權」和「阮愛國」，[15]即當時中國政治家的著述，亦有「阮愛國」名字的出現。[16]

　　根據當時胡在巴黎的表示，他對凡爾賽和會所提出的八點建議，並未抱有太多的希望。他只希望越人的生計地位，能夠獲得一些改善。對於越南的獨立，認為只是一種理想。他承認越人獨立的條件，尚未具備；國際環境，更是不利。胡當時表示：「滿地荊棘，到處強權」；對於彼等亡國之人，殊無立足之地。他當時僅有的一點希望，就是法國社會黨對其政府關於安南的措施，亦不滿意，而樂於贊助胡氏。但胡氏當時卻認為日本統治下的朝鮮，遠較法國統治越南為優。[17]

　　不幸的凡爾賽和會，固然帶來了東方被壓迫民族的失望，同時也激起了他們的覺醒。在朝鮮，爆發了「三一」革命；在中國，發生了「五四」運動。但這一民族獨立運動的漲潮，迅為蘇聯共產政權所利用。例如凡爾賽和會後的二十七天，蘇聯政府發表了第一次對華宣言，申明無條件放棄帝俄時代以侵略手段從中國所攫得的一切特權。這一宣言雖遲遲傳到中國，卻引起民間輿論的同情。[18]一年以後，列寧數在第三國際第二次世界大會中，提出他那有名的《民族與殖民地問題綱領》（Thesis on the National and Colonial Questions）。這一綱領，可以說是對凡爾賽和約的一項直接挑戰，也將東方民族獨立運動帶進共產革命的歧途。胡志明之由法國社會

黨成為法共的一員，正是基於這一影響而發生。

第三國際第二次世界大會於一九二〇年七月十九日在彼得格勒（Petcograd）開幕，二十三日以後改在莫斯科舉行，八月七日閉幕。大會除通過列寧所提出的《民族與殖民地問題綱領》外，並決議各國的社會黨或勞動黨加入第三國際時，須接受大會所通過的二十一條款。其中第八條是「關於殖民地問題及被壓迫的民族問題」，規定「凡欲加入共產國際的各政黨，必須毫無保留地放棄它自己在殖民地所施行的一切帝國主義的措施。不僅是要用言語支持，而且要實際地在殖民地推動一個解放運動。它應該把自己的帝國主義分子從這樣的殖民地驅逐出去。」[19]

這一條文，如果為法國社會黨所接受；也就是說，法國社會黨如果加入第三國際，胡志明便可名正言順地獲得法國社會黨的幫助和支持了。

第三國際第二次世界大會以後，胡氏雖為法國社會黨的一員，但對第三國際的決策，尚一無所知。據胡之自述：

> 「在法國社會黨的各支部裡，熱烈地討論著關於社會黨是否保留在第二國際中，還是創立第二個半國際問題，或是加入列寧的第三國際？我按期出席支部會議，每週二次或三次，我注意地聽取討論。最初，我並不能完全了解，為什麼如此的熱烈討論？無論第二國際、第二個半國際，或第三國際，反正都是進行革命，何需如此爭論呢？至於第一國際的情形如何，我需要更多的了解，即國際是否幫助殖民地國家的人民？這一問題並未在支部的會議中討論。我在會議中提出這個問題——是我最重要的意見。有些同志回答說：那是第三，而不是第二國際的。另有一位同志給我刊在《人道報》（*L'Humanite*）上的列寧《民族與殖民地問題綱領》。」[20]

由於胡氏身處「亡國之人」的地位，在渴求外力援助的原因下，列寧的《民族與殖民地問題綱領》對他產生了決定性的煽動作

用。當他讀懂這個綱領時，他自述他所產生的反應是這樣的：

> 「在此綱領中，有些政治術語難以了解。由於反覆的研讀，我
> 終於抓著它的要點。激動！狂熱！光芒！以及信仰，向我侵入。我
> 興奮地流淚。雖然獨自留在室內，我卻高聲喊叫，如同向廣大的群
> 眾演講：『烈士們！同胞們！這就是我們所需求的，這就是我們的
> 解放之路！』從此之後，我完全信仰列寧和第三國際。」21

從此，胡氏參加法國社會黨支部的會議更為積極，同時他也到
社會黨別的支部參加會議。為了決心走第三國際的路線，增加他的
政治知識，他不斷地去找法國社會黨的領袖加香、古久里，以及孟
姆沙（Monmousseau）等，要求他們幫助他，教導他。終於，他在
法國社會黨的都爾大會（Tours Congress）投票贊成加入第三國
際。22

都爾大會是法國社會黨召開的第十八次全國代表大會，一九
二〇年十二月二十五日至三十日在都爾舉行。胡在大會以社會黨越
南代表的資格，應用他粗淺的「階級」觀點，指控法國資本主義者
在越南的罪行。他指出：「資本主義強盜在印度支那的殘暴行
為」：「監獄比學校還多，什麼時候都擠滿囚犯。任何本地人只要
有社會主義思想就都被捕，而且有時不需要經過審判就被殺死。」
他要求：「社會黨必須為支持被壓迫的殖民地人民進行切實的活
動」。所謂支持這一「活動」，就是「黨必須在所有各殖民地宣傳
社會主義」。因此他認為「社會黨參加第三國際一事，意味著從今
天起，黨將願意具體地對殖民地問題的重要性作出正確的估計」。
最後他向大會呼籲：「救救我們吧」！由於胡在大會的發言，獲得
多次的鼓掌，大會主席結論即認為「通過多次贊成的鼓掌，印度支
那代表可以看到社會黨全體黨員都站在你（胡）這邊來反對資產階
級的罪行了。」23胡以「階級」的觀點，指控法在越南的罪行，認
為只要有「社會主義思想」就被捕殺，殊非事實。事實上，過去被

法方捕殺的越人，多為反法的民族主義者，而與社會主義思想似無
關聯。他不用「帝國主義」和「民族」的名詞，而用「資產階級」
和「人民」，顯然在迎合法國社會黨人的心理。事實上，胡氏此時
所信仰的，仍是愛國主義，而非共產主義或社會主義。[24]

　　都爾大會中，法國社會黨分裂為兩派，一派繼續執行第二國際
的路線；一派加入第三國際，獨自成立法國共產黨。胡投票贊成加
入第三國際。從此他成為法共首批黨員之一。[25]在法共組織中，胡
參加法共的第九小組。該組成員，均為法共的著名知識分子。其中
主要的中堅分子有活躍的新聞記者枹契（Georges Pioch），旋為
《工人生活報》主筆；以及當時在巴黎最出名的馬克斯主義理論家
蘇哇純（Boris Souvarine）等。一九二一年十二月，胡偕同他們的
伙伴參加在馬賽舉行的法共全國代表大會。法共機關報《人道報》
當時曾描寫胡是一副長的面孔，凹的雙頰，以及一頭亂髮。[26]

　　胡成為法共黨員後，獲得更多的訓練與學習機會。他是巴黎第
三區的常客，鄰居的 Carreau du Temple，為法共訓練幹部的學院。
此院由一名年老的左傾分子拉的（Radi）所主持，他的兩個兒子佛
泰爾（Voltaire）和李南（Renan），均為胡的朋友，前者尤為法共
青年運動的極端活動分子。同時在枹契的誘導下，要胡氏必須獲得
演說的技巧。因此胡氏除參加法共的訓練外，並開始參加一個「郊
區俱樂部」（Club du Faubourg），藉著集會討論的機會，鍛鍊其
口才。[27]並擴大其活動範圍，吸收政治知識和經驗。

　　在法共首領加香和古久里的報導下，胡氏積極從事反殖民主義
的宣傳和活動，而成為法共的殖民地問題專家。[28]在法共的扶助
下，他和來自法屬北非及馬達加斯加（Madaguscar）的人民，組織
一個「殖民地聯合會」（Intercolonial Union）。並發行一個刊物，
名曰《窮苦人報》（Le Paria），宣傳殖民地人民的解放。胡是該
書報的精神指導者。[29]

　　《窮苦人報》從一九二二年四月到一九二六年四月，計出刊三

十八期。起初每月出刊一次，以後為雙月刊。特別是自一九二三年底胡去莫斯科後，該刊即不能按期出版。此刊的編輯人署名司蒂芬尼（Stephany）。報的標題最初寫為《殖民地人民論壇》（*Tribune of the Colonial People*）。一九二四年一月以後，寫為《殖民地勞動階級論壇》（*Tribune of the Colonial Proletariat*）。標題的文字有時為中國文及阿拉伯文。該報為單張，工整的印刷，間以照片或漫畫的插圖。多數的漫畫插圖非常彆腳，尤其是出自胡氏本人的手筆。[30]胡致力於該報的編輯，將近兩年。也有兩名法屬北非人協助工作。

　　從一九二二年到一九二三年間，胡在巴黎發表的文字，除常見於《窮苦人報》外，法共機關報如《人道報》及《工人生活報》也是他發表文字的園地。在此之前，尚難見到他的作品。一九一九年對凡爾賽和會提出的八點建議，雖然由他署名在《越南魂》發表，實際是得自阮世傳的合作。[31]按照時間先後的排列，以下一些文字，都是一九二二年以後在巴黎的幾個報上發表的：

　　　　《對殖民地問題的幾點意見》，一九二二年五月二十五日，人道報。

　　　　《受寵的土著》，《窮苦人報》，年月日未詳，應在一九二二年四月以後。

　　　　《種族的仇恨》，一九二二年七月一日，《窮苦人報》。

　　　　《安南的女人與法國的統治》，一九二二年八月一日，《窮苦人報》。

　　　　《致殖民部長沙羅（M. Albert Sarraut）的公開信》，一九二二年八月一日，《窮苦人報》。

　　　　《致殖民高級議員兒琪巴（M. Léon Archimbaud, Memer of the Colonial High Council）的公開信》，一九二三年一月十五日，《窮苦人報》。

　　　　《話說禽獸之類》，一九二三年二月一日，《窮苦人報》。

《反革命的軍隊》，一九二三年九月七日，《工人生活報》。

《英國的殖民地政策》，一九二三年十一月九日，《工人生活
報》

後列的兩篇《反革命的軍隊》和《英國的殖民地政策》，可能
是胡在莫斯科的作品寄回巴黎發表的。這兩篇的見解，雖無特出之
點，但較以前的文字，顯能符合共產國際的教條。同時，胡在一九
二三年六月已離開巴黎前往莫斯科。[32]十月初，胡氏確曾出現於莫
斯科。[33]

綜觀胡在巴黎所發表的文字，雖以法國殖民主義者為其攻擊的
對象，但他似乎不能暢所欲言，他對殖民主義者攻擊的方式，大多
使用幽默的筆調，出以諷刺的態度，很少涉及嚴重的關鍵問題，如
民族獨立或脫離法之統治等問題。他的基本立場，仍承認法國為其
「宗主國」，對於法共方面，則強調「宗主國的工人」和殖民地人
民的利害關係的一致性，認為兩者「都是被同一個老板剝削和壓迫
的」，因此他希望：「如果戰鬥起來的時候，雙方（法國工人和殖
民地士兵）的拳頭都應該對準我們共同的老板」。[34]因此，胡的革
命觀點和立場，只是參與法國內部的革命，而不是越人對法人的革
命。這與越南「西化」派的思想仍是一脈相承。

胡氏根據「階級」觀點及列寧對於殖民地問題的指示，要求法
共給予的幫助，究竟達到何等程度？根據一九二四年六月胡在共產
國際第五次代表大會中的報告，認為「無濟於事」，他說：

> 我（胡自稱，下同）是生長在一個現在是法國殖民地的國家的
> 人，同時是法國共產黨的一個黨員。我很遺憾，我必須說我們法國
> 共產黨為殖民地工作得太少了。共產主義的報紙負有向我們的戰士
> 們介紹關於殖民地問題，使殖民地勞動群眾覺醒，爭取他們為共產
> 主義而奮鬥的任務。請問，我們的報紙曾經做了些什麼呢？什麼也
> 沒有做。[35]

　　法共對於殖民地問題為什麼沒有施行積極的政策呢？胡認為歐洲的「無產階級」，仍然存有一種觀點，那就是：「無需同各個殖民地國家的解放運動結合起來，也可以取得勝利」。[36]事實上，胡亦不能否認「宗主國」和殖民地的「無產階級」之間仍然存在著種族的成見：「對法國人來說，殖民地人是低等人，不值一提，沒有接受知識的能力，更沒有進行活動的能力；對殖民地人來說，法國人——不管他們屬於哪一類人——都是惡毒的剝削者。」[37]

　　儘管胡氏認為法共對其支援不夠積極，但他能夠在巴黎得以從事於殖民地的活動與宣傳，實有賴於法共的庇護。[38]胡之《窮苦人報》能夠傳到殖民地去，尤其對於越人能夠發生影響作用，亦有賴於法共及其工會的幫助。

　　因此，胡氏之由法國社會黨員，進而成為法共黨員，不僅在本質上沒有改變越南「西化」派的路線，相反地，其西化的程度，更為徹底。

1　J. Lacouture, p. 18; Fall, p. 87.

2　Fall, p. 87-88，謂胡所撰的小冊子名為《黑人》（*La Race Noire, The Black Race*）。《林奇式刑罰》一九二四年發表於莫斯科《國際通訊》第五十九期，見《胡志明選集》（下簡稱《胡選集》）一卷，六二～六九頁（一九六二年河內越南外文出版社）。

3　Fall, p. 88，引法國社會黨報紙《工人生活報》（*La Vie Ouvriére*）一九一八年的分類小廣告內有阮愛國為人修潤照片之廣告及其地址。又一名法共楊、福特（譯音）「三瓶香檳酒」（《胡伯伯》，四二頁）記述一九二〇～二一年之間，彼與胡同住該處。證明胡自一九一八～二一年間住址未變。

4　J. Lacouture, p. 19.

5　Hoang Van Chi, p. 38.

6　《胡主席》，六〇頁（注8）。

7　《胡伯伯》，三八頁。

8　《胡主席》，六〇頁（注7）。

9 龍大鈞《越南民族獨立運動與華僑》，東方雜誌二五卷一二期，一九二八年
　六月十五日，上海。

10 《胡主席》，六〇頁（注9）；Hoang Van Chi, p. 38.

11 Hoang Van Chi, p. 39.

12 同上。

13 Ho Chi Minh, The Path Which Led Me to Leninism, Ho Chi Minh on Revolution,
　p. 23, (The New American Lirary, 1968).

14 Hoang Van Chi, p. 38-39.

15 《胡伯伯》，三一頁，斐林之記述。

16 黃郛《戰後之世界》，二七八～二七九頁（一九二〇年上海中華書局出
　版），記有阮愛國在和會請願事及其談話。

17 同上。

18 李雲漢《從容共到清黨》上冊，三五頁及三八頁（一九六六年中國學術著作
　獎助委員會出版，臺北）。

19 鄭學稼《第三國際興亡史》，五三頁（一九五四年香港亞洲出版社出版）。

20 Ho Chi Minh on Revolution, p. 23-24.

21 同上 p. 24.

22 同上。

23 胡志明《在圖爾大會上的發言》（《胡選集》一卷，二～三頁）。

24 Ho Chi Minh on Revolution, p. 24.

25 《胡選集》一卷，一頁（注1）。

26 J. Lacouture, p. 33.

27 同上，p. 33-34.

28 Fall, p. 90.

29 《胡主席》，六頁；Ellen J. Hammer, The Struggle for Indcchina, 1940-1955, p.
　76. (Stanferd University Press, 1966)。

30 J. Lacouture, p. 36-37.

31 J. Lacouture, p. 24.

32 同上，p. 43.係據北越官方的資料。

33 毛思誠編《民國十五年以前之蔣介石先生》（民二六年南京刊本）第五冊，
　五七頁，在一九二三年十月三日記事中，蔣先生記有「晤安南志士阮愛
　國」。

34 胡志明《反革命的軍隊》（《胡選集》一卷，一七～一八頁）。

35 《胡選集》一卷，四五頁。

36 同上，四四頁。

37 同上，六頁。

38 據斐林記述：「在阮愛國同志的身旁……特別是法國人民和法國共產黨，敵
人豈敢碰他一根毫毛！」（《胡伯伯》，三九頁）

第三章

由莫斯科轉向東方

　　從一九三二年下半年到一九二四年底，胡氏成為莫斯科的訪客。他參與共產國際的活動，隨著莫斯科的東方政策，他的活動目標也轉向東方。對西方，尤其是法國，甚至包括法共在內，開始加以攻擊和指責。他的「西化」路線，顯然有了轉變。

　　胡之離開巴黎前往莫斯科的正確日期，迄有若干不同的說法。據當時第三國際的德國共產黨代表路絲費雪（Ruth Fisher）的記述，認為胡在一九二二年十月曾至莫斯科參加共產國際第四次世界代表大會。[1] 惟事實上，這次大會的代表在東方各國中，並無越南代表參加。[2] 胡之出席，似無可能。根據河內官方出版的一個小冊子，指出胡於一九二三年六月離開巴黎前往莫斯科。[3] 十月間，出席在莫斯科舉行的「國際農民代表大會」（the Congress of the Peasant International, Krestintern）。[4] 今據中國方面的資料，一九二三年十月初，蔣介石晤「安南志士阮愛國」於莫斯科。[5]

　　胡到莫斯科後，也就開始談些東方問題。如一九二三年十一月九日發表的《英國的殖民地政策》及一九二四年一月四日發表的《中國農民景況》，前者報導英國利用「臨城事件」[6] 向中國提出的關於鐵路管轄權，以及「北京學生聯合會」對英要求的反應；[7] 後者利用統計數字將中國農民加以粗淺的分類，強調「被剝削者的人數和失業隊伍更加擴大」，說明中國的土地逐漸集中，農民日趨困苦，原因是由於外國資本主義的入侵。他提出「必須大力地發動

一個加緊教育群眾的運動」，以實現「一切土地歸還農民」的口
號。[8]

胡之轉向東方問題，顯然由於莫斯科的東方政策，更能適合他
以後活動的需要。莫斯科當局為積極推行其東方政策，自一九二〇
年八月繼共產國際第二次世界大會通過列寧的《民族與殖民地問題
綱領》之後，即於同年九月在巴庫（aku）召開「東方勞動者大
會」（Congress of Toilers of the East），以實現列寧的西方勞工運
動與東方殖民地民族運動聯合起來的構想。[9]此會曾被國際共黨方
面宣稱為反帝國主義的「聖戰」（holy war）。根據上項構想，更
有「赤色國際工會」（Red International of Labor Union, Profintern）和
「農民國際」（Peasant International, Krestintern）的組織，以及
「東方共產主義勞動大學」（Communuist University of Toilers of
the East）的開辦。這些機構，均為蘇聯實行其東方政策的重要措
施。[10]胡在莫斯科的活動，除參加共產國際第五次世界大會外，與
這些機構均有密切的關係。

赤色國際工會成立於一九二一年七月，其主要的目的在使殖民
地與半殖民地國家的工人運動發生密切的關聯。一九二二年十一月
舉行第二次大會時，曾首先提出在遠東召集一項太平洋勞動會議。
一年半以後，即一九二四年六月，在赤色國際工會的贊助下，一項
「太平洋運輸工人會議」（the Conference of Transport Workers of
the Pacific）在中國廣州舉行，出席僅有中國、爪哇及菲律賓的代
表，會後並無常設機構的成立。會中曾發表一項宣言，號召東方勞
動群眾組織起來並和「世界的革命工人」密切聯繫。[11]胡參與赤色
國際工會的活動，似在一九二三年六月。根據胡在莫斯科完成的
《法國殖民制度的罪狀》小冊中摘錄「赤色國際工會中央執行委員
會一九二三年六月二十三日會議紀錄」關於「殖民地的行業工會的
鬥爭問題」，似即胡氏參與這次會議所提出的報告。其中有云：
「赤色國際工會會員在埃及、突尼斯以及其他處在法帝國主義鐵蹄

下的國家，卻沒有什麼作為。法國殖民地的各個工人團體和法國的各個工人團體間聯繫，僅是偶然的事而已，還沒有系統的活動。」根據同一紀錄的說明，認為「現代帝國主義」，是「建立在對各殖民地成百萬勞動者剝削的基礎上」；因此，要完全瓦解「帝國」主義，唯有破壞其基礎，即在各個殖民地和半殖民地組織行業工會，進行鬥爭。[12]根據這一原則，胡氏更將印度支那（越南）和太平洋問題同歐洲工人的關係，拉在一起。他強調法國利用其殖民地特別是越南的「土著」和物力，用以反對共產革命，破壞罷工，以及剝削另一殖民地，企圖與英美日本競爭，在太平洋地區建立一個殖民地系統。胡認為「如果無產階級不提高警覺的話，為了太平洋問題也可能爆發另一次戰爭。」[13]在理論上，他雖然反對這種戰爭，但事實上，當一九四一年太平洋戰爭爆發後，他卻潛回越南，利用這次戰爭，獲得組織武力以奪得越南政權的機會。

農民國際於一九二三年十月在莫斯科召開成立大會。至少有三名代表來自亞洲，胡是其中代表之一，並當選為大會主席團的主席。[14]該會主要的任務，為實現列寧的「民族與殖民地問題綱領」中關於「現實西歐共產主義無產階級與東方殖民地及一般落後國家內農民革命運動間之儘量緊密的聯盟。」[15]該會「給殖民地國家勞動農民的號召書」，亦被胡氏收入他的《法國殖民制度的罪狀》小冊中。察其用詞如「資本主義……用酒和鴉片來腐蝕你們（指殖民地人民）的種族」。[16]此一號召書，顯為胡氏所起草。胡亦將農民問題結合到反法的鬥爭上，他認為法國的殖民地佈滿整個大陸，殖民地的面積和人口，均超過其本土，雖然在種族、氣候、習慣、傳統、經濟和社會發展等方面有所不同，但有兩個共同點使各個殖民地國家相同，而且今後可能進一步統一起來共同進行鬥爭：「一、經濟情況：法國的全部殖民地工業和商業發展極為緩滯，人民差不多全是務農為生，百分之九十五的人口是農民。二、各個殖民地國家，當地的人民都受到法資本敵國主義不斷的剝削。」[17]基於上述

的情況，他認為法國所有殖民地國家的農民，只要加以組織，均可作為革命的動力。當一九二四年六月十七日至七月八日的共產國際第五次大會中討論關於民族與殖民地問題時，他的發言結論中有云：

「在法國各殖民地中，窮困同飢餓日增，憤懣情緒日益高漲，殖民地農民的奮起已經成熟。……如果說目前農民仍處在消極狀態，那是因為他們沒有組織起來，缺乏領導人。共產國際必須協助他們組織起來，必須供給他們以領導幹部，指導他們走向革命和解放。」18

胡對共產國際的東方政策，能夠善於演繹和結合，是他到莫斯科以後的轉變。顯然是他進入東方勞動大學直接從事研究馬列主義（Marxism-Leninism）和布爾什維克（Bolshevik）策略的結果。該校成立於一九二一年四月，為蘇聯訓練東方

共黨幹部以實現其東方政策的重要機構。據一九二三年一月的報告，有學員八百名，大多是來自亞洲地區。19胡進入這所大學時，有學員一千零二十五名。學員的構成及其學習課程，胡的記述如下：

「東方大學現有一千零二十五名學員，其中有一百五十一名女學員。在全部學員中，有八百九十五人是共產黨黨員。學員們的社會成分如下：五百四十七人是農民，二百六十五人是工人，二百一十人是知識分子。（總共是一千零二十二人，另三人是其他社會成分）。此外還有七十五名從十歲到十六歲的少年學生。有一百五十位教師，負責講授關於社會科學、數學、歷史唯物論、工人運動史、生物學、革命史，和政治經濟學等。在課室裡，六十二個不同民族的青年彼此親愛團結在一起。」20

胡就讀的東方勞動大學，除膳食、衣服和住宿全部免費外，每

月每人還領到五個盧布作零用；此外，每星期還有兩次免費招待電影。因此，蘇聯每年用於該校的開支達到五十一萬六千金盧布。[21] 較之胡在巴黎的飢寒交迫的生活，顯有天壤之別。

胡在莫斯科當局的培育下，對於他的思想發生何種程度的影響？據胡在一九六〇年四月紀念列寧九十歲生辰的自述，說他在最初，使他相信列寧和第三國際者，並非由共產主義，而是由於愛國主義。後來由於對馬列主義的理論研究與實際活動的結合，才使他逐漸發現：「唯有社會主義與共產主義，才能解放工人和全世界被壓迫人民。」[22]此種說法，雖未見可信，但他此時應用馬列教條以發揮殖民地問題，顯較過去為成熟；對法國殖民的攻擊，較之他在巴黎的時代，顯已無所顧忌。同時，「愛國主義」中更增加仇恨法國的成分，並為自己署名「阮惡法」（Nguyen O Phap），因而受到法共多理特（Jacques Doriot）的斥責。[23]他攻擊法國的言論，不僅在內容方面較為明確，而非如過去之含蓄；在措詞方面則更為激烈，而非如過去之溫和。他攻擊的對象，不僅集中於法國，而且及於英、美、日本等「帝國主義」的國家。他在莫斯科發表的文字，大多見於共產國際的機關報《國際通訊》（*La Correspondance Internationale*）。依照該報期數的次序，一九二四年在該報發表的文字有：《印度支那和太平洋》（第十八期），《法帝國主義敢做些什麼》（第二十期），《法蘭西殖民制度的崩潰》（第二十六期），《法國『文明』的美好處》（第三十二期），《蘇聯與殖民地人民》（第四十六期），《林奇式刑罰》（*Lyn-Ching*）（第五十九期），《殺人的開化事業》（第六十九期），《里奧戴將軍（Marshal Lyautey）與人權宣言》（第七十一期），《殖民主義受到譴責》（第七十三期），《美國的三K黨》（*The Ku Klux Klan*）（第七十四期）。此外在莫斯科《真理報》（*Pravda*）發表的有《列寧和各殖民地國家》（一九二四年一月二十七日）。[24]

胡在莫斯科最重要的著作，是《法國殖民制度的罪狀》，為揭

發法國殖民當局罪惡的大成。幾乎所有在越南的法國人，均為其攻訐的對象，不僅包括法在殖民地的統治階級，同時也包括在殖民地的白種人，甚至包括所謂「工人階級」。例如胡在文中指出：「在殖民地，只要你有白色皮膚，那你就是高貴的人，就屬於上等人種。」25又云：「在同一個工廠做同樣的工，白人工人領取的工資，大大高過其他膚色的工人。」26

　　胡在莫斯科一項特出的表演，是在共產國際第五次世界大會中，對過去培植他的法國共產黨，提出嚴厲的批評和指控。在大會中，他指出法國所佔領的殖民地土地，要比法國本土大十八倍；法國殖民地的人口，要比法國的人口多一千六百六十萬。但法國共產黨在殖民地的問題上，還沒有施行真正積極的政策；還沒有同殖民地各國的人民群眾接觸。他認為法共這一作風，是違反了「列寧主義」。他更套用斯大林關於民族與殖民地問題的教義，認為歐洲的共產黨除俄國黨外，仍然存著「反革命的觀點」。他直率的指出法國共產黨並不重視有關殖民地的事務。他舉例說：「例如《人道報》（法共機關報）從不刊載由共產國際寄給的農民國際向殖民地國家人民發出的號召書」。他更諷刺《人道報》發表了許多篇關於塞內加爾（Senegal）的拳擊師西基（Siki）獲勝的消息，但對西基的同業──達喀爾（Dakar）碼頭的工人，被捆上汽車送進監獄，再送到兵營去，卻三緘其口。他更指控法共中央的機關報每天報導飛行員哇夷（Uadi）曾經從法國飛往越南的「戰功」；但當殖民地當局掠奪越南人民的土地，然後再命令飛行員「教訓」那些被掠奪的「土著」時，《人道報》卻感到沒有報導給讀者知道的必要。27

　　胡氏何以如此大膽而竟然「忘恩負義」地向法共開火？究其原因，不過是向斯大林派表現其忠貞。原來俄共自一九二四年一月列寧死後，其權力鬥爭由俄共的內部而施展到西歐各國共黨之間，斯大林、季諾維也夫（Zinoviev）和加米涅夫（Kamenev）的一派聯合對抗托洛茨基（Trotsky）的反對派，高揭「列寧主義」的旗幟，

戰勝了反對派。季氏並以共產國際主席的權威，佈置國際內部反托的鬥爭。待一切工作就緒，乃於這年六月十七日起召開共產國際第五次大會。[28]胡在這次大會中，不僅隨著高舉「列寧主義」的旗幟，而且一再引述斯大林的觀點，作為指控法共的依據。同時，這次大會對於法共的空氣，極為不利。國際對法共的「純潔」問題，表示懷疑，指示法共應行清黨，開除一切不可靠的分子及「右派」。[29]而且胡對法共的指控，是補充大會《民族與殖民地問題》報告人曼努意斯基（Manuilsky）在殖民地問題上的政策所作的批評。[30]曼氏曾任共產國際駐法代表，自一九二三年後屬斯大林派，得任俄共駐國際的代表。[31]自一九二

　　四年起任共產國際執行委員會主席團委員。一九二八年到一九四三年任共產國際書記。[32]胡在莫斯科時，曼氏已是共產國際炙手可熱的人物。曼在大會報告《民族與殖民地問題》時，對於法共在殖民地政策上「怠工」的現象，曾作苛刻的批評。[33]胡氏的「補充」，不僅在為曼氏「助威」；同時也在表明他本人雖是法共的一員，但非法共的追隨者。

　　胡利用共產國際對法共的不利空氣，進行指控以後，仍以「具體的實現列寧的教導」為由，向法共提出下列幾點建議：

　　　一、在《人道報》上開闢一個專欄，以便經常地（最少也得一週兩欄篇幅）刊登有關殖民地問題的文章。

　　　二、加強宣傳工作和在已有共產國際支部的殖民地國家的當地人中發展黨員。

　　　三、派遣殖民地國家的同志到莫斯科東方共產主義勞動大學學習。

　　　四、同工會聯合總會進行協商，以便把在法國工作的殖民地的勞動者組織起來。

　　　五、把必須進一步關心殖民地問題作為一個任務，交給全體黨

員。」[34]

　　法共對共產國際大會的批評，表示接受，承認在殖民地問題上處於被動。為了表示糾正其弱點，決定提名阮愛國（胡志明）和法共領袖加香、古久里為巴黎區的參議員法共候選人。由於胡氏既非法國人，當然不能參加法國議會。此舉不過藉以宣傳「法國工人階級和殖民地工人階級的團結一致」而已。[35]法共這種措施，對於殖民地的宣傳，及提高胡在越人中的政治聲望，顯然發生一些作用。胡氏對於法共這種表示，認為法共在殖民地問題上所犯的錯誤，已經糾正過來了。儘管尚認為不夠，但已欣然見到法共「美好的意圖和熱心」。[36]

　　胡雖運用共產國際的壓力，促使法共重視殖民地問題，但莫斯科當局對於越南問題，尚未能加以重視。[37]故胡氏仍須借重法共的關係進行其殖民地的活動，尚不能擺脫他的「西化」路線。至胡之直接對越南進行宣傳和組織的活動，那是他到中國廣州以後的事。

1　J. Lecouture, p. 42-43.

2　Charles B. McLane, Soviet Srategies in Southeast Asia, p. 29. 58n.(Princeton University Press, 1966).

3　J. Lacouture, p. 43; Frank N. Trager, Marxism in Southeast Asia, p.109 (I. Milton Sacks, Marxism in Viet Nam) Standford University Press, 1959.

4　Fllen J. Hammer, p. 76.

5　《民國十五年以前之蔣介石先生》第五冊，五七頁。

6　「臨城事件」係一九二三年五月六日津浦路車北上經山東臨城時，當地土匪孫美瑤率匪徒毀路劫車，將全車中外乘客三百餘人擄往山中。

7　《胡選集》一卷，一九～二〇頁。

8　同上，二六頁。

9　鄭學稼《第三國際興亡史》，六二頁。

10　Charles B. McLane, p. 25-26.

11 Ibid., p. 70-71.

12 《胡選集》一卷，二一七～二一八頁。

13 同上，三四頁。

14 Charles B. McLane, p. 25. 46n.

15 中華民國開國五十年文獻《共匪禍國史料彙編》第一冊，五頁〔民國五十三年（一九六四）十月出版，臺北〕。

16 《胡選集》一卷，二一七頁。

17 同上，五〇頁。

18 同上，五六～五七頁。

19 Charles B. McLane, p. 26.

20 《胡選集》一卷，二一一～二一二頁。

21 同上，二一二～二一三頁。

22 Ho Chi Minh on Revolution, p. 24.

23 Eall, p. 92.

24 各文見《胡選集》一卷，及 Ho Chi Minh on Revolution.

25 《胡選集》一卷，一三五頁。

26 同上，一七二頁。

27 同上，四六～四七頁。

28 鄭學稼《第三國際興亡史》九三頁。

29 同上，一〇〇頁。

30 《胡選集》一卷，四二頁。

31 鄭學稼《第三國際興亡史》，九二～九三頁。

32 《胡選集》一卷，四二頁。

33 Charles B. McLane, p. 40.

34 《胡選集》一卷，四八～四九頁。

35 《胡伯伯》，三九～四〇頁。

36 《胡選集》一卷，四八頁。

37 Charles B. McLane, p. 103.

第四章
在廣州的民族主義者

　　胡志明離開莫斯科到達中國南部的廣州，大約是在一九二四年底。[1]到一九二七年四月離開廣州去武漢，同年七月回蘇聯。[2]這是他第一次來到中國，停留兩年半的時間。他的主要任務，在蘇聯的東方政策之下，運用中國革命情勢對越南發生的影響，以民族主義者的面目，建立「越南青年革命同志會」（Viet-Nam Thanh-Nien Cach-Menh Dong-Chi Hoi，簡稱同志會 Dong Chi Hoi），向越南進行組織及宣傳的活動。「同志會」亦即越南共產黨的前身。

　　一九二四年到一九二七年初的廣州，是中國國民黨領導的革命中心，它對內打倒軍閥的割據，以完成中國的統一；對外反抗帝國主義的侵略，以求中國的獨立自主；同時，實行「聯俄容共」的政策。當時的廣州，不僅是中國革命的中心，同時也成為亞洲反帝國主義的「聖地」（Mecca）。革命軍事搖籃的黃埔軍官學校在校長蔣介石的主持下，吸引了大量的東南亞的知識青年，到此接受政治的陶冶和軍事訓練。其中越南青年也佔有相當的數量。[3]根據一九二五年十月的統計，黃埔軍官學校官生四千四百多人中有不少來自東南亞各國的青年，如越南、緬甸、韓國以及臺灣等地區。[4]這批青年，後來成為東南亞各國獨立運動的主力。中國革命運動的蓬勃發展，對越南發生了深刻的影響，這是胡氏本人所承認的。[5]據一名法國專欄作家魯巴德（Louis Rouaud）的評論：「由於印度和中國在燃燒中，介於兩大火焰之間的越南，不可能停留在冰凍的狀

態」；印度與越南之間民族主義的交流，越南與中國之間的經常交往，廣州乃成為越南民族主義運動的「聖地」。來自越南北、中、南部的知識青年，多數投入黃埔軍官學校，他們在一九二○年代的中國革命環境中，不僅學習現代的戰術，同時也學習來自西方的技術和科學，以及孫中山的三民主義革命理論。[6]

中國革命直接影響於越南民族主義運動者，一為越南革命志士范鴻泰在廣州沙面刺殺越南總督馬蘭未遂，范投珠江自斃事件；一為越南國民黨領袖潘佩珠在上海被法國警察逮捕，解回越南事件。這兩大事件激起了越南民族主義運動的浪潮，胡志明即利用這一浪潮發展他對越南的組織和活動。

范鴻泰，為越南北圻人，生於一八九三年。[7]為越南國民黨黨員。[8]該黨為潘佩珠所領導，與中國國民黨有密切的關係，它的政綱與組織，幾乎完全模仿中國國民黨。主張打倒法帝國主義，爭取民族獨立，並向越人宣傳孫中山的三民主義思想。其實際工作，特別注重在法越軍隊中進行宣傳活動，組織越籍兵士起義與進行暗殺法吏。[9]故該黨在實際活動上，遂有兩種趨向，一派主張運動越南三圻軍隊以驅逐法人；一派主張實行暗殺。范鴻泰則屬於後者。據廣東番禺人「胡弇」[10]所撰《安南范烈士墓記》：

> 「君諱鴻泰……長睹法律之苛暴與法吏之恣睢，輒生憤慨！會有志者相與組織政黨（按即越南國民黨）為革命運動，邀君入黨，君從之。時黨人分兩派，一主運動三圻軍隊反正而逐法人；一主暗殺悍將酷吏以除民害。君意以運動軍隊固屬要圖，然苟無壯烈之舉，則不足寒敵人之膽而激勵國人。故左袒暗殺派而謀有以實行焉。」[11]

主張實行暗殺一派的越南革命黨人范鴻泰等，原有「心心社」的祕密組織，一九二三年在中國成立。[12]就此社的名稱和活動的方式來判斷，似受中國一部分革命黨人「心社」的影響。[13]范鴻泰刺

殺越督馬蘭事件發生於一九二四年六月十九日。馬蘭原由越南赴日
本回程,這天途經廣州,應沙面租界法人的宴會時,范乘機向宴會
投擲炸彈,造成一大血案。其事之經過,胡弄《安南范烈士墓記》
云:

> 「法吏馬蘭者,將道出日本,而為滬、粵之遊。君(按指范鴻
> 泰)聞之,先期挾手槍炸彈佯之於東京上海間。以偵吏嚴密,無隙
> 可乘,遂翻然來粵,為最後之舉。詗知法人將宴馬蘭於域多利旅館
> 也,乃謀同志某君曰:事成與否,固不可期;然吾誓不入於法人之
> 手。惟君須將吾黨宗旨宣示於外,以外法人有所誤會而誅求,則幸
> 甚!君遂於六月十九日午後八時逕赴域多利旅館,排眾入於舞蹈
> 室,彈槍同發,一時男女枕籍,血肉糢糊。君笑曰:大事畢矣,吾
> 其死乎!乃赴水死。」[14]

　　這一轟動中外的血案,實際炸斃五名法人,馬蘭倖免於難。[15]
范鴻泰遂投珠江自斃。最初並不知道何人所為。事後才由一位朝鮮
同志徐興亞代為交出范的遺書,案情始白。[16]該案當時雖被認為越
南革命黨所為,但沙面領事團卻向中國革命政府廣東省長廖仲愷提
出照會,要求廣州當局鎮壓「陰謀」(plots),或將其領事裁判權
適用於反抗外國政府的地區。由於未獲滿意的答覆,沙面租界決定
自八月一日起,凡下午九時以後進入沙面的中國人,均須帶有照片
的通行證。此舉遂引起沙面中國工人的罷工,以抗議對中國的侮
辱。此一罷工運動相持至三十六天之久,終因英法領事館允許取消
其規定而獲致解決。[17]
　　范鴻泰暗殺馬蘭雖未成功,但對越人反法情緒,發生了極大的
鼓動作用。范鴻泰投珠江自斃後,「粵人義之,收其屍,葬諸二望
岡(廣州)之原墓西南向。」[18]使之面對越南祖國。從此越南青年
男女,為了瞻仰范氏之墓,紛紛從越南各地來到廣州。[19]黃埔軍官
學校亦應越人的要求,自一九二五年起,從寬錄取越南留學生。[20]

范鴻泰的行動及其「心心社」的組織，原和胡志明沒有任何關係。當沙面事件發生時，胡正留在莫斯科撰寫他的《法國殖民制度的罪狀》。他只聽到「由一個越南人在廣州投擲的炸彈爆炸案」。不過他已體會出這是殖民地「嚴重的事件」。[21]因此他一到廣州，便立即和「心心社」取得聯繫，吸取暗殺馬蘭未成的經驗，擴大為反法的運動。據越共後來的負責人長征的記述，謂胡當時曾作出這樣的結論：「要想革命成功，就必須建立一個強大的政黨，以便組織群眾，領導國內群眾進行鬥爭，進而發動起義，奪取政權。」隨後，他和「心心社」的人員討論，在一九二五年六月，將「心心社」改名為「越南青年革命同志會」。[22]這正是潘佩珠被法國警察逮捕的時候。

潘佩珠，字是漢，外號巢南子，精於漢學。一八六七年生於中圻之宜安，與胡為同鄉。他是越南第一位著名的民族主義者。一九〇〇年參加科舉考試，中解元。遂即利用此一名望從事民族獨立運動。一九〇三年，他寫了一本宣傳小冊子《血書》，祕密的在越南散佈，試圖建立武裝團體以反抗法人。次年，結識一位愛國志士曾拔虎，使他的政治生涯開拓了新的境界。曾為北圻人，法侵越南，他與中國黑旗軍首領劉永福合作，組織越人反抗法軍。事後遊歷亞洲各國，屢次赴日本。一九〇四年回到北圻時，得知潘氏致力民族獨立運動。兩人協商的結果，決定組織一個地下服務機構，協助越南知識青年赴日遊學，即所謂「東遊」（Exodus to the East）。在此後的三年中，約有二百名學生赴日留學。一九〇五年春，潘和曾氏同赴日本，並完成其第二部著作《越南滅亡史》。在日本，曾會晤中國革命領袖孫中山，對於孫中山所領導的智識分子革命運動，獲致深刻的印象，但兩人在革命的聯合上，似未曾達成協議。潘與日本朝野人士有所接觸，使他確信日本可以趕出亞洲的白種人；對越南民族運動必能給予支援。這年秋間，潘自查回越，一面發起「東遊」運動，同時物色安南阮王朝後裔疆𨬓王子，作為

他們的精神領袖。次年四月，潘和另一愛國志士潘周楨偕同疆鍀前往日本。當彼等停留東京組織政治團體時，迅即感到失望，因日本方面並不能給予真實的援助。周楨顯已預見日本的野心，不相信「引虎驅虎」的政策可以成功，因即回越，開始其緩進的維新運動。潘雖續留日本，但另一次失望卻相繼而來，即一九〇七年日法締結巴黎協定，日應法方之要求，取締越南留日學生團體，撤銷其居留許可，阻止其革命活動。於是越南學生紛紛離日轉往中國或暹羅。疆鍀亦往香港，潘則流寓暹羅。當一九一一年中國革命獲得勝利後，潘與疆鍀來到中國的廣州，重振其革命運動，於一九一二年成立越南光復會（Vietnam Quang Phuc Hoi），採取中國革命的方針，宣布建立越南民主共和政體為其最終目的。當一九一三年袁世凱以武力擊破孫中山的民主勢力，袁之爪牙龍濟光佔據廣州時，越南總督沙羅（A. Sarraut）要求龍將潘氏及其同志數人拘捕入獄。龍希圖換取法人的報酬，正與法人勾結企圖將潘氏引渡。由於中國討袁戰事的發生，袁氏敗亡，孫中山再度回到廣州時，即於一九一七年恢復潘氏及其同志的自由。[23]潘氏領導的越南民族運動，與孫中山的革命環境息息相關。當一九二四年初孫中山改組中國國民黨以重振其革命陣營時，潘氏亦將其光復會改組為越南國民黨（Viet Nam Quoc Dan Dang, VNQDD），設立總支部於廣州。以與中國國民革命相提攜。[24]當時在中國的重要幹部有曾拔虎、阮尚賢、阮尚述、鄧師墨等。一時頗呈活躍的氣象。[25]

胡氏幼年在故鄉宜安時期，由於他父親的關係，即受到潘的賞識，曾勸胡參加「東遊」，但為胡所婉拒。胡這次到廣州，以民族主義者的面目出現，和潘氏頻有接觸，彼此商談越南情勢的發展，並討論到越南國民黨新的計畫。[26]但不幸的事件迅即發生，潘於一九二五年六月卻在上海為法租界的警察所逮捕，並被解回越南。據越南歷史學者黃文智的記述，潘之被捕，係被胡氏所出賣，代價是十萬越幣（piasters）。當時這項消息起始由潘的助手們所獲得，而

遍傳於留華的越南革命黨人。據胡的同黨事後解釋，認為潘已逐漸
老邁，不適宜進一步的革命；他之被捕，足以激起越人愛國主義的
浪潮，對於革命有極大的需要；並且從法方得來的金錢，可用以培
植新生的力量。據以後的了解，胡之出賣潘氏，是得自潘駐香港代
表藍德守（Lam Duc Thu，真實姓名為阮公院 Nguyen Cong Vien）
的合作。事後兩人平分十萬越幣。胡的所得部分用以組織「越南青
年革命同志會」；藍之所得則花在香港的夜總會。嗣後胡、藍兩人
繼續合作多年，出賣潘的同志。彼時由越逃至廣州進入黃埔軍校的
青年，凡經胡之吸收加入「同志會」的，多能保持其祕密的身分而
安全的回到越南；其他仍忠於潘之組織者，經常一到中越邊境，即
為法探所追蹤逮捕。因為這些被捕者，事先都由藍在香港獲得通
知，將彼等之照片送交法駐香港領事。然後兩人平分「獎金」。這
樣一來，越南國民黨在廣州的總部，漸與國內失去聯繫。結果使黃
埔軍校畢業而不願加入胡之組織的越南青年，不敢回國，只得加入
中國的國民革命軍。越南國民黨在國內的勢力遂致消逝，共產運動
乃代之而起。但也有一些資料對於此說表示懷疑者。[27]

　　潘氏被捕後，法越當局曾已判處其死刑，激起越人的公憤，紛
紛組織全國請願團，要求立即恢復潘之自由。法方終於赦免潘之死
刑，[28] 被管制於順化，迄一九四○年十二月二十日在順化去世。[29]
潘的被捕事件，再度激起越人反法的浪潮，同時也使越南民族運動
失去領導的中心。適予胡氏以發展的機會。

　　當時胡在廣州，已不使用他在巴黎和莫斯科的姓名──阮愛
國。對中國方面，他化名李瑞；對越人方面，他化名王山而或「老
王」。「王山而」實即「瑞」字的折寫。[30] 據當時中國文件的證
實，他亦曾化名王達人。[31] 但對莫斯科方面的通訊，仍署名阮愛
國。[32] 他在廣州的公開職務是中國國民黨俄籍顧問鮑羅廷的翻譯。
實際任務可能是莫斯科在遠東方面的工作人員，以及負責關於越南
民族主義的運動。[33] 其時中國國民黨正在「聯俄容共」時期，中共

人員在廣州的活動，既可公開，亦可祕密。而胡在廣州所扮演的身分，亦復如此。不過他在廣州的公開活動，是以民族主義者的面目出現。

胡以民族主義者的面目正式和中國國民黨接觸，是該黨一九二六年一月在廣州召開第二次全國代表大會之際，他自稱是「越南亡國流民」，以「李瑞」的姓名，要求向大會陳訴越南痛苦情形，以為大會研究援助被壓迫民族解放方針之參考。胡之來函原文如下：

> 「中國國民黨第二次全國代表大會主席團諸同志鑒：敬啟者，敝人是越南亡國流民，奔波到此。幸逢貴會開會聲明援助世界被壓迫民族解放，不勝欣喜。但是『欲與以藥，必先知其病』。所以敝人要求貴會准許前來暴白敝國痛苦情形，使欲助我者得以研究而尋方針。敝國幸甚！革命幸甚！臨書神馳，敬祝　中國革命萬歲！中國國民黨萬歲！李瑞。通信處：鮑公館張春木先生轉。中華民國十五年正月六日。」[34]

胡的原函經譚平山簽註：「討論民族提案時請其出席報告」。同時，從胡的函中通信處，可以看出他和鮑羅廷以及中共之間，具有密切的關係。一月十四日，胡以「王達人」的化名對大會做公開的報告，除陳訴「安南民族所受的痛苦」外，特別強調中越兩民族間的歷史文化和革命的關係。在這天大會中報告的，尚有朝鮮及印度的「同志」。胡的報告是使用法語，由李富春為他翻譯。[35]李為中共的留法派，可能兩人在法即有交往，以後兩人的關係一直很接近。[36]

胡和中國國民黨取得接觸，顯然亦如中共的企圖，在掌握民族主義的運動。因此，他一面以「同志會」為機關，吸收越南的青年；同時在中共人員的扶助下，發展其組織。

「同志會」的基礎原為「心心社」，為流亡在華的一部分越南國民黨人的組織。其基本人員除范鴻泰外，尚有胡松茂、黎鴻峰、

贊英等。[37]胡加入這一組織後，即安排胡松茂加入中國共產黨，使與中共保持聯繫。[38]胡本人也參加中共交給他的工作。[39]黎鴻峰後來由胡介紹去莫斯科學軍事，並轉入東方勞動大學。一九三五年參加共產國際第七次世界大會，當選國際候補執行委員，被派回越領導越共。[40]彼等當時在廣州均為「同志會」的負責人，亦為胡的得力助手。「同志會」的會址設在廣州文明路十三號，亦即胡在廣州的住址。設有政治特別訓練班，為「同志會」的訓練機構。對面是中國農民總會，即中共毛澤東主持的「農民運動講習所」的學員宿舍。胡之政治特別訓練班的人員亦在那裡吃飯。其經費亦由中共資助一部分。[41]胡亦擔任「農運講習所」內部材料的翻譯及對外宣傳工作，為一家英文報紙撰寫關於工農運動的文章。[42]

　　胡氏發展「同志會」的方式，須賴於中共人員的協助，吸收激進的越南青年，尤其是海員。由於他們職務上的便利，適於擔任交通偷渡的任務，便於對越進行滲透活動。同時則在廣州流亡的越人中，吸收一些青年，施以為時六個月的訓練。大約到一九二五年末，選拔比較優秀的人員加入「同志會」的中央委員會；其餘則派回越南從事組織祕密小組，吸收新的分子，並協助他們偷渡至廣州，接受訓練。[43]

　　中共人員協助胡氏吸收越人的過程，初由日常生活的接觸與了解，進而利用范鴻泰事件撥動其仇法情緒與政治意識，然後再介紹給胡松茂，最後經過胡志明的談話、考查，並施以訓練，吸收為「同志會」的會員。

　　經過胡氏吸收和訓練的人員，依其職業掩護的便利，分派其任務。在海港碼頭，設有聯絡人；在航行的船上，設有交通線。一面向越南內部進行滲透；一面接運逃出的青年。送到廣州受訓的，先由廣州「省港罷工委員會」的工人招待所接待，再經過胡及「同志會」的負責人進行談話和考查。此項活動，以一九二六年這一年最為積極。

　　經過胡氏談話及考察的人員，似乎有兩種不同的處理方式，有的則直接被批准加入「同志會」，然後參加政治特別訓練班受訓；有的則在受訓完畢以後，集體加入「同志會」。前者如經由中共人員介紹的一名海員阮良朋；[44]後者大多為直接來自越南的學生。[45]故「同志會」與政治特別訓練班實為一體之兩面，兩者的負責人亦是彼此不分的。

　　政治特別訓練班的課程包括理論的和實用的兩部分，在理論方面，有《人類進化史》，主要是學習從資本主義到帝國主義的發展階段；各國解放運動史如中國、朝鮮、印度，以及越南被侵略的歷史；各種的學習有《甘地主義》、《三民主義》（批判地學習），以及《俄國革命史》及《馬列主義》。在實用方面，有各種國際組織的歷史和方法，其中有第一、第二、第三國際，國際婦聯，國際青聯，紅色救濟會，國際農民協會等；在發動群眾和組織群眾工作方面，有工人、農民、青年學生等的發動工作工會的組織，其中有發動群眾工作的演習，學習如何宣傳及處理群眾大會。每週還有各個小組的學習報告，還要寫「壁報」，以及進行批評和自我批評。[46]胡編有《革命之路》，也是訓練的教材之一。[47]

　　發動群眾和組織群眾工作，實為一種革命鬥爭的技術訓練。此項課程，由胡主持。他訓練學員如何製造傳單，如何處理群眾大會，如何煽動罷工等。[48]此項訓練並經實地演習。在演習時，有一個人扮作宣傳者，其餘的扮作聽眾，並由聽眾提出問題要求宣傳者解答。然後大家又在一起總結經驗，提供意見。至於如何接近群眾，進而發動與組織群眾，胡告知其同志必須在態度上與群眾一致，不可「弄得土不土，洋不洋的」，這樣就很難接近群眾。[49]接近群眾最好的方法，去找那些跟自己比較親近的老朋友或親戚，對他們宣傳時：「不論什麼事，都要善於把話題引到法國殖民者剝削壓迫我國（越南）人民的事情上」。這種話題，如果獲得對方的同感，則繼之以煽動：「難道我們就甘願讓他們永遠這樣欺凌嗎？」

如果對方表示「不甘願」，那就利用「聯誼會」或「互濟會」的名義把他們逐漸地組織起來。對於積極的分子先吸收入會，一般的留到以後陸續的吸收。就用這種方法不斷地發展和擴大組織。但在進行工作時，特別保守祕密。[50]

胡氏承襲共產國際的教義，把越南革命運動分為兩個階段，第一個階段以民族主義為外衣，建立所謂「資產階級民主政權」；第二個階段，才能走上社會主義革命。因此「同志會」所發行的《青年報》（Thanh Nien），也就是他「第一階段」的言論代表，它並不直接表現其馬列主義的面目，其論題則首先討論民族主義，但作者卻巧妙地雜入一些基本教條和列寧的觀點，以為轉向「第二階段」的準備。但他所編的《革命之路》以供訓練幹部的教材，則公開其馬列主義的面目。

它強調三項基本觀點：

一、革命的任務是為廣大的工人階級和農民群眾，不是少為數人，因此需要組織群眾。

二、革命必須受一個馬列主義的指揮。三、各個國家內的革命運動必須和國際無產階級密切結合，工人及農民群眾必須辨別出第三和第二國際。[51]

政治特別訓練班每期受訓的人數多少不等，有時少至數人，有時多至數十人。訓練的期間亦長短不一，最初大約為時六個月。[52]一九二六～二七年間，則為時三至四個月。訓練完畢，都要經過宣誓加入「同志會」。宣誓的地點在范鴻泰烈士的墓前，誓詞有「願獻身於祖國，即使犧牲也在所不辭」。然後接受組織分配任務。大部分派回越南工作，少數派往暹羅或其他地區擔任發動越僑的工作。[53]從一九二五年下半年到一九二七年初，經過訓練的至少有二百五十人，約有二百人派回越南。因此「同志會」在越南本土的發展，非常迅速。當一九二九年五月「同志會」在香港召開全國代表

大會時，據法國警察方面的估計，會員的人數及其同情分子約為一千人。該會在越南三圻各有一個委員會。北圻（東京）的會員以工人為多；中圻（安南）及南圻（交趾支那）的會員包括工人、教師、學生及農民。在廣州受過訓練的人員，則掌握組織的重要職位。[54]一直到一九三〇年，「同志會」始改稱為越南共產黨。

政治特別訓練班出身者，似乎多為基層的工作人員。其高級領導幹部或核心人物，則非來自訓練班。如一九三〇年間的越共書記陳富，出身於黃埔軍校，並往莫斯科受訓。[55]曾任北越副主席兼國務總理范文同，亦係黃埔軍校出身。[56]據在廣州的俄籍顧問趙列潘諾夫（Alexander Ivanovich Cherepanov）的記述，胡與黃埔軍校的越南學生保持接觸，係透過中共人員的關係。[57]一九三五～三九年間的越共領導人黎鴻峰，原為「同志會」基本人員之一，初往莫斯科學習空軍，後轉入東方勞動大學。[58]當時訓練班的人員縱對胡的真實身分，亦不了解，只管叫他「老王同志」，並不知道他就是「阮愛國」。[59]

---

1 胡志明《我與中共》：「一九二四～一九二七年，我（胡自稱）到廣州」（《展望半月刊》一八三期，摘譯自一九六一年七月一日北越《人民報》，原題《中國革命與越南革命》。一九六九、九、一六，香港）。Fall, p. 93 謂胡一九二四年十二月去廣州。

2 Hoang Van Chi, p. 46; Ellen J. Hammer, p. 80.

3 Hoang Van Chi, p. 42-43.

4 《黃埔軍官學校史稿》第四期學生統計。

5 胡志明一九五一年二月在越南勞動黨第二次全國代表大會的《政治報告》，見《胡選集》二卷，一三三頁。

6 Ellen J. Hammer, p. 77.

7 《胡主席》，六〇頁（注 14）。

8 阮文剛《越南獨立運動一覽》，一八頁。

9 陳懷南《越南的人民解放鬥爭》，七頁（一九五四年，北平世界知識出版）。

10 「胡弇」即胡毅生，中國革命黨人，隨孫中山革命多年。

11 番禺胡弇撰書《安南范烈士墓記》，民國十四年（一九二五）一月一日（國民黨黨史會藏拓本）。按「三圻」即越南之北、中、南圻，北圻即東京，中圻即安南，南圻即交趾支那。

12 《胡主席》，七頁（注1）。

13 中國革命黨人所組織的「心社」為劉思復所創立。劉為廣東香山縣（今中山縣）人。早年加入中國同盟會，在廣州擔任暗殺清吏的活動。傾向於無政府主義。民國初年，與同志莫紀彭、林直勉等組織「心社」於廣州。見馮自由《革命逸史》第二集《心社創作人劉思復》。又據李熙斌《記同盟會中之一個暗殺團》記述該團成立後，越南革命黨人潘佩珠來廣州要求該團予以援助。中國革命黨人謝英伯等允其要求，得在廣州活動。

14 胡弇《安南范烈士墓記》。

15 Ellen J. Hammer, p. 77.

16 楚女《世界弱小民族解放運動的近狀》（《中國國民黨週刊》三十九期，民國十三年（一九二四）九月二十一日，廣州）。按「楚女」即中共人員蕭楚女。

17 C. Martin Wilur, Forging the Weapons: Sun Yat-sen and the Kuomintang in Canton, 1924, p. 42-43, (Columbia University, New York, 1966).

18 胡弇《安南范烈士墓記》。

19 Ellen J. Hammer, p. 77.

20 《越南國民黨中央執行委員會海外執行部報告》，一九四五、一、二〇（重慶，原件）。

21 《胡選集》一卷，二一〇頁。

22 《胡主席》，七頁。

23 Joseph uttinger, Vietnam: A Political History, p. 155-158, (Frederick A. Praeger, 1968).

24 《越南國民黨中央執行委員會海外執行部報告》，一九四五、一、二〇。

25 中國國民黨中央海外部編《越南革命黨派略歷》（原稿未刊，民國三十二年五月六日，重慶）。

26 Charles B. McLane, p. 109，轉引《潘佩珠的回憶》。

27 Hoang Van Chi, p. 18-19，謂潘佩珠雖知胡為共產黨人，但並不承認是他的政敵。他被胡勸往上海作一次演講，並不知道靠近法租界。當潘一到上海，即為法國警察所逮捕。據 J. uttinger, Vietnam, p. 159，潘之被捕，係胡與其一名助手所設計。在一九二五年六月間的一個早晨，潘在上海接到一項邀請，前往廣州參加「世界弱小民族聯合會」越南支那成立會。當潘自上海登船赴廣州時，突被一群人襲擊而拖入法租界，遂被送往海防轉解河內。胡的居間人獲得法方十萬越幣。但也有些資料懷疑此說。

28 《胡主席》，七頁；嚴繼祖《越南革命黨派略史》（原稿未刊，一九四二年八月十六日，重慶）。

29 Hoang Van Chi, p. 21.

30 Hoang Van Chi, p. 42.

31 中國國民黨第二次全國代表大會紀錄，民國十五年一月十四日，廣州（鉛印本）。據同上原稿書為「王道人」。

32 例如一九二五年胡在《國際通訊》發表之《亞洲的一些問題》、《英國人的統治方式》及一九二六年在《號角報》發表之《列寧和東方》等文，均署名阮愛國。見《胡選集》一卷。

33 Charles B. McLane, p. 109.

34 李瑞致中國國民黨第二次全國代表大會主席團函，民一五、一、六（廣州，原件）。

35 中國國民黨二全代表大會紀錄，民一五、一、一四。

36 一九三○年初胡至上海，介紹李富春之妻蔡暢（亦為中共留法者）給越共地下人員。（《胡伯伯》，五七頁）。

37 《胡主席》，七頁。

38 J. Lacouture, p. 49.

39 胡志明《我與中共》（《展望半月刊》一八三期）。

40 《胡伯伯》，一一八頁（阮慶全述）。

41 《胡伯伯》，九○～九一頁（黎孟禎述）。

42 胡志明《我與中共》。

43 Ellen J. Hammer, p. 78; Hoang Van Chi, p. 43-44.

44 同上，五一頁。

45 同上，九三頁。

46 同上，九一～九二頁。

47 同上，五一頁。

48 Hoang Van Chi, p. 43.

49 《胡伯伯》，九一、九三頁。

50 同上，五二頁。

51 J. Lacouture, p. 48-49, from The Selected Works of Ho Chi Minh, p. 53, (Hanoi: Foreign Languages Publishing House, 1961).

52 Hoang Van Chi, p. 43.

53 《胡伯伯》，九二～九三頁。

54 Ellen J. Hammer, p. 80.

55 《胡伯伯》，四一頁。

56 J. Lacouture, p. 50.

57 Alexander Ivanovich Cherepanov, Notes of a Military Advisor in China, p. 120, A. Draft Translation y Alexandre O. Smith, Office of Military History, HQ MAAG Taipei, 1970.

58 《胡伯伯》，九〇～九一頁。

59 如阮良朋自述彼於一九三〇年在上海被捕時始知「老王」即「阮愛國」。見《胡伯伯》，四九頁。

第五章

在遠東的活動

　　從一九二七年下半年到一九三二年間，胡的大部分時間花在東南亞地區及中國的東南部；特別是從一九三〇年初到一九三一年的上半年，在共產國際的指揮下，胡在香港及中國，一面指導越南共產黨的成立與活動；同時擔任共產國際遠東方面的重要任務。越共與其本人的起伏，幾與中共「立三路線」相浮沉。

　　胡離開廣州是在一九二七年四月間。此時中國國民革命的勢力，在革命軍總司令蔣介石的指揮下，已發展到中部長江流域，控制武漢、南京及上海各大城市。中共亦隨國民革命的進展而擴張其勢力，在俄共鮑羅廷的操縱下，一九二六年末在武漢建立政權，由反蔣而倒蔣。因此，蔣於一九二七年四月十二日，開始清黨，清除黨內的中共人員。上海、南京及廣州等地的中共人員，失去活動的憑藉。惟武漢及兩湖地區，仍為中共及左傾人員所控制，胡遂離開廣州潛往武漢。但武漢政權的壽命亦至短促，在同年，七月間，內部發生分裂而致瓦解。胡乃隨同俄籍人員鮑羅廷等離開武漢回莫斯科。在此後的數年間，中共轉入地下活動，胡的行動亦復如是。

　　胡回莫斯科後，曾被派往柏林工作。一九二八年初，到比利時首都布魯塞爾（Brussels）參加「反帝國主義同盟」（Anti-Imperialist League）大會。又曾往瑞士、義大利及法國旅行。[1]不久便被派到東南亞地區的曼谷（Bangkok）工作。該處已成立共產國際南洋局（Comintern Southsea Bureau），由法共代理人牛蘭（Hilaire

Noulens）負責。胡是該局的工作人員之一，其任務，為組織旅居暹羅的越南僑民。[2]

其時，僑居暹羅的越人將近兩萬人，多居留在暹羅東北各省，接近老撾邊境。有早期的移民，亦有新近移去的。早期的移民，大多同情或擁護過去的勤王運動、維新運動，以及東遊運動，越南老革命黨人如潘佩珠等曾經常來此活動。一九二五年，胡由廣州派去的一些「同志會」人員，在這裡組織有「親愛會」和「合作會」，前者的目的在組織一般越僑，以「互助」為由，進行愛國主義的宣傳；後者為新近從越南出來的青年，所組織的生產經濟團體，也是當地革命運動的骨幹，是「同志會」發展的基礎。從一九二六年以後，在暹羅東北部的烏隆、沙空那空、法那等地越僑較多的地方，都先後成立了「親愛會」和「合作會」。「同志會」也在這些地方成立了三個支部，受香港總會的領導。一九二八年秋，胡化名「陶九」，首先在暹羅的中部密集出現，此處亦有「合作會」的組織。胡在此停留十天，便會合一些同志前往烏隆，繼往沙空那空，並沿湄公河右岸從木克到廊開，遍歷越僑居留各地。大約到一九二九年六月，才結束了暹羅東北部艱苦的旅行，前往曼谷。[3]

胡在暹羅東北部越僑中為時將近一年的活動，根據一些追隨他的人的回憶，胡除了參加「合作會」的生產外，便是幫助和指導當地幹部鞏固及發展越僑的組織，並矯正他們所出版的那些報紙的宣傳內容，使之通俗化。[4]更發動越僑辦了幾所僑校，動員幹部學習暹羅文，爭取暹越兩國人民的友誼，使之同情越南人民的抗法鬥爭。胡參加生產和學習之外，則從事翻譯《人類進化史》和《共產主義初步》。[5]

當胡在暹羅越僑中進行活動之際，正是中法俄的所謂「三個兄弟黨」在替越南共產黨進行催生的工作。到了一九二九年的下半年，越南卻相繼出現了彼此各不相屬的三個共產黨。胡即離開暹羅，轉往香港。是根據共產國際的指示，統一越南共產黨的組織。

　　儘管在一九二七年以前，胡與法共、俄共以及中共之間，具有密切的關係，但越南共產主義的運動，卻很少受到這三個「兄弟黨」的重視。[6] 甚至胡氏本人，最初也不相信共產主義運動有在越南發達的可能，例如一九二二年五月他在法國《人道報》發表的《對殖民地問題的幾點意見》中，認為古老的印度支那人們一點也不懂得什麼是階級鬥爭，什麼是無產階級的力量。簡單的理由是因為在那裡沒有大規模的工業或商業的經營基礎，也沒有工人組織。[7] 一九二五年他到廣州以後，對於孫中山的著述，曾加以研究，認為孫的三民主義可適用於越南——民族主義即為獨立，民權與民生主義，均為人民謀幸福。他仍認為越南不能實行共產主義。據他在一九二七年的說明，共產黨不可能在越南建立，因為沒有人能了解共產主義的意義，但可以組成一個「安南民族社會主義革命黨」（Annamese National Socialist Revolutionary Party），以逐漸領導黨員信仰馬克斯主義。[8]

　　中共正式提出越南共產主義運動問題，是一九二八年七月九日在莫斯科舉行的中共第六次代表大會的《政治決議案》關於各國共產黨聯絡的問題，決定「委託中國共產黨出席共產國際第六次大會的代表團，對於各國兄弟黨贊助和參加中國革命運動不充分的問題，嚴重提出討論」。並具體的指出：「關於安南的職工運動與法國安南共產黨的關係，南洋群島中國工人運動與印度支那（馬來群島）共產黨（爪哇共產黨）的關係……都應當要與各該國共產黨討論實際的互相聯絡的辦法。」[9] 因此，在同年八月的共產國際第六次代表大會中，中共代表提出支持越南革命時，批評法共對越南工作之忽視。越南代表在大會中的發言，亦特別指出「中國為越南的曙光」（China is the dawn of Indochina）。[10]「法共應支持殖民地運動」，在共產國際第六次大會對各大支部的主要任務中亦有了規定。[11] 法共在此之後，亦積極開始在越南的共產主義運動。曾於一九二七年四月在武漢「幫助中國革命」的法共首領多理特（Jacques

Doriot）[12]則在一九二九年的《人道報》連續為文分析越南情勢的發展，提出當前越南革命的任務，應如「中國之實行土地革命」；並指出越南共產黨人必須加強工人階級的經濟的與政治的鬥爭，使農民進入這種鬥爭。其土地革命的目標，為沒收本國及法國富農的土地；實行每日八小時工作制；禁止以野蠻的方法榨取勞工等。[13]

　　越南共產黨是由「同志會」改稱而來。其產生，是否得自幾個「兄弟黨」的擘劃，尚無直接的資料加以證實。而胡氏本人在遠東的活動，更與中法俄共結為一體而不可分。「同志會」自胡於一九二七年四月離開廣州後，即交給胡松茂負責，並將其總部由廣州遷往香港，繼續指導越南及暹羅等地「同志會」支部的活動。[14]胡松茂後來為中國方面所拘捕，乃由藍德守接替其職務。一九二九年五月一日至十九日，「同志會」在香港召開全國代表大會，由藍所發起。[15]到會代表十七名，四名來自總會，兩名來自暹羅，其餘則直接來自越南的北部、中部及南部。[16]會議剛一開始，便發生嚴重的衝突。因為來自越南北部的代表早在大會舉行之前，在其「同志會」的機構中，已有共產黨支部的組織，並自行規定籌備成立越南共產黨的任務。[17]故當大會開始時，三名北越的代表便提出成立「印度支那共產黨」（Indochina Communist Party）的建議。「同志會」總部委員會在多數代表的支持下，認為北越代表的提議，違反了胡之設立「民族社會主義革命黨」的意旨，拒絕改變「同志會」的名稱。這三名代表並不服從多數的意見，憤然退出大會，逕返北越。[18]這年六月十七日，即在北越宣告成立「印度支那共產黨」（Dong Duong Cong San Dang，東洋共產黨），並發表宣言，出版報紙，宣傳他們的政策路線。北越的「同志會」乃告死亡。南部的「同志會」因此也發生嚴重的動盪。「同志會」香港總部在被動的情勢下，乃於同年十月決定把剩下來的組織（主要在南部）改稱為「安南共產黨」（Annamese Communist Party）。此外，在中部和南部受馬列主義影響的「新越黨」（Tan-Viet Party）[19]的一部

分，亦於這年十一月在中部成立「新越共產聯盟」（Tan-Viet Communist League）。[20]

　　因此，在一九二九年中，越南就出現了三個共產主義的組織，彼此不相統屬，各自認為只有本身才是真正革命的組織。並且互相攻訐，競相爭奪群眾。個別設法向共產國際爭取聯繫，企圖獲得國際的承認。[21]曾受到共產國際嚴厲的批評，指責該黨領導人的失當，認為該黨分裂對抗的形勢，並不能支持任何運動。[22]為了糾正這種分裂危險和宗派主義，共產國際便指派一名留俄學生陳富送達一項指示，要胡來處理這一問題。[23]胡遂於一九二九年十月由曼谷趕往香港，召集「同志會」不同意見的雙方代表，提出一項新的方案以統一分裂的組織。此項方案於一九三〇年二月三日在香港露天運動場參觀一次足球賽中達成協議。胡命令其他兩個共產主義團體加入「新越共產聯盟」，終於完成合併的工作，定名為「越南共產黨」（Vietnam Communist Party）。[24]同年十月在香港舉行第一次代表大會時，改名為「印度支那共產黨」（Indochinese Communist Party）。[25]

　　將其總部移至越南境內。它的第一任書記即為在俄受過訓練的陳富，化名李貴。一九三一年四月在西貢被法越當局逮捕，死於獄中。[26]此時該黨始被正式許可加入共產國際，每月接受共產國際執行委員會五千法郎（francs，約合美金一、二五〇元）的津貼。[27]越南共產黨於一九三〇年二月三日正式成立後，胡即於二月十八日發出《號召書》及越共《簡要綱領》。它是根據共產國際第六次大會布哈林（Bukharin）指導下所提出的東南亞共黨方案。[28]幾乎等於中共第六次大會決議的翻版。例如中共第六次大會決議半殖民地半封建社會的中國，它的革命，是依照資產階級民主革命。[29]而越共《簡要綱領》也叫做「資產階級民權革命」。[30]胡在《號召書》中提出的十大口號，與中共第六次大會決議中的十大口號（或十大要求）亦多雷同，例如中共有「推翻帝國主義的統治」，胡有「打倒

帝國主義」；中共有「沒收外國資本的企業和銀行」，胡亦有「沒收帝國主義的銀行和其他各企業」；中共有「建立工農兵代表會議──蘇維埃政府」，胡亦有「成立工農兵政府」；中共有「實行八小時工作制」及「沒收一切地主階級土地，實行耕地農有」，胡亦有「實行八小時工作制」及「沒收帝國主義者和越南反革命資產階級的全部莊園和財產，分給貧窮農民」；中共有「取消苛捐雜稅」，胡亦有「免除貧民的各種苛稅」。[31]

為強調幾個「兄弟黨」的一致性，胡在越共成立時，一面誇張「越南的革命得到法國工人的支援」；同時斥責法國的軍國主義者，在「反對中國的革命和進攻蘇聯」。[32]法共首領馬爾梯（Andre Marty）在致中共的一項文件中，對於他們「兄弟黨」的關係，亦強調如下：

> 「法帝國主義壓迫下的殖民地六千萬奴隸，都把我們英勇的弟兄黨（按指中共）所領導的革命，看作是給他們真正指出最終解放之道路的革命；安南（法帝國主義的城堡，法帝國主義正準備從那裡進攻雲南和中國革命）的偉大的革命鬥爭，我們安南兄弟黨在鬥爭中之成立，這都是明確。」[33]

在實際行動方面，越共與中共亦在配合進行活動。其時中共為進行「反帝國主義」的工作，要求各國共產黨派遣人員到中國，實行破壞列強駐華軍隊的活動。[34]上海法租界的越籍士兵和工人中，在一九二九年底，已有越共的地下組織，進行兵運的工作。[35]胡於一九三〇年初到上海，介紹中共地下人員與之聯繫合作。

其時越共在上海的地下人員除阮良朋外，尚有已加入中共的胡松茂及其妻，以及汎朱、國隆等。[36]胡亦經常到上海。一九三〇年間他數度來往上海，指導越共人員的活動。[37]此時中共中央組織一個宣傳委員會，負責對駐華的外國軍隊進行煽動的活動，並有越共及日共的參與。駐華英軍的煽動，由中共人員負責，日本、韓國及

臺灣籍者,由日共負責。越南及法國士兵,由越共負責。[38]一九
三〇年間,中共正在厲行「立三路線」。[39]這年六月起,中共李立
三趁國內戰亂之際,下令中共人員組織全國的總暴動,命令各地的
紅軍發動總攻擊,奪取大城市。[40]七、八月間,中共紅軍一度佔據
湖南的長沙,並威脅華中重鎮武漢、南昌、九江等地。共產國際執
行委員會在這年七月二十三日所通過的《中國問題決議案》,承認
「中國革命運動的新高潮,已經成為無可爭辯的事實。」[41]並給中
共規定下許多任務,關於越南者有「應當認識安南日益生長的革命
鬥爭的重大意義,而擴大自己在安南人之中的影響,尤其是在香港
和廣州。」[42]此時胡氏來往香港與上海之間,除指導越共活動以配
合共產國際的決策及中共之行動外,並負有共產國際在遠東方面的
重要任務。他所接觸的機構有(1)設在上海的共產國際遠東局(Far
Eastern Bureau of Commintern, Daluro),它成立於一九二九年,為
共產國際在遠東之代理機關,它管理當地的政治團體,聯絡職工會
的組織;(2)太平洋職工會秘書處(Secretariat of the Pan-Pacific
Workers' Union),自一九三〇年到一九三一年由遠東局管轄;(3)
共產國際南洋局的負責人,從一九三〇年三月到一九三一年六月,
印度、馬來亞及暹羅的共黨組織歸其控制;(4)透過法國勞工聯合會
(Confédération Générale du Travail Unitaire),與法國共產黨聯
繫;(5)反帝國主義同盟(Anti-Imperialist League)及其遠東部,該
同盟一九二五年成立於柏林。[43]

　　根據中國的資料顯示,共產國際遠東局的負責人原為俄共米夫
(Pavel Mif)。米夫離職後,即由牛蘭接替其職務。[44]胡即接替牛
蘭的原來職務,而為南洋局的負責人。[45]牛蘭在一九三〇年三月即
到上海,他利用各種不同的化名,租用房屋四處,郵局信箱八個,
電報掛號四個。遠東局的工作,不僅策劃中共在各地的暴動,指揮
中共之南方局(在香港)、長江局及北方局;且印度、菲律賓、馬
來亞、朝鮮、安南,以及日本等處的共產黨,均受其指揮。[46]太平

洋職工會秘書處的負責人為中共中央委員余飛，牛蘭為秘書，余飛去職後，亦由牛蘭負責。[47]故一九三〇年胡在中國所接觸參與的機構和活動，實與中法俄共結為一體而不可分。中共在「立三路線」下發動連續的暴動，越共亦同時在越南實行暴動。兩者的結局，均同歸失敗。

　　一九三〇年的越共，亦如中共在其國內傾其全部的力量，發動武裝暴動，組織武裝與蘇維埃政權。這年二月，由於越南國民黨安沛（Yen Bay）起義的失敗，遂使越共獲得發展的機會。越南國民黨自其領袖潘佩珠在一九二五年被法方拘捕後，同志阮太學等繼承其精神，於一九二七年在河內建立組織，積極從事活動。其政綱與制度，均係模仿中國國民黨，尋求中國的援助，以驅逐法國的統治。其在北越的發展，至為迅速。一九二九年起，約有黨員一千五百人，大多為教師、學生及士兵。[48]由於遭受法國警察的搜捕，在阮太學的領導下，遂於一九三〇年二月九日倉卒起義，襲擊法軍安沛兵營，斃其軍官五名，傷六名，士兵死傷各四名。但迅為法方所平定。參加起義的越籍士兵三十四名及黨員三十名，均被拘捕。事後，法方大事搜捕越人，造成社會的恐怖氣氛。[49]根據法方的資料，越南國民黨人在同年二及三月間被判死刑者五十八人（其中二十二人被斬首），終身監禁者六十一人，有期徒刑者四十二人。同年復有五百七十六人被審判。[50]阮太學以下十五名重要幹部在這年六月十五日被執行死刑時，同聲高呼「祖國越南解放萬歲！」此一慘案傳至巴黎，不僅旅法越人為之激動，即部分法人亦為之不平。[51]

　　安沛起義失敗後，越南國民黨的南部幾被法方殘殺殆盡，民族主義勢力瓦解，代之而起的，則是共產主義的運動。胡後來曾以幸災樂禍的語氣評論越共的收穫：

　　　「在這次（安沛）起義以後，資產階級（指越南國民黨）失去了它對民族解放運動的一切影響；工人階級和農民勞動群眾被組織

在自由黨（按指越共）內。黨成了反帝國主義革命的唯一領導者。」[52]

　　越共得以利用越人普遍的反法情緒，提出「反對恐怖」的口號，使之與所謂「爭取改善生活的鬥爭結合起來」。[53]由於一批狂熱的越共黨人，多數曾在中國見習中共之暴動與農運，一面受到安沛起義失敗的激動；同時由於當時世界經濟的恐慌，嚴重的影響到越南農村的破產。越共首要為掌握此一情況，領導憤怒的農民公開暴動。一九三〇年五月一日，大規模的農民群眾，在農村被集合起來，隨著饑餓的遊行，被導向行政中心。法殖民當局以機槍掃射遊行的行列，遂發展成為流血慘案。越共為挽救農民暴動失敗所帶來的絕望，乃於同年九月十二日在胡之故鄉宜安及河靜，組織農民武裝，並建立蘇維埃政權。僅為時三個月，便被法殖民當局鎮壓下去。[54]越共組織從此受到極大的破壞，大批黨員和幹部被捕、被逐或被殺[55]亦有若干越共人員被驅逐到中國，加入中共的紅軍。[56]

　　越共從成立到宜安蘇維埃的失敗，為時不過一年。其直接領導人雖為年輕的書記陳富，但胡卻以共產國際代表的地位，始終指導其事。後來長征曾謂：「一九三〇年秋和一九三一年初。胡主席在中國從事革命活動。他雖沒有指導國內工作，但密切地關注著國內革命運動。」這一輕描淡寫的說法，似替胡洗刷失敗的責任。而胡在事後不久曾把這一責任歸之於越共中央。一九三一年四月二十日他給越共中央的信中說：「黨在工作中的若干缺點，如形式主義的工作作風，不實際，不具體，對每個地方的情況不深刻了解，各個群眾團體的組織（如工會、農會、青年、婦女等團體）還存在狹隘觀點，對反帝協會不夠重視……。」[57]事實上，胡在一九三〇年二月十八日的《號召書》中的「十大口號」，和中共「立三路線」時期的「十大要求」，都是出自莫斯科當局的規定。而中共與越共之失敗，不過是同樣的追隨這一決策的路線而已。

　　自一九三一年以後到一九三三年間，不僅越南革命運動處於低潮；即胡氏本人命運，亦頻遭不幸。在越共方面，胡曾謂：「從一九三一年到一九三三年間，法國殖民者進行瘋狂的迫害，很多幹部和群眾被捕犧牲。黨和群眾的各個組織幾乎完全瓦解。因此，革命運動也暫時處於低潮狀態。」[58]就胡之個人命運而言，亦因共產國際遠東的組織被破獲，而於一九三一年六月五日在香港被英方拘捕。胡之被捕，和當時在中國轟動一時的牛蘭案相關聯。由於太平洋職工會秘書處的一名法共人員 Joseph Ducroix（原名 Serge Lefranc）一九三一年六月在新加坡被捕，洩露了共產國際遠東局的內容，遂使牛蘭及胡分別在上海及香港被捕。[59] Ducroix 被捕前，曾在香港與胡有所接觸，並由胡介紹他在越南的連絡人。據 Ducroix 後來告知法國一位撰寫《胡志明傳》的作者 Jean Lacouture 說，彼等之被捕，不能確定為何人所告發，但他相信胡與牛蘭及其本人均為英方之大舉搜捕下的犧牲者。Ducroix 以假冒身分的罪名被英國殖民當局判刑十八個月。[60]胡以企圖進行破壞活動的罪名，被香港英方判刑六個月。但法國殖民當局以其進行反法活動，以缺席裁判的方式，在宜安判決其死刑，並要求香港當局引渡。[61]為了阻止胡及 Ducroix 之被引渡給法國當局，共黨的一個保護機構紅色國際救濟會乃發起援救運動，通過反帝國主義同盟國際秘書處策動英國工人迫使英國工黨政府尊重庇護權。[62]紅色國際救濟會並聘請一位年輕的英國律師勞司比（Frank Loseby）為胡辯護，作為政治犯的處理，才未被引渡。[63]勞司比是一名反帝國主義的運動者。[64]

　　一九三二年初，胡服刑期滿，被釋離開香港。據說：他即往新加坡，再度被英方逮捕，遣回香港。因為他患有肺病，准許住入醫院。旋即失蹤。英方並沒有宣布他失蹤的情況。有人認為胡之再度被釋，是他允許替英國情報人員擔任工作。[65]

　　但據胡的自述，他是前往上海。為了避開「敵人」的耳目，那位英國律師把他安排在一艘輪船上，偽裝一名中國商人，使他平安

地離開了香港，先到廈門留了半年的時間，然後又去上海。[66]

胡在香港「失蹤」後，各方報紙所發佈的消息，謂胡在香港被捕後因患嚴重的肺病而死於監獄中。這些報紙包括法越殖民當局的報紙，[67]以及各國共產黨的機關報，如英國共產黨的《工人報》（*Daily Worker*），[68]法共的《人道報》，以及蘇聯的報紙，都宣稱胡已死去。莫斯科東方大學越南組的學生更舉行追悼會，追悼胡的死去以及這年四月在西貢被捕死於獄中的越共書記陳富，共產國際並派代表參加致悼詞。[69]法國安全警察在胡的一九三三年檔案中，亦註明他「死於香港」。[70]這些消息對於胡的逃亡正屬有利，是否出自那位英國律師的「安排」，固難證實，但滑稽的是，胡也看到他自己「死去」的消息。後來胡說這項消息是法國殖民當局散佈的謠言，企圖挫傷他們的「民眾的鬥爭精神」。[71]但胡卻始終未曾闢謠，以圖恢復其所謂「民眾的鬥爭精神」。

一九三三年初，胡由廈門到了上海。[72]此時上海的情勢，和他一九三〇年到上海的環境已完全不同。越共地下組織，早在一九三一年五月為法租界警察所破獲。[73]中共的地下組織，亦自一九三一年夏季以來，遭受嚴重的破獲。根據中國官方的統計，其中央及地方領導幹部以及黨團員在此一時期被捕者達二千餘名，其中有中央委員二十三名，省委三十一名。[74]知名人物如中共特務首領顧順章，中央總書記向忠發，代理總書記盧福坦，中央機關報主持人楊匏安、羅綺園，以及中委余飛等。彼等均在被捕後向政府自首，並供出組織的祕密。因此胡到上海時，曾努力設法向中共人員進行聯絡，但都沒有結果。這時正好法共中央委員古久里到達上海，他便立即寫信給他，要求跟他單獨見面一談。這封信是請宋慶齡轉交的。宋在上海有「人權保障同盟」的組織，曾為援救牛蘭之被拘而奔走甚力[75]胡為矇蔽治安人員的注意，穿著最闊氣的衣服，租了一輛最講究的汽車，親自將信投入宋寓的信箱。幾天以後，胡會見了古久里。這樣才跟中共人員取得聯繫。由中共人員將胡安排在一艘

蘇聯的輪船上，離開上海往海參威，再轉火車去莫斯科。[76]

1　Fall, p. 94; J. Lacouture, p. 51.

2　Hoang Van Chi. p. 48.

3　《胡伯伯》，九三～九四，一〇六頁。

4　同上，一〇八頁。

5　同上，九八頁。

6　Charles B. McLane, p. 107.

7　《胡選集》一卷，六頁。

8　Ellen J. Hammer, p. 77.

9　《共匪禍國史料彙編》第二冊，三五頁（民五三、一〇、中華民國開國五十年文獻委員會出版）。

10　Charles B. McLane, p. 107.

11　鄭學稼《第三國際興亡史》，一四七頁。

12　多理特曾於一九二七年四月偕美共首領白勞德（Earl Browder）等組織國際工人代表團自廣州到武漢，宣傳反帝國主義。

13　Charles B. McLane, p. 104.

14　Hoang Van Chi. p. 46; J. Lacouture, p. 51.

15　J. Lacouture, p. 55.

16　Ellen J. Hammer, p. 81.

17　《胡主席》，八頁。

18　Ellen J. Hammer, p. 81.

19　陳懷南《越南人民的解放鬥爭》，七頁，新越黨之成立，約在一九二五年。據《胡伯伯》一五八頁，重要黨員有鄧更新（為越南老革命黨鄧泰親之子，一九二八年隨胡在暹羅同往各地組織越僑）、武元甲、阮志姚等。據武元甲記，該黨目的為「先搞國家革命，後搞世界革命」。

20　陳懷南前書，五四頁：《胡主席》，八～九頁。

21　《胡主席》，九頁。

22　Ellen J. Hammer, p. 81.

23　《胡主席》九頁；《胡伯伯》四〇～四一頁。

24　J. Lacouture, p. 57.「越南勞動黨」第三次全國代表大會決議將「印度支那共產

黨」成立的日期定為一九三〇年二月三日（原為該年一月六日）。

25 陳懷南前書，五四頁；Ellen J. Hammer, p. 82.

26 Charles B. McLane, p. 154.

27 Ibid., p. 112.

28 Charles B. McLane, p. 67.

29 鄭學稼《第三國際興亡史》，一六二頁。

30 《胡主席》，九頁。

31 胡之《號召書》見《胡選集》一卷，二二六～二二七。中共第六次大會決之「十大口號」見《共匪重要資料彙編續編》第二冊三七～三八頁（中國國民黨中央第六組，民四二、一一、出版，臺北）。

32 《胡選集》一卷，二二六頁。

33 法國共產黨對中共二蘇大會的祝詞，一九三四、三、一，見《紅色中華》一五六期；同見《共匪禍國史料彙編》第二冊，一四〇頁。

34 《共匪禍國史料彙編》第二冊，三五頁。

35 《胡伯伯》五五頁。

36 同上，五八頁。

37 同上，五八頁。

38 Nguyen Luong Bang, Brought to political maturity thanks to the people and the party, in A Heroic People, p. 30, Foreign Languages Publishing House, Hanoi, 1960.

39 「立三」即李立三，時任中共中央宣傳部長。一九二八年七月中共六全大會中（在莫斯科舉行），產生了以向忠發為中心的中共中央，實權則落在常委兼宣傳部長李立三身上。李主張城市武裝暴動，以城市控制鄉村。稱為「立三路線」。

40 司馬璐《瞿秋白傳》，六五頁（一九六二年，自聯出版社出版，香港）。

41 《共匪重要資料彙編續編》第二冊，二二頁（國民黨中央第六組出版）。

42 同上，二八頁。

43 J. Lacouture, p. 56-57.

44 江蘇地方法院公佈牛蘭判決書。（一九三二年九月十三日南京《中央日報》）。

45 Ellen J. Hammer, p. 82.

46 江蘇地方法院公佈牛蘭判決書。

47 中國國民黨中央組織部調查科編《中國共產黨之透視》三〇九～三一〇頁（文

星書店影印本，民五一年，臺北）。

48 Ellen J. Hammer, p. 82-83.

49 阮文剛《越南獨立運動一覽》，一九頁。

50 Charles B. McLane, p. 149.

51 阮文剛前書，一九頁。

52 胡志明《越南民主共和國成立十週年》，一九五五、九、二。

53 陳懷南前書，五四頁。

54 Hoang Van Chi. p. 49-50.

55 陳懷南前書九頁；五四頁。

56 《胡伯伯》一〇六～一〇七頁。

57 《胡主席》，一〇～一一頁。

58 《胡選集》二卷，一五五頁。

59 Charles B. McLane, p. 147.

60 J. Lacouture, p. 63.

61 Fall, p. 96.

62 J. Lacouture, p. 63-64.

63 Fall, p. 96.

64 J. Lacouture, p. 64.

65 Bernard Fall, Le Viet Minh, p. 31. (Lirarie Armand Colin, Paris, 1960) see Hoang Van Chi, p. 50.

66 《胡伯伯》，六六～六七頁。

67 同上，六〇；一一五頁。

68 Hoang Van Chi. p. 50-51.

69 《胡伯伯》，一一五頁。

70 Hoang Van Chi. p. 51.

71 《胡伯伯》，六六頁。

72 據胡自述，彼到上海大約在一九三三年初。見《胡伯伯》六七頁。Fall, p. 97. 謂在這年十一月。

73 《胡伯伯》，五九頁。

74 《中國共產黨之透視》，四一五～四一七頁。

75 同上，一六八頁。

76 《胡伯伯》，六七頁。

第六章

莫斯科下的「民主陣線」

　　從一九三三年到一九三八年秋，胡一直留在莫斯科，被強迫「學習」。一九三八年底，他再度到中國，加入中共。從一九三五年到一九三九年九月歐戰發生以前，由於蘇聯須要拉攏法國以解除其西歐來自德國的威脅，指使法共成立「人民陣線」（popular front），維護法蘇「友好」關係。越共唯有遵從莫斯科的決定，放棄反法運動，依附法共，擁護法國殖民當局，實行所謂「民主陣線」（Democratic front）。胡在此一階段，除贊成「民主陣線」外，他對越南似無作為。

　　胡自上海轉往莫斯科以後，以及一些越共黨人留在蘇聯的情況，一位和胡同時期留在莫斯科的越共人員後來出任北越政權教育部副部長的阮慶全曾有記述。可以看出在當時的恐怖氣氛籠罩下，胡和越共人員的接觸，都要聽命於莫斯科當局的安排，未經准許以前，縱然見面，亦不能自由交談。[1]

　　胡到莫斯科時，健康情況顯然很壞，仍在患著肺病，他「很瘦，臉色灰白，頭剃得光光的」，「偶爾有點咳嗽和痰裡帶血」。由於那時還沒有治肺癆的特效藥，胡的療病方法：「生活非常有規律，並且嚴格遵守作息制度。每天早上起床後，都要作早操。在他的屋裡有啞鈴、擴胸器等體育用具。」[2]

　　在莫斯科，胡一面在列寧學院（Lenin School）學習；一面在殖民地和民族問題研究院（Institute for National and Colonial Questions）工作。列寧學院是訓練各國共黨高級幹部的黨校。分為三年學習和六個月短期訓練的兩部分，胡是參加短期的受訓。他在列寧學院使用俄國式的化名「諾夫」（Linov）。在殖民地和民族問題研究院中，胡使用「林」的化名，領導越南學生小組從事學習。這些學生素質低劣，大多數同志的水平還低，這些同志多數是從法國來的，他們從前是歐僕或水手；有的還比較年輕，而且也還沒有在革命的熔爐中經受過多大的鍛鍊，所以有時還存在一些瑣碎的個人問題。胡領導這批學生學習，就如教幼稚園小學生的方式，例如講到「團結問題」時，他就引用中國流行的一個兒童故事，用一把筷子不易折斷，而一枝一枝單獨地拿出來就容易折斷的例子，來把問題說清楚，這些學生才能明白「團結」的意思。[3]

　　一九三四年秋，殖民地和民族問題研究院又增加了一個越南小組。這個小組是由新到蘇聯的黎鴻峰和阮氏明開，以及另外三名越共人員所組成，該組由黎鴻峰負責黨的工作，仍由胡兼任學習領導人。由於「保密」的緣故，越南兩個小組被隔離在兩個不同的地方。黎鴻峰原為廣州「心心社」的人員，一九二五年為胡在廣州的「同志會」重要伙伴之一，被派往蘇聯空軍學校受訓，一九二九年轉入東方勞動大學。一九三五年七、八月間，黎鴻峰和阮氏明開的這一小組的五名越人被指派參加共產國際第七次代表大會。黎當選為共產國際候補執行委員。會後不久，被派回越南，領導越共中央。[4]此時胡在斯大林的心目中，顯然已沒有什麼分量。他既非共產國際執行委員，又失去領導越共的地位，甚至可能被列為「可靠」的分子，他被迫留在莫斯科「學習」，既非出於自願，其處境亦非常冷落。

　　共產國際第七次大會之後，大約在一九三六年的上半年，黎鴻峰遵照共產國際新的策略路線回越活動。[5]為追隨法共的「人民陣線」，執行所謂「民主陣線」。在此之前，越共徘徊於法共和中共的路線之間。待法國「人民陣線」的政府成立，越共乃完全依附法

共的路線，實行其「民主陣線」。這種轉變，完全是遵從莫斯科的決策和法蘇關係的需要。

　　共產國際第七次大會前夕的世界形勢，對於蘇聯十分不利。在東方，日本軍閥已侵佔中國的東北，標榜「防共」，並積極企圖吞併整個的中國，實現其所謂「大陸政策」；在西方，德國在希特勒（Adolf Hitler）的法西斯政權統治下，稱霸歐洲，高呼成立「第三帝國」，反對猶太人和馬克斯主義者。[6]在這一不利的世界形勢之下，共產國際認為：「現在德國法西斯和日本軍閥實行軍事挑撥，以及資本主義各國好戰政黨加緊軍備時，在反革命、反蘇聯戰爭有直接爆發危機的時機，各國共產黨的中心口號應當是為和平而鬥爭。」[7]

　　惟當時各國共產黨除法國共產黨正在「揚眉吐氣」外，[8]其餘大多「奄奄一息」，如共產國際歐洲的最大支部德國共產黨，已被希特勒的納粹（Nazi）打得粉碎；其他支部如義大利、波蘭、巴爾幹各國、英國、美國，以及日本等國的共產黨，有的受到嚴重的打擊，銷聲匿跡；有的力量微弱，不起作用。至於中共，經過五次被圍勦後，正在「二萬五千里的長征」中，在中國西部無人地帶扮演著「集體探險家的喜劇」。[9]

　　斯大林為了解除蘇聯本身所受的壓力，一面透過政府的外交關係，轉變他對資本主義國家的態度；一面利用共產國際的機構，指示各國共產黨改變新的策略路線，以影響其本國政府的政策。在西方，他和美國恢復邦交，和法國簽訂互助協定；在東方，當日本因中國東北問題退出國際聯盟後，他和正在圍勦中共的中國恢復邦交；並且加入國際聯盟。[10]為牽制各國內部的政策，共產國際規定各國共產黨要為「擁護和平，保護蘇聯而鬥爭」；最重要的策略任務，就是「反對法西斯的德國，以及與他勾結的波蘭和日本」；為達成此任務，各國共產黨必須「開闢最大限度的可能，去建立廣泛的統一戰線」；至於殖民地或半殖民地國家的支部如中共，應建立

「反帝人民戰線」，參加國內的「民族解放鬥爭」。[11]因此，在「資產階級」國家的共產黨，是「人民陣線」；在中國，則為「民族陣線」。[12]

　　所謂「人民陣線」，據研究共產國際學者鄭學稼的解釋：「依馬克思主義的語言學，就是與資產階級的民主派合作，打倒及對抗它的法西斯派。既然與前者聯合，那共產黨人不必再提『由下而上』的聯合陣線，可以加入『人民陣線的政府』。」[13]法國共產黨為奉行這一陣線，早在一九三四年六月，即在共產國際的指示下，向法國社會黨採取一項「統一戰線」（united front）的政策。這年年底，便和急進社會黨（Radical Socialist Party）建立「人民陣線」。[14]據鄭學稼的解釋，這個「急進社會黨」，在名稱上嚇死人，而內表既不「急進」，又無「社會主義」的氣味。它純是一個「反動的」政黨。[15]但無論如何，這個「人民陣線」在一九三六年五月的法國議會選舉中獲得勝利，掌握了政權。六月間，由法國社會黨領袖勃倫（Leon Blum）組織內閣，擔任總理，成立「人民陣線」的政府。總算達成了斯大林聯法抗德的外交政策。[16]

　　越南，是一個不折不扣的殖民地國家。依照共產國際決議案的規定，它應該奉行「民族陣線」，參加「民族解放鬥爭」，也就是反抗法國的統治，以爭取民族的解放。但越共不能這樣做，它必須列為法共下的一部分，執行法共的「人民陣線」，擁護法國殖民當局，以維護法蘇的互助關係。這一政策，越共去奉行它，終不免困難重重。

　　在越南，越共自一九三〇～一九三一年間宜安蘇維埃失敗後，一直到一九三三年初，才開始恢復組織。其時一名在莫斯科東方大學的越南學生陳文家（Tran Van Giau）被派回國，建立地下組織。[17]當時在西貢的共產團體，為第四國際的托派分子左守輸（Ta Thu Thau）所領導，他是留法的學生。由於西貢接近法國的政治空氣，以及有法文報紙的發行，人民尚有最低限度的自由，共黨人員仍可

進行合法的活動。一部分托派分子和斯大林派及陳文家獲致協議，建立一項聯合的合法的政治運動。另一部分托派分子則加入斯大林派所發行的報紙，名曰《鬥爭》（La Lutte）。此外，在國外的越共人員，透過越南海員在上海、南京、香港、以及中共人員在暹羅的關係，仍能保持其海外的聯絡。一九三三年，越共的殘餘分子，曾在老撾舉行一次會議。[18]這批越共人員，仍受中共的影響，具有非法的暴動路線。中共對於這一「兄弟黨」自一九三〇～三一年間挫敗後的不振，表示關切，例如中共在一九三四年八月的《致越南同志公開言》中，號召他們起

來做一個「更戰鬥的黨」（a more combative party）；要求他們必須把一九三二年的「行動計畫」（Program of action）付諸實行。[19]所謂一九三二年的「行動計畫」，即主張更激烈的暴動；認為「唯有經過武裝鬥爭，才能完成解放」；它的口號有「為土地及獨立而革命的暴動萬歲！」[20]

一九三五年四月，越共在澳門舉行一次代表大會，決定利用合法的機會進行鬥爭。[21]實行「反帝國主義陣線」（the anti-impeiralist front），以及「土地革命」的要求。同年七、八月間，越共出席共產國際第七次代表大會的代表黎鴻峰向大會的報告中，指出越共遵循共產國際決策的成功，特別是一九三五年五月的西貢選舉；並指出為了實現共產國際的計畫，為反帝及土地革命，以及完成越南的解放與獨立而鬥爭。[22]總之，此一階段的越共策略路線，徘徊於法共和中共之間的兩面性，有時好像具有法共式的議會主義的傳統；有時也像具有中共式的非法鬥爭的作風。此一不調和的現象，據後來胡的解釋：

> 「由於中央態度的堅決，由於各兄弟黨的協助，從一九三三年起，革命運動又逐漸興起。那時候，我們黨一方面要重新鞏固各個祕密組織；另一方面又要使祕密工作同公開活動同時在報上和在各

個城市議會、管轄議會中進行的宣傳、鼓動工作配合。」[23]

當一九三六年六月法國「人民陣線」的政府成立後，越共的路線再度改變；澳門會議的決議，也被斥責。這年七月，越共中央委員會在中國南部舉行會議。由黎鴻峰及何輝集遵照共產國際第七次代表香的決議，糾正澳門會議的「錯誤」。重訂新的政策，即組織「民主陣線」。所謂澳門會議的「錯誤」，就是「澳門大會所制定的政策，不符合當時國內和世界革命形勢，如把土地分配給農業工人；沒有清楚地認識反法西斯的任務和法西斯戰爭的危機等等。」[24]這次會議決定的政策，完全依附於法共的「人民陣線」，取消打倒法帝國主義的口號，代之以建立「反保皇派的革命基礎」（anti-royalist revolutionary ases），以推翻殖民地當局內部的封建政權；取消民族解放的口號，代以法越結合，以幫助越人贏得結社自由的基本權利。[25]它的主要任務是「反法西斯主義和反對戰爭」，提出「和平、自由、衣食」的口號。[26]此一路線，也好像胡志明一九二〇年初期在巴黎時期「西化」路線的重演。[27]

在「民主陣線」下，越共得到什麼收穫？它做些什麼活動？首先是越南政治犯從法國監獄中獲得釋放；其次是法殖民當局准許越共及其他黨派公開活動，如「社會民主黨」[28]「新越南國民黨」等，[29]均在法人的持植下，紛紛出現。越共所結合的黨派，在南方仍與托派合作，兩派組織「行動委員會」（Action Commnittees），協同活動，領導罷工，要求改良工作條件及提高工資，要求允許成立合法的工會。在議會選舉方面，一九三七年，兩派由《鬥爭報》聯合選出三名西貢市議員，一名為托派的左守輸；兩名為斯大林派的阮文造和楊白梅（Duong Bach Mai）。但從此之後，兩派即告分離。托派拒絕參加人民陣線，指責史大林派為蘇聯及法共的利益而出賣越南，並接管《鬥爭報》。左守輸在該報發表一篇《叛國的人民陣線》（*The Popular Front of Treason*），被法殖民當局監禁二

年。一九三九年,托派在交趾支那議會的選舉中,大獲勝利,在議會中擁有百分之八十的票數。[30]

在北越,法共於一九三七年一月派出一名特使幫助越共的組織工作。三月間,一個「印度支那民主陣線」(Indochinese Democratic Front)完全在越共支配之下,對越南民族主義的運動開始攻擊。北越共黨機關報《信息》(*Tin-Tuc*)及《人民》(*Nhan Dan*)亦開始發行。[31]「民主陣線」,並不是兩個黨派以上的聯合,在它的周圍,只有越共所組織的「民主青年團」、「愛友會」、「互濟會」等。[32]它的活動,是聯合所謂「各階級的革命分子」,要求改善人民生活,實施法國「人民陣線」所頒佈的勞動法規;並出版報紙、雜誌,及發行共產主義書籍。領導工人及知識分子組織各種團體,進行公開活動。[33]

一九三八年四月,達拉第(Edouard Daladier)出任法國內閣總理。「人民陣線」政府改組,開始右傾。達拉第原屬右派人物,一九三四年執政時,曾標榜左傾政策,受到右派輿論的攻擊而去職。一九三五年,他拉攏左翼分子加入「人民陣線」,次年六月,擔任「人民陣線」政府的陸軍部長。這次組織內閣,又轉向右派。[34]他公開他和「人民陣線」絕緣,強迫延長勞動時間;犧牲和蘇聯及法國具有盟約關係的捷克,而與德國成立「慕尼黑協定」;以及拒絕援助西班牙「人民陣線」的政府等層出不窮的右傾行動。法共對於達拉第內閣的右傾,雖然委曲的有所指責,但為了維護「法蘇協定」,仍在歌頌「人民陣線」,在共產國際的領導下,要替達拉第捧場。[35]

達拉第內閣的右傾,顯示法國「人民陣線」在開始瓦解。胡志明適在「慕尼黑協定」的同時離開莫斯科。共產國際早在一九三七年打算要胡「取道法國回越南」,胡也準備啟示。[36]顯示共產國際要他回越推行「民主陣線」。但又突然停止啟行。一直到一九三八年秋才離開莫斯科。但他這次的目的地,不是取道法國,而是中共

根據地─陝北延安。[37]顯然是根據莫斯科的安排,準備轉向中共式的路線,即「民族陣線」。但由於法共仍在歌頌「人民陣線」和擁護法國政府,因此胡氏到華以後,也不敢談民族獨立,或反對法國的統治。幾乎在法國「人民陣線」崩潰的前夕,還在高唱「民主陣線」。例如他在一九三九年七月寄給共產國際的報告,仍主張「在這個時候,黨不可以提出過高的要求(民族獨立、議會等)……只可要求各種民主自由權,自由結社、自由集會、新聞和言論自由,釋放全體政治犯,為黨獲得合法的活動而鬥爭。」至於參加「民主陣線」的分子,他主張「不僅印度支那人,而且是連在印度支那的進步的法國人也包括在內;不僅是勞動人民,而且是連民族資產階級也包括在內。」甚至「資產階級」也「必須竭力吸取他們參加戰線」。對於法共和法國「人民陣線」,必須保持及取得「密切的聯繫」。[38]由於越南的托派和斯大林派早在一九三七年七月十四日以後即告分離,後者且被托派斥為「叛國的人民陣線」;同時由於斯大林在一九三六年及一九三七年,為清除異己,進行兩次大審判,凡被清除人物的罪名,均被指為「勾結法西斯的托派」。[39]因此胡給共產國際的報告,也主張「對托洛茨基派(Trotskyists),不能有任何聯盟,任何讓步。必須用盡辦法揭穿他們當法西斯分子的走狗的真面目,必須在政治上把人們消滅掉。」[40]

　　因此,越共的「民主陣線」,只是盲目方追隨共產國際及法共的「人民陣線」,以擁護蘇聯的利益,放棄爭取民族獨立的立場,而甘為附庸。其結局,也隨法蘇關係的破裂而瓦解。

1　《胡伯伯》,一一五～一一六頁。

2　同上,一一六頁;一一九頁。

3　同上,一一六頁～一一七頁。

4　同上,一一八頁;一二一頁。

5 阮慶全記述黎鴻峰在一九三六年回越（《胡伯伯》，一二一頁）。同年，七月中國南部召開越共中央委員會議，通過國際的新政策。

6 鄭學稼《第三國際興亡史》，一六六頁。

7 共產國際第七次代表大會決議關於《帝國主義者準備新的世界大戰與共產黨的任務》，一九三五、八、二〇（《共匪禍國史料彙編》第三冊，一七～一八頁）。

8 鄭學稼前書，一八六頁。

9 同上，一六六頁。

10 日本因不服從國際聯盟關於侵佔中國東北的決議，於一九三三年三月三日退出國聯。同年四月二十三日，中蘇恢復邦交。同年十一月十六日，美蘇恢復邦交。一九三四年九月十八日加入國聯。一九三五年五月二日，法蘇簽訂互助協定。

11 共產國際第七次代表大會決議關於《帝國主義者準備新的世界大戰與共產黨的任務》。

12 鄭學稼前書，一七五頁。

13 同上。

14 I. Milton Sacks, Marxism in Viet Nam. (Frank N. Trager, Marxism in Southeast Asia, p. 137-138)

15 鄭學稼前書一八八頁。

16 同上，一八六頁；一八九頁。

17 Charles B. McLane, p. 154.

18 Ellen J. Hammer, p. 89-90.

19 Charles B. McLane, p. 159-160.中共中央《致越南同志公開信》發表於一九三四年八月十日及十五日的共產國際及法共機關報。

20 Ibid., p. 157.

21 陳懷南《越南人民的解放鬥爭》，九頁。

22 Charles B. McLane, p. 215.

23 《胡選集》二卷，一五五頁。

24 同上，一五五～一五六頁。據 Charles B. McLane, p. 215.謂胡出席這次會議。不確。胡指出係黎鴻峰、何輝集指導。

25 Charles B. McLane, p. 216.

26 陳懷南前書，五四～五五頁。

27 參見本書第二篇第二章胡志明的「西化」。

28 嚴繼祖「越南革命黨派略史」（一九四二、八、一六、原稿，重慶）云：「法國人民陣線成立後，越南共黨因內部意見紛歧，一部分黨員與大批新同志另組社會民主黨。共黨極不滿意，認係反動組織。」又盧漢（一九四五年中國駐越軍司令官）《越南各黨派概況》（一九四五、一二、一四、原稿）稱「民主黨」，為「法國人民政府登台，由法國社會黨協助越人組織成立，以法國人民陣線為背景，而附於第二國際。」兩者當指同一黨派。

29 中國國民黨中央海外部《越南革命黨派略歷》（一九四三、五、六、原稿）指出該黨為法殖民當局所扶植，以曾任河東總督之親法分子黃仲天為首領。

30 Ellen J. Hammer, p. 92-93.

31 Vo Nguyen Giap,（武元甲）People's War, People's Army, p. xxxi, (Bernard B. Fall, Vo Nguyen Giap-Man and Myth) Frederick A. Praeger 1962.

32 《胡主席》，一二頁。

33 陳懷南前書，九頁。

34 張卓華《達拉第與今日法國》（桂林，《掃蕩報》，民二九、六、三〇）。

35 鄭學稼前書，一九一頁。

36 《胡伯伯》，一二二頁。

37 同上。

38 《胡選集》一卷，二二八～二二九頁。

39 鄭學稼《史達林真傳》一五八頁，一六九頁。（香港亞洲出版社出版，民四三、四）。

40 《胡選集》一卷，二二九頁。

第七章
中共式的「民族陣線」

　　胡志明於一九三八年底自蘇聯到達中國後，即加入中共的軍隊，做了中共的黨員，學習中共的經驗。迨一九三九年九月歐戰發生，法蘇關係決裂，越共「民主陣線」隨法共「人民陣線」的失敗而告瓦解。胡在中共的協助下，與越共中央取得聯繫，開始直接指導越共，仿效中共式的「民族陣線」，從事反法活動。當一九四〇年六月法在歐洲為德國所戰敗，日本勢力進入越南，培植親日排法的勢力。胡及越共乃結合親日的勢力，進行武裝反法的鬥爭，建立了第一支武裝游擊隊。

　　共產國際第七次代表大會決定使中共改變政策，採取「民族陣線」時，正是中共毛澤東突破國民政府軍第五次圍勦後，率領殘軍西竄至四川西部的無人地帶毛兒葢之時，出席共產國際的中共代表陳紹禹（王明）、康生等以「中國蘇維埃政府」及中共中央委員會的名義，於一九三五年八月一日從莫斯科發出宣言，主張「抗日救國」，建立「反帝統一戰線」，並提出「十大方針」。由於中共正在西竄途中，未能迅速適應這一突然改變。迨其抵達中國西北的陝西北部時，始遵照共產國際的規定，於同年十一月二十八日發表其《抗日救國宣言》，重複八月一日宣言中的「十大方針」，提出《抗日救國十大綱領》。[1] 其時由於日本軍閥對華的瘋狂侵略行動，已激起中國民族反日抗日情緒的高潮，中共的《抗日救國宣言》，[2] 迅即得到國內左傾團體及人士的呼應。十二月間，上海婦

女界及文化界首先分別成立「救國會」；一九三六年一月，北平文
化界亦有「救國會」的組織；六月一日，有「中國全國各界救國
會」的產生。八月，中共更向中國國民黨提出「和平統一方案」。³
這種「救國會」和「統一方案」，實為中共利用中國民族反日抗日
情緒的高潮，以達到組織群眾的目的，解除政府對其追勦的壓力。
中共這一「反帝統一戰線」下的各界「救國會」，後來成為胡志明
組織「越盟陣線」（Viet-Minh Front）的藍本。

　　一九三七年七月七日及八月十三日，日本軍閥相繼在北平附近
宛平的蘆溝橋及上海發動侵略戰爭，中國被迫起而抗戰，戰爭從此
全面開始。八月二十一日，蘇聯即與中國簽訂一項互不侵犯條約，
以支持中國對日作戰，也緩和了他在東方的壓力。中共中央政治局
亦在八月二十五日通過《抗日救國十大綱領》，提出「抗日民族統
一戰線」的口號。⁴並在其陝北根據地延安發出《共赴國難宣
言》，擁護政府抗日；並聲明放棄赤化暴動政策，取消其蘇維埃政
府及紅軍的名稱。在國民政府的容納下，延安的蘇維埃政府改為陝
甘寧邊區政府，紅軍改編為國民革命軍第八路軍（後改為第十八集
團軍），其在長江以南的游擊隊，編為新四軍。從此中共加入了
「民族解放鬥爭」。在中國長期的八年抗戰中，奠定了他在戰後取
得政權的基礎。後來胡也利用日軍侵入越南的機會，實行「民族陣
線」，組織「越盟」（Viet Minh），擴充武力，建立地方政權，完
成了戰後奪取越南政權的準備工作。

　　在中日戰爭初期，胡尚留莫斯科。他對中國和法國局勢的發
展，時時刻刻在密切注視之中，他認為：「這兩個國家，特別是中
國的形勢，對越南的革命運動有著直接的影響。」⁵故當法國政府
急趨右傾，及「人民陣線」搖搖欲墜之際，他離開了莫斯科逕往中
國，加入了中共的「八路軍」，隨著一個軍事單位，推著一輛大
車，從西安到達延安。⁶在延安，他住在「棗園」，這是中共訓練
地下人員的機構。他和中共特務「專家」康生接近。⁷康生原名趙

容，一九二〇年代初期加入中共，一九二七年領導上海第三次暴
動。一九三〇年前後，主持中共之特務第三科（紅隊），負責綁
票，以供中共的經費。[8] 一九三二年以後，與陳紹禹同赴莫斯科，
為中共駐共產國際的代表。其時他在延安，擔任中共黨校校長。[9]
一九四〇年五月，胡在昆明時，曾極力主張其重要幹部武元甲、范
文同等赴延安入中共黨校。[10]

　　胡住延安不久，即以中共「八路軍」二等兵的名義，前往廣西
桂林，擔任「八路軍」某單位的「俱樂部主任」，其後，便往湖南
衡陽，加入葉劍英所主持的游擊訓練班，擔任黨務工作。被選為駐
衡陽的某單位的中共支部書記，兼任收聽收音機的工作。[11] 葉在中
日戰爭初期到達南京，任中共「八路軍」駐南京辦事處主任。以後
輾轉各地，一度在衡陽擔任游擊訓練班教育長。[12] 胡即隨著中共
「八路軍」的辦事處或聯絡站到達中國西南各地活動。他在貴州省
的貴陽中共「八路軍」聯絡站也工作過一段時間，化名「胡光」。[13]
「志明」顯然是「光」的別號。他也到過中國戰時首都的重慶，和
中共駐重慶辦事處的代表周恩來、葉劍英等在一起工作。[14] 胡在上
述各地的活動，是一九三九年的事。

　　胡在中國加入中共工作時期，越共正在越南實行「民主陣
線」。他和越共之間，僅有文字上的聯繫，他以「林」（P. C.
Lin）的筆名，向河內的「民主陣線」機關報《我們之聲》投稿。
當時主持該報者為武元甲，他知道這是胡的文章。文章的內容，有
時是對「廣泛的民主陣線的意見」；有時是對「國際形勢的分
析」；也有「中國革命（中共）經驗的介紹」。他特別欣賞中共的
經驗，也自認學得不少的中共經驗，他說：「如果想介紹中國共產
黨在延安的經驗的話，即使寫幾公里長的文章也寫不完。」[15] 胡加
入中共工作，學習中共的經驗，深刻了解中共的「民族陣線」，是
「對國民黨則團結，努力把那些比較進步的分子爭取過來……但必
須邊團結邊鬥爭；並且要特別對他們當中的右派……提高警惕。」[16]

後來胡也利用「越盟陣線」，分化和消滅越南其他民族主義黨派的勢力，而壯大自己。胡亦承認他這次到中國，「在中國學到了反對殖民主義的經驗。」[17]這一經驗自一九四〇年起，即開始指導越共使用。

一九三九年九月一日，希特勒隨著與斯大林修訂「蘇德不侵犯協定」之後，進攻英法之同盟國波蘭，英法起而對德宣戰，二次世界大戰開始。斯大林不僅緩和了來自西方德國的壓力，並且根據蘇德「密約」，步希特勒之後塵，於九月十六日進兵波蘭。二十三日，蘇德兩軍完成了瓜分波蘭的任務。[18]「共產祖國」由反法西斯，一變而為勾結法西斯。法政府亦於九月二十六日頒令取締為蘇聯搖旗吶喊的「反戰」共產黨，此項命令亦適用於法屬殖民地區。[19]法越殖民政府乃開始逮捕越共分子，其政治團體及宣傳機關均被解散。越共大部分幹部，尤其是負責的高級幹部，大多安全撤退，轉入地下活動。[20]但代表共產國際指導越共中央的黎鴻峰，為法越殖民當局所拘捕，一九四〇年與其妻同時被處死刑。在西貢的斯大林派楊白梅和阮文造亦被拘捕下獄。[21]從此，越共的「民主陣線」亦隨法共「人民陣線」的結束而瓦解。

越共受此突然的打擊，一時不知所措。[22]它遲至一九三九年十一月六日至八日，越共中央委員會第六次全會始決議再隨共產國際之路線，採取「反戰」的政策，以適應蘇德協定，擱置過去的「民主陣線」，代以新的「人民反帝統一戰線」，反對「帝國主義戰爭，推翻法帝國主義及國內封建主義，恢復越南獨立，建立一個統一民主共和越南。」[23]這一轉變，並無新的意義可言，只不過是遵循共產國際規定關於殖民地國家共黨的任務，尚非中共式的「民族陣線」。

越共路線既告改變，其指導人黎鴻峰又被法方拘捕。越共中央知道胡在中國，決請胡氏回國領導。經過中共人員的幫助，才使胡與越共中央接上聯繫。胡去信約定在靠近北越邊境的廣西龍州與越

共人員會晤。一九三九年底，越共中央所派的一名「同志」到達龍州。但「遺憾」的是，這位「同志」給一位「朋友」騙光了錢，不得不在胡到龍州之前便回國了。[24]經過中共人員繼續的協助，一九四〇年二月，胡至雲南的昆明，始與越共人員會晤。[25]

雲南鄰近北越，有滇越鐵路從昆明通往北越的河內和海防。這條鐵路為法國人所經營。在雲南境內從河口到昆明的沿路各站，頗多越南籍的工人，亦為越南僑民的集中地。越共和越南國民黨在沿路各大城市如昆明、宜良、開遠、蒙自、芷村等地，早在一九三八年以前，即有支部的組織，同時兩派亦不斷發生衝突。越共人員在「民主陣線」時期，一面偽裝越南國民黨人以為掩護；一面暗通法駐昆明領事館以出賣越南國民黨。[26]一九四〇年初，越共在當地中共人員的協助下，已在昆明設立地下機構及交通聯絡站，並祕密發行報紙，向越南境內輸送。[27]當時中共在雲南的組織，係由中共南方局所領導，主要負責人為汪相寶，一名方綱，其活動區域為老街、河口及昆明等地，並在越南境內之老街設有通訊處。[28]越共在昆明的重要幹部有武英（化名鄭東海）、馮志堅、高鴻嶺和黃文歡（化名李光華）等。在當地中共組織的聯絡下，胡到昆明，是以「陳先生」的化名出現。負責開始和胡聯絡的，即是化名「鄭東海」的武英。他當時在昆明永安公司擔任汽車的司機，即利用該公司的門面作為越共人員聯絡站。

在武英陪同下，胡找到越共在昆明的地下機構，會晤到負責編報的幹部馮志堅。馮已認出胡的真正身分。胡在昆明的住處和生活，顯由中共組織為之安排，越共人員並不知道他的住地。有什麼事，他找馮志堅去和其他人員聯絡。憑曾參加中共之「二萬五千里長征」。[29]

胡到昆明了解越共人員的工作情況後，便立即指導他們展開活動。首先指導他們「搞好宣傳工作」。當時越共在昆明發行的報紙名叫《D. T. 報》（*Dang Ta*）。

　　按照它的縮寫，讀作「我們黨」或者「鬥爭」、「打法國鬼子」。報紙是石印的。胡指導他們寫稿要寫得通俗，使每個人都能看得懂。胡自己也參加寫稿。報紙印出後，全部寄到靠近廣西邊境的北越高平省的重慶（Trung Khanh），再轉寄到越南境內的各基層組織。[30]

　　胡的次一步工作，即為視察與指導越共在雲南各地的基層組織。自一九四○年四月起，他和馮志堅赴各地視察。利用「越南民眾助華抗敵後援會」的名義和證明作為掩護。此會為越共人員組織居留雲南越僑群眾的公開機關。成立時，曾獲得宋慶齡的來函致賀，雲南地方當局也承認它是合法的組織。[31]胡和馮志堅沿著昆明到河口的鐵路，到達宜良、開遠、蒙自、芷村各地。其工作步驟，首先找到當地越共分子，掌握當地越人的情況，吸收黨員，經過訓練後，分配其任務。在胡的視察行程中，大部分的時間，留在芷村，為時有一個月以上。顯將基層組織的重點放在芷村。因該地接近北越，便於對越交通。他交給芷村支部的任務，一方面祕密擴大組織；同時「必須幫助來往的同志進行活動」。[32]

　　胡視察各地越僑群眾的情況後，為了動員越僑，決定散發一次傳單，「揭發帝國主義和日本帝國主義互相勾結的種種罪惡」。並動員越僑擁護中國抗日，發起捐款，支援中國抗戰。要求中國地方政府監督他們募捐運動。胡的這一作法至為巧妙，一方面可以利用中國地方政府為其活動的掩護；同時可以愚弄越人藉以表示他的活動是受到中國官方的支持；甚至可使法人懷疑中國在支持越人從事反法的活動。胡也認為：「這件事情雖小，可是意義卻非常重大，絕不可小看它。通過這些小事情，中國人民將會對我們越南的真正革命者有個更清楚的了解。」[33]

　　胡視察任務完畢回到昆明時，已是一九四○年的五月。這時越共重要幹部武元甲和范文同奉其中央命令，祕密從河內到達昆明。范是胡在廣州時期（一九二五～二七年）的同志。武與胡為初次見

面，這位年輕的後起者，後來成為胡的最得力的助手。與胡晤談時，他對日本軍閥侵入越南以及利用時機發動游擊戰的企望；而與胡的嚮往中共經驗，可謂不謀而合。他向胡陳述：「當前日本法西斯快完全佔領印度支那了。這樣一來，同盟軍很有可能也開進來。因此，我們的革命必須要有軍事力量。我們要從許多方面做好準備來發動游擊戰爭，才能抓住時機。」[34]

其時歐洲戰場，正是英法和希特勒進行決戰之際，日本軍閥正利用時機向法越殖民當局頻施壓力，企圖斷絕中國對外交通。法在越南對日本的壓力，多所遷就，對於中國通過越南的軍火或物資，加以限制或禁止。[35]但胡對法國的實力，顯然亦如斯大林的看法，一向把它估計得很高。[36]當時胡在昆明雖與越共幹部們經常討論國際形勢，但對法國可能的崩潰，以及越南情勢的急起變化，顯然未能加以預料。因此他給武元甲和范文同等的任務，是長期性的安排，要他們遠去延安進入中共黨校，學習政治和軍事，而不是回越準備游擊戰爭。在胡的安排下，武元甲、范文同、高鴻嶺，離開了昆明，到達貴陽的中共「八路軍」聯絡站。正在等候汽車前往延安時，忽然接得「胡光」打來的電報，要他們留在貴陽，等候新的指示。幾天後，馮志堅和武英到了貴陽，傳達胡的指示，要他們取消延安之行，同往桂林，作進入越南的準備。因為這時法國在歐戰敗了。[37]

一九四〇年六月二十日，法在歐洲戰敗，德軍攻陷巴黎，胡認為：「法蘭西輸給德國後，它們的勢力完全瓦解了。」[38]遂即召集在昆明的越共幹部舉行會議，決定準備回越。因此派馮志堅和武英到貴陽會同武元甲等轉往桂林。從此他們活動的範圍轉向廣西和北越的邊境。胡仍暫留昆明。[39]在此後的半年中，胡及越共人員即利用法在歐洲戰敗後越南情勢的變化，進行其回越的準備與活動。

在歐洲戰敗，日本勢力迅即進入越南。遠東和越南內部的情勢，都發生了極大的變化。巴黎失陷後，法國貝當（Pétain）政府

成立，對德求和，簽訂停戰協定，其政府遷到維琪（Vichy），與英斷絕外交關係。日本遂乘法國之戰敗。藉口「結束中國事件」，加緊其對越南的壓力。[40]七月，法駐越南總督卡特魯（Catroux）在日方的壓力下，訓令越南海關不准中國政府或商人貨物通過越南。[40]七月，法駐遠東海軍司令戴古（Decoux）繼任越南總督，雖欲有所作為，但亦未能改變對日退讓的政策。[41]同時，英政府亦在日本的壓力下，自七月十八日起，封閉緬甸對華交通三個月。此時中國對外交通遂完全斷絕。因為自從一九三八年九月廣州失陷及中國軍隊撤出武漢以後，中國沿海交通，已被日軍封鎖，僅賴滇越及滇緬的對外交通。此時日本在遠東方面聲勢之盛，與中國方面所面臨的嚴重危機，適成強烈的對比。

遠東形勢雖變，但中國對日抗戰政策及多求國際友誼合作之方針仍然不變。[42]因此對於戰敗的法國，仍持同情的態度，視之為友邦；並盡力爭取越督戴古的合作，以期共同抵制日本的壓迫。[43]無如法自歐洲戰敗，一蹶不振，對日要求，多所遷就，八月二日，日向法維琪政府要求准許日軍在越登陸，假道越南攻華。中國則極力活動法方合作，共同對日實行抵抗。惟法方在原則上已允日方要求。並向中國表示如不得已而允日軍在越登陸，假道越南，則法越方面於日軍登陸時，必不加以抵抗；則對華軍之入越，亦不加以抵抗。[44]但法方上項承諾，迅即改變，九月五日，維琪外交當局則向中國駐法大使顧維鈞表示，越督對日壓迫，已有準備，或能單獨支持，是否須中國合作協助，視情形再定；目前仍保留餘地。[45]對顧大使所提由中國廣西出兵越南以共同抵抗日本的建議，則加以拒絕。[46]

一九四〇年九月二十二日下午三時，越督戴古終在日方的威脅下，簽訂了「越日協定」，允許日軍在海防登陸；但人數不得超過六千人。並允許日方借用北越三處飛機場。事實上，這些條件，事先已由維琪政府與日本獲致協議。此外尚有一項密約，即允日軍由

中國廣西鎮南分批入越，每批人數以交通工具的容量為限，送至海
防出境。越方對此密約絕對守密，故簽字後，華南日軍引為不滿，
遂由鎮南衝入越境的諒山，在同登與法越軍發生衝突。[47]「越日協
定」簽字的當日，戴古通知中國，謂「簽字出於不得已，希望華軍
暫勿開入越南，以免日方藉口增加兵力。」[48]維琪政府亦向中國方
面表示，希望華軍萬勿入越；否則越軍必出抵抗，甚至聯合日軍攻
華。[49]但日法軍在同登發生衝突時，戴古忽又緊急請求中出兵，以
攻日本之背，俾解其危。但同登法軍卻在九月二十三日被日軍擊潰
了。[50]

　　法之戰敗與在越南對日之屈服，弱點畢露，聲望驟落。其在越
南的統治地位，亦呈動搖之勢。此對越人之爭取獨立運動，實為極
大的鼓勵。由於中國和日本對於越南問題，都具有密切的關係和直
接的影響，因此越人爭取獨立的途徑，亦立即呈現兩大趨勢。一為
爭取中國的援助；一為利用日本的勢力。前者可稱之為「視華反法
派」；後者可稱之為「親日排法派」。前者以嚴繼祖和武鴻卿在中
國所領導的越南國民黨，以及在中國軍隊中的越籍軍官張佩公等為
代表；後者以阮彊鋣在日本所組織的「越南復國同盟會」（Viet
Nam Phuc Quoc Dong Minh Hoi，簡稱復國會 Phuc Quoc）為代表。
但這兩派勢力的消長，又往往受到中國或日本對越政策的影響。而
胡及越共的活動，除依賴中共的支援外，則又利用這兩派個別的關
係，以進行自己的目的。

　　越共的目的，根據它在一九四〇年六月的決議，認為：「越南
共產黨鑑於越南內部情況之危機重重，和即將來臨的外力威脅，決
定準備武裝暴動，建立一個共和政府，以與中國人民的抗戰陣線
（即中共）、蘇聯和世界革命聯合起來。」[51]同時，胡更派陳文馨
（Tran Van Hinh）到延安，在這年八月，與中共簽訂一項密約，其
要點為：(1)成立「中越人民抗日統一戰線」；(2)擴充越共武裝組
織，展開游擊運動；(3)越共成立聯合各黨派之「民族獨立統一陣

線」；(4)規定越共以「反法反封建」為鬥爭中心；(5)中共代表第三國際亞洲情報局領導越共工作；越共掩護中共人員在越展開活動；(6)越共派幹部到延安的中共「抗日大學」受訓；中共每月予越共法幣五萬元，作為越共在華之工作補助費。[52]

由於地理環境的隔離，中共和蘇聯畢竟難以對越直接發生影響作用。因此在胡及越共人員的實際活動中，周旋於「親華」和「親日」兩派之間，以建立其所謂「統一戰線」。在中國，他們利用「親華派」的關係，作為掩護活動；在越南，他們利用「親日派」的勢力，從事武裝暴動。此種方式，亦頗符合共產國際的規定。根據共產國際關於「各國共產黨員在反法西斯主義運動個別方面的任務」，規定「共產黨員應當加入在該國有壟斷合法權的一切群眾的法西斯的組織；甚至要利用在這種組織內進行工作。」[53]因此，只要適合他們的需要，不論是什麼派別的組織，他們都可以加入並利用之，以進行自己的工作。

一九四〇年的下半年，在中國活動的越共人員，大多集中在廣西。他們所接觸的對象，大約分為三方面，一為中共在桂林的機關和人員；一為越南老革命黨人張佩公和胡覺覽；一為中國左傾將領李濟深及廣西一些左傾人士。中共對於胡及越共人員的協助，主要是為他們聯絡廣西文化界，幫助他們進行宣傳的工作。如武元甲之記述：

> 「到桂林，我們與當地八路軍辦事處取得了聯繫。這裡的同志
> （按指中共人員）像貴陽的同志一樣，給予我們很大的幫助。人們
> 經常幫助我們組織記者座談會，使我們能夠介紹有關越南革命運動
> 的情況。」[54]

其時中共在桂林的活動，至為積極，尤其在文化界的活動，有如國際問題研究會、國際新聞社、生活教育社、文藝界抗敵協會桂林分會、中蘇文化協會桂林分會，均為中共人員所操縱。左傾文化

人士如胡愈之、千家駒、楊家蓴、張鐵生、陳此生、夏衍、焦菊隱等，均為這些文化團體的活躍分子。中共在桂林的宣傳機關為《救亡日報》，總編輯由夏衍擔任。生活、讀書、新生三個書店，實為中共祕密活動的大本營。國際新聞社由胡愈之負責。即當時的《廣西日報》，名義上雖為中國國民黨廣西省黨部的報紙，但其內容與作風，亦多同情中共；該報副刊編者艾青乃有名的左傾作家。[55]

在中共人員的策動與協助下，在廣西的越共人員與桂林文化界頻有接觸。一九四〇年十月十一日有中越文化工作同志會的發起，假桂林樂群社歐美同學會為會址。發起人多為當時廣西文化界或政界的名流，其中有如廣西臨時參議會議長李任仁，中共《救亡日報》總編輯夏衍，國際新聞社及中國青年記者學會桂林負責人胡愈之；越南方面，有化名為「林伯杰」的范文同，以及胡學覽和張佩公等多人。[56]此會在同年十二月八日正式成立時，曾推選理事五十五名。其中中共分子有夏衍、歐陽予倩、張鐵生、胡愈之、陳此生等；越人方面有張佩公、胡學覽、阮海臣、林伯杰（即范文同）、阮愛南、胡亦蘭（胡學覽之女，加入越共）等。[57]當時武元甲在廣西雖偏重於軍事方面的活動，但亦參加中越文化工作同志會。他曾以「楊懷南」的化名，在該會報告《越南革命風潮的一個重大事件》。此一報告全文曾刊載當時廣西的各大報中。[58]胡志明在一九四〇年十月間由昆明到達桂林時，即住在中共農村的一個基層組織裡，[59]也持有中共文化團體人員的身分。以「胡志明」的姓名持有國際新聞社特約通訊員及中國青年記者學會會員的證書。[60]這兩個機構，都是中共的通訊宣傳機關，負責人為胡愈之。總機關設在桂林、延安及中國各都市，均設有分支機關。[61]可知胡於一九四〇年在廣西時，已用「胡志明」的化名了。

胡及越共人員利用越南老革命黨人的關係對越進行活動，最初是得自胡學覽的傳達情報，進而和張佩公以及中國廣西軍方發生聯繫。胡學覽，越南清化人，中國保定軍官學校第二期畢業，在中國

擔任軍官多年，越南光復會及越南獨立黨的重要幹部，也是越南獨立同盟會的最早主持人。[62]他當時在李濟深主持下的軍事委員會桂林辦公廳第二局擔任上校參謀，為中國軍方做情報工作。張佩公，越南河東人，與胡學覽在保定軍官學校為同期同學，亦在中國擔任軍職多年，他和胡學覽的性格頗不相同。胡學覽具有冷靜的頭腦和病弱的身體，而張則為粗魯的武夫。[63]越共人員對此兩人的背景和條件，曾作了解與分析，認為張佩公過於「親華」，是中國方面的「特務」，對於他們不甚可靠；而胡學覽雖替中國工作，「但卻是幫助革命者的人，不論是共產黨、國民黨，或是別的什麼人，只要抗法，他都一樣的協助」。[64]實際上，胡學覽卻是一名老共產黨人，早在一九三〇年間，已與越共在上海的地下人員有密切的聯繫。[65]越共人員當時在廣西的活動，則頗賴其支持與掩護。他的一位女兒胡亦蘭，是一名活躍的越共黨員。[66]當越共人員未曾集中廣西之前，以及日本勢力正向越南伸張之際，張佩公在中國方面的協助下，在廣西招收一些越人進行對越活動，並曾邀約胡學覽進行商量。

　　但胡學覽卻將這一消息通知在昆明的越共人員，說是「回越的機會到了」。經過胡與幹部們的討論結果，決定「抓緊這個回國的好機會」。於是指示武元甲、范文同、武英、黃文歡等趕往廣西。胡本人也隨後自昆明趕往桂林。[67]

　　為了拉攏張佩公對中國的關係，武元甲和武英由桂林轉往柳州去和張佩公接洽。張當時在柳州的中國第四戰區司令長官部擔任上校參謀。第四戰區司令長官為張發奎將軍，為指揮廣西地區對日軍作戰的最高軍事將領，與越南問題的處理具有直接的關係。當時在柳州附近的大橋曾醞釀發起「越南民族解放委員會」的組織。[68]這一組織，即是武元甲等到柳州時與張佩公進行合作和準備回越的一個機構。因此武元甲便利用這一機構的名義，以「越南革命者」的資格，在桂林和李濟深接觸，商談關於協同中國軍隊入越的問題。

李是當時的國民政府軍事委員會桂林辦公廳主任，他是一位出名的左傾將領。中共人員能在桂林大事活動，實得李氏之維護與鼓勵。[69]

在武元甲和李的接觸中，李曾提出同盟軍將要開進越南，要武元甲等幫助他制定「華軍入越計畫」。李氏此一提議，顯然給予越共利用華軍入越的最好機會。武對此一機會顯然加以重視。同時他們在廣西所作的活動，顯亦促成此種機會的實現。當胡由昆明到達桂林時，武氏曾將這一擬議向胡提出報告，胡卻斷然加以否決。他說：「關於這個問題，我們必須有明確的認識，只有蘇聯紅軍和中國紅軍，才是兄弟的軍隊，才是真正同盟者，我們才真正的歡迎。」[70]

胡之否決協同華軍入越的擬議，顯然基於以下原因的考慮：(1)華軍入越的目的，是在對抗日軍。在政策上，仍須與法越當局合作，以期共同對日作戰。這與法、蘇的敵對關係既不調和，更與他們反法的目標分道而馳。(2)胡在中國甚久，與中共關係密切，深切了解中共參加「抗日」的真正企圖；他更了解國共之間的關係，認為兩者不可能「合作」下去。其時「新四軍事件」[71]雖未發生，但兩者關系，已經趨於惡劣的情勢。因此他認為協同華軍入越，那將是非常危險的。[72](3)日軍進入越南後，與法方發生直接衝突，儘管日軍是侵略者，但對法越統治者的打擊，正能適合胡的需求。(4)最重要的原因，是越南「親日排法派」由於日軍的援助，正在掀起「抗法」運動，其中也混雜著越共人員的「武裝暴動」。胡氏如果協同華軍入越抗日，無異在抵銷「抗法」的勢力。因此決定結合親日派的勢力，暫時放棄對華關係的運用。

越南親日派勢力的抬頭，與日軍對越南之擴張政策及行動具有密切的關係。此派以阮疆鎟所組織的「越南復興同盟會」為中心。它在日軍的扶植下，也有武裝的組織，稱為「復國軍」。疆鎟原為越南光復會的領袖，是一位著名的親日派首領，僑居日本多年，已與國內脫節。[73]復國同盟會成立於第一次世界大戰之前，曾不斷煽

動反法的活動。其後流亡在中國、日本以及臺灣的會員，很多加入共產黨。[74]復國同盟會的本部設在日本東京。日本為利用此一組織作為倒法的工具，曾准許越南民族獨立黨與之聯合。[75]一九四〇年六月，法在歐洲戰敗，日本一面對法越當局加緊壓力；一面鼓動越人反法，提出「援助越南獨立」的口號，頗受越南民眾的歡迎。[76]越南親日派亦因此而得勢。此派顯亦滲入中國雲南，與越共人員有所勾結，曾引起中國方面的注意，認為在昆明的「鄭東海」（即越共分子武英的化名）這一集團「顯已為日本人利用」。[77]阮疆鏦的養子阮福安（又名陳文安）在日人的庇護下回越策動反法活動。這年九月二十二日，日軍侵入諒山與法軍戰鬥時，阮福安即在諒山以復國同盟會的幹部陳中立和獨立黨的黃良組織「復國軍」，[78]在日軍的支援接濟下，襲擊法軍。其口號為「抗法」。

　　當地青年男女為此口號所動，紛紛加入抗法的戰鬥。[79]同時，當日軍進攻諒山的法軍時，越人多為日軍作嚮導，並煽動法越軍中的越籍士兵反法，[80]並有大批越兵對法叛變，向日軍投降。[81]日軍攻下諒山時，打開監獄，釋放所有的囚犯，以博取越人的同情。[82]因此，越人在諒山的「抗法」運動，實為日軍所導演。

　　當越南復國軍在諒山協同日軍抗法時，胡志明及越共人員究竟採取何種方針及行動？如前所述，胡既否決協同華軍入越的擬議，另一措施，即為結合此一親日抗法運動。當時胡在桂林召集越共幹部舉行會議商討對策時，稱這次「抗法」為「起義」，並作出分析，認為國際和越南形勢，對他們越來越有利，但還不能夠「起義」；現在「起義」既已爆發，那就必須「巧妙地」把力量轉入地下以維持運動。同時胡也親自寫了一封電報轉往國內，以指導「起義」，但未能成功。[83]事實上，越共人員卻參與了這一「抗法」運動，如武元甲所述：日軍「攻打諒山，法殖民主義者一面向日本屈膝奉迎，一面則傾力鎮壓人民的革命運動。恐怖、緝捕事件，日益增多和激烈。為對付這種形勢，我黨（越共）就組織幹部和革命群

眾轉入祕密活動。」[84]參與此項「祕密活動」的越共人員，據中國方面之調查，有陳山鴻、黃國魂、黎廣波等。[85]彼等後來均擔任越共之重要職務。[86]

以復國軍為主的諒山「抗法」之役，越共方面也承認是他們領導武裝鬥爭的開始。當復國軍「起義」的同時，越共在高平省領導北山地區人民的「起義」亦在九月二十三日發動。他們乘法軍在諒山被日軍擊敗，退經北江時，奪取了法軍一部分武器。後因法軍的鎮壓，他們退入深山活動，保存了這批武器。[87]這便是越共第一支游擊隊的來源。一九四一年，胡回北越時，便將這支游擊隊命名為「越南救國軍中隊」，[88]也是「越盟陣線」的第一批武力。這一關鍵，對於胡在五年以後之取得政權，極為重要。胡認為這次「武裝鬥爭，終於成為星星之火。在五年以後（一九四五年），引起了革命的爆發，摧毀了外國在越南的統治。」[89]

因此，這種「武裝鬥爭」，不僅與越南親日派採取「抗法」的聯合戰線，同時也和日軍做了平行的反法行動。

---

1 王健民《中國共產黨史稿》第三冊，四二～四八頁（民國五十四年，國立政治大學，臺北）。

2 共產國際第七次大會決議關於《帝國主義者準備新的大戰與共產黨的任務》。（《共匪禍國史料彙編》第三冊，一七～一八頁）。

3 宋雲彬《中國近百年史》三○七～三一一頁（一九四八年，香港新知書店）。

4 王健民前書，一一九頁。

5 《胡伯伯》，一二一頁。

6 同上，六七頁。

7 據阮慶全記述，胡在延安住在「棗園」，及其離開延安去衡陽，均從康生處得知情況（《胡伯伯》，一二二頁）。

8 向忠發「供白」，見《共匪禍國史料彙編》第二冊，五四九，五五三頁。

9 《共匪重要資料彙編》第十冊（人物篇），一三五頁（中六組）。

10 《胡伯伯》一六〇頁（武元甲述）。

11 胡志明《我與中共》（《展望半月刊》一八三期，香港）；《胡伯伯》，六七頁。

12 《共匪重要資料彙編》第十冊（人物篇），一四五頁。

13 《胡伯伯》，一六一頁。

14 紐約哥倫比亞大學教授何廉告知作者（在一九六六年）：胡在重慶中共辦事處。某次，為移遷住址事，周恩來為胡向何介紹云：「這是越南胡同志，留法時的朋友。」何告知作者云：據彼之記憶，其時即有「胡志明」其人。按何教授當時在重慶，在國民政府服務。

15 《胡伯伯》，一五九頁（武元甲述）。

16 同上，一六〇頁。

17 胡志明《我與中共》。

18 鄭學稼《史達林真傳》，一九八頁。

19 I. Milton Sacks, Marxism in Vietnam, in Trager. p. 140.

20 陳懷南《越南人民的解放鬥爭》，五五頁。

21 Ellen J. Hammer, p. 92.

22 《胡選集》二卷，一五六頁。

23 I. Milton Sacks, Marxism in Vietnam, in Trager. p. 141.

24 胡志明《我與中共》。並參閱《胡伯伯》六八頁。

25 《胡伯伯》，一四一頁（武英述）。

26 中國國民黨雲南省黨部報告（民二九、一二、二六、原件），略謂越南國民黨在雲南設有道部，分為兩派，一派為張元明、武鴻卿、陶光寶等所領導，反法最烈；一派為寧懷南、武平南等領導，顯為法方收買，破壞該黨工作。張元明將私通法領事之李某暗殺，法領事提出檢舉。雲南省政府將張元明等驅逐出境，該黨在滇活動因此沉寂。前年（一九三八）該黨改組，在滇設總支部，仍分兩派，一派為阮文韶、黎松英等領導，多為無知識分子，仍與法領事館暗中聯繫。本年，阮、黎與鄭東海等與自香港來滇之越人李某祕密接洽，顯為日人利用。作者按：鄭東海係越共分子武英之化名。

27 《胡伯伯》，一五七頁。

28 《黨派調查週刊》，三二、三九、四〇期（民二九年九月至十一月，國民黨中統局油印本）。

29 Chu Van Tan, With Uncle Ho, in Vietnamese Studies No, 15, 1968, p. 65. Mountain

Regions and National Minorities in the D.R. of Vietnam, Hanoi.

30 《胡伯伯》，一四一～一四二頁。

31 同上，一四三頁。

32 同上，一三〇～一三一頁。

33 同上；及一四三頁。

34 同上，一五六頁。

35 自一九三八年春以後，法以歐洲形勢險惡，對中日問題的態度，即趨疏遠與中立。中國在歐洲所購軍火通過越南時，即受限制。（王寵惠外交報告，民二七、三、二九）歐戰發生，法在越南暫行禁止對華運輸（同上報告，民二八、一一、九）。

36 鄭學稼《史達林真傳》，一九八頁。

37 《胡伯伯》，一六〇～一六二頁。

38 《胡選集》一卷，二三〇頁。

39 《胡伯伯》，一四四頁。

40 王寵惠外交報告，民二九、七、二、重慶。

41 Ellen J. Hammer, p. 18.

42 國防最高委員會第三十六次會議決議，民二九、七、一八（重慶）。

43 王寵惠外交報告，民三〇、三、二五、重慶。

44 同上，民二九、八、二九。

45 同上，民二九、九、一二。

46 Ellen J. Hammer, p. 21.

47 中國駐河內總領事館電報，民二九、九、二三。

48 同上，民二九、九、二二。

49 中國駐法大使館電報，民二九、九、二二。

50 中國駐河內總領事館電報，民二九、九、二三。

51 Philippe Devillers, Histore du Viet-Nam de 1940 á 1952. p. 79. Paris, 1952.

52 國民黨中央第六組《匪情週報》第四一期（民四二、一二、九、臺北）。

53 《共匪禍國資料彙編》第三冊，一二頁。

54 《胡伯伯》，一六二頁。

55 《共黨在桂林之活動策略》，見《黨派調查月報》民三〇年二月號（國民黨中統局油印本）。

56 桂林《掃蕩報》民二九、一〇、一二。

57 桂林《掃蕩報》民二九、一二、九、「中越文化工作同志會」理事名單如
　下：李任仁、程思遠、陽叔葆、梅公毅、張文、鄭彥棻、李煦寰、韋蟄唐、
　張志讓、陳勉先、陳純粹、黃同仇、王皓明、夏衍、歐陽予倩、繆培基、歐
　查、秋江、任畢明、黃啟漢、張鐵生、易幼漣、黃宸廷、黃仲文、胡愈之、
　黃寶堅、尹光宇、盛成、陸一遠、黃藥眠、陳此生、胡納生、黃中&、王文
　彬、陳乃文、何家槐、覃澤漢、鄭彥範、林茂、姜君辰、盧璞卿、張佩公、
　胡學覽、阮海臣、武海秋、林伯杰、阮愛南、胡亦蘭、黃國卿、呂洪秀、馮
　自立、麥朝樞、鍾期森、于希賢。作者按：自張佩公以次到馮自立之間的十
　名，均可能為越人；此十人中如為越共分子，則多用化名，如「林伯杰」即
　范文同之化名。

58 桂林《掃蕩報》民三〇、五、二六。

59 《胡伯伯》，一四五頁。

60 張發奎報告，民三三、一、二三（原件）。張時任第四戰區司令長官，駐廣
　西柳州。

61 張靜廬《中國現代出版史料》第四編第一冊，三三七～三四七頁（一九五九
　年出版）。

62 《越南革命同盟會籌備委員會委員簡歷表》（以下稱《簡歷表》），一九四
　二、七、二八（柳州原件）。

63 Julie How 在香港訪問楊清民（Miss Julie How 致作者函，一九六七年一月二
　十七日，香港）。並參證《簡歷表》。

64 《胡伯伯》，一四四頁。

65 Nguyen Luong ang, rought to political maturity thanks to the people and the party,
　in A Heroic People, p. 32-33.

66 Hoang Van Chi 致作者的信。

67 《胡伯伯》，一四四頁。

68 梅公毅《越南新誌》，三八頁（一九四五年，重慶中華書局）。

69 《共黨在桂林之活動策略》（民三〇、二、《黨派調查月報》），謂中共
　「擁李〇〇為首，組織文化供應社，規模宏大」。李〇〇，應即李濟深。

70 《胡伯伯》一六二頁。

71 「新四軍事件」發生於一九四一年一月。

72 《胡伯伯》一六二頁。

73 呂毅《越南人民反帝鬥爭史》六三頁（一九五一年，上海東方書社）。

74 Ellen J. Hammer, p. 48.

75 邢森洲《越南民族獨立運動現況》，民三六、一二、二六（原稿）。按邢在中日戰爭期間，擔任中國國民黨駐越南辦事處主任。辦事處設在雲南邊境。

76 梅公毅《越南新誌》，六九頁。

77 中國國民黨雲南省黨部報告，民二九、一二、二六（原稿）。

78 據中國國民黨中央海外部報告（民三二、五、六、及一〇、二一），陳中立及黃良為阮疆鎞的高級幹部。又據《簡歷表》，黃良係越南獨立黨人。

79 嚴繼祖《越南革命黨派略史》。

80 梅公毅《越南新誌》，六九頁。

81 中國駐河內總領事館電報，民二九、一一、三〇。

82 Joseph Buttinger, Vietnam: A Political History, p. 188.

83 《胡伯伯》，一六四頁。

84 同上，一五五頁。

85 據邢森洲《一九四四下半年越情報告》（原件），謂陳山鴻早年參加革命運動，留居暹羅多年，一九四〇年九月至高平與黃國魂、黎廣波匯合行動。

86 Julie How 一九六六年十一月十三日在香港訪問楊清民，謂北越政權成立後，黃國魂任高平副省長，黎廣波任第一軍區司令員（Miss Julie How 一九六六年十一月二十六日致作者的函）。

87 陳懷南《越南人民的解放鬥爭》，二三頁。

88 《胡主席》，二四頁。

89 胡志明《越南民主共和國十週年》。

第八章
越南獨立同盟與解放同盟會

（一）前期的越南獨立同盟會

　　越南獨立同盟會和越南解放同盟會，是胡志明指導越共實行「民族陣線」的組織形式。越南獨立同盟會，亦稱「越南獨立同盟」（Viet Nam Doc Lap Dong Minh, League for the Independence of Viet Nam），簡稱「越盟」（Viet-Minh）或「越盟陣線」。它可分為兩個階段，一九四一年四月以前到一九四一年十月，以結合越南親日派的勢力為對象，是越共分子結合越南獨立黨人的機關；一九四一年五月以後，成為越共組織群眾的機關，單獨的在越南境內從事活動。越南解放同盟會以結合親華派的勢力為對象，是由越共人員在一九四一年四月改組越南獨立同盟會而來，藉以利用親華派民族主義者的關係，在中國廣西從事活動的掩護機關，進而分化與吸收其群眾，最後使之名存實亡。

　　根據越南共產黨人的說法，以及研究近代越南問題者的了解，均認為越南獨立同盟的成立，是越共中央委員會一九四一年五月十日至十九日在北越北坡舉行第八次擴大會議的決議而建立的機關，藉以「廣泛團結越南人民」，實行所謂「民族陣線」；[1]甚至認為它的成立，係得自中國方面的支持，用以在越南對抗日本者。[2]今據越共資料的透露，以及當時越共人員在廣西活動的紀錄，證明這種說法和了解是不正確的。

　　越南獨立同盟會，有稱之為「越南民族獨立同盟會」者，它是越南民族獨立黨的「化身」；[3]亦有稱之為「越南獨立同盟」者。它的成立，早在一九三五年七月。[4]武元甲早在一九四一年五月以「楊懷南」的化名，在其《越南革命風潮的一個重大事件》一文中，亦曾述及一九三五年以來，在越南只有兩個主要的革命團體，即是越南獨立同盟會和越南共產黨。而前者是聯合了從前曾經參加越南國民黨、新越革命黨，和越南獨立黨的中堅分子，合一而組織成立越南獨立同盟會。[5]該會創立的地點，據越共分子武英透露，是胡學覽和黃文歡在中國南京所創立。[6]一九三六年三月，在中國出版一種《越聲》月刊，它的發行機關是「越南獨立運動同盟會」。此一月刊，僅南京圖書館藏有一分。[7]它的發行機關，應即武英所指在南京成立的越南獨立同盟會。它在一九四〇年十月未被胡志明恢復利用以前，似乎很少有所活動。

　　胡於一九四〇年十月恢復胡學覽的越南獨立同盟會，是他自昆明趕到桂林正當越南復國軍在諒山「抗法」之時。胡在幹部會議中，除否決協同華軍入越擬議外，並決定切斷與中國方面有聯繫的張佩公的關係；也就是說，決定放棄利用親華派的關係來幫助他們回越。另一決定，則是幫助胡學覽跟他們「一塊走」，恢復胡學覽的越南獨立同盟會，推選胡學覽為主任，林伯杰（范文同的化名）為副主任，並設立辦事處。[8]實際上，胡學覽年老多病，並不過問會務。[9]當時在廣西參與這一機關的，實以越共人員為多數，點綴少數越南獨立黨人。已知者有越共人員范文同、黃文歡，以及武元甲[10]和范越子。[11]獨立黨人除胡學覽（實際為越共分子）外，尚有陳豹，他是胡學覽的清化同鄉，[12]被認為是一位「來歷不明冒險家」。[13]此外尚有張中奉，早年曾在廣州擔任越共的交通聯絡人，以後成為張佩公的「親信」。[14]越南一位老革命黨人阮海臣，以後也參與這一機關的活動。[15]

　　越南獨立同盟會之被稱為「越南獨立同盟」，或「越盟」，亦

為胡志明所篡改。據武元甲追述他們當時在桂林時，由於越南內部爆發「起義」事件，胡認為「在新局勢面前，民族團結的問題更為重要。我們（胡自稱）必須考慮成立一個形式和名稱都非常符合於當前形勢的廣泛的陣線」。按照胡的意見，這一組織的名稱取名為「越南獨立同盟」，簡稱為「越盟」，以便人民容易記住。但武氏避免追述越南獨立同盟一九四一年四月以前的歷史，卻強調一九四一年五月「在北坡的黨中央第八次擴大會議上進行了討論，並通過成立越南獨立同盟（簡稱越盟）的決議。」[16]但他們自一九四〇年十月到一九四一年五月間，在廣西參加越南獨立同盟會活動所留下來的紀錄，似為他們所忽略；或者是故意躲避這段不光榮的歷史。

　　胡及越共人員在廣西利用胡學覽的越南獨立同盟會名義對越南進行活動，顯然基於以下兩項原因：(1)越南獨立同盟會在表面上雖是獨立黨的舊機關，但其創始人，均為越共人員胡學覽和黃文歡。胡學覽具有中國高級軍官的身分，並在中國左傾將軍李濟深的軍委會桂林辦公廳擔任情報工作。他們以胡學覽為越南獨立同盟會的「主任」，既可便於掩護其在中國的活動；甚至可能利用胡學覽的工作關係，做「日本收買者」[17]的交易。(2)胡學覽也是越南獨立黨的「中堅幹部」，[18]該黨已在日本的利用下，成為倒法的工具。其時日本在越南各城市，都設有特務機關，專事誘惑越南革命黨和獨立黨，破壞治安，迫使法人讓步。[19]其時在日軍扶植下的諒山「抗法」復國軍，即為越南獨立黨和復國同盟會所聯合組成，重要首領之一即為獨立黨人黃良，他是復國軍的政治部主任。同時，越共的北山「暴動」，亦與復國軍的「抗法」同時並舉。因此胡在桂林以胡學覽為獨立同盟會的「主任」，以其幹部范文同副之，不僅便於在廣西活動，亦可結合越南內部的「抗法」勢力，企圖取得支配的地位。

　　由於越南內部情勢變化太快，胡利用越南獨立同盟會的名義對越進行活動，似乎未能達到預期的效果。繼一九四〇年九月二十三

日北山暴動之後，同年十一月二十三日南圻地區也發生了大規模的
武裝暴動；一九四一年一月十三日，越籍士兵又在中部助江暴動，
佔領都隆（Dolung）。[20]這些暴動發動的原因，由於法越殖民當局
和泰國（暹羅）發生邊界衝突，雙方積極備戰，而越籍士兵不願對
泰作戰。其時「越盟」對於越南內部的不穩情勢，曾有「指示」。
但由於交通上的困難，只靠徒步的通訊員傳遞情報，「越盟」的指
示未能及時到達，因此三個暴動未能一致爆發。[21]事實上，泰國之
向法越當局挑戰，對越提出領土的要求，是受日本方面的支持。[22]
日本並以小惠收買越人，挑撥法越仇恨。越人原極仇恨法人，因有
不少越人以日本為友。[23]因此，這三個暴動的發生，直接的原因固
為「反法」；間接的作用則是幫助日本及其「盟友」——泰國，迫
使法人讓步。

　　泰國對法越當局的挑戰，原為日本對法越當局施行壓力的一種
手段。法既屈服，日本目的已達；泰國亦從越南取得一筆代價。經
過日本的調停，泰越雙方獲致協議。被遺棄的越人，方悟日本不懷
好意；法亦無力保護越南。在中國活動的越南黨派包括越共人員在
內，漸趨活躍，爭取「民族解放」。[24]顯示親日派的勢力趨向沒
落。同時，日本與法越當局在諒山的衝突事件，亦告妥協，對於武
裝起義的抗法越人，不再給予支援，法軍乃趁機掃蕩。[25]日本更將
過去對其投降的越兵遣回一批，咸被法方屠殺。因此多數降日的越
兵，不敢回營，均參加暴動。[26]一九四〇年十二月間，法軍不斷增
援諒山，殲滅諒山東南地區的抗法越人。[27]復國軍首領陳中立所領
導的武裝越人約三千名，遭受法軍現代化的武器——飛機、大砲—
—的攻擊，終於不支潰敗。陳中立便在這年十二月底被俘遇害。[28]
復國軍另一首領黃良率眾千餘人退入中國廣西。境內，為中國第四
戰區司令長官張發奎將軍所收容。[29]法雖一再要求遣回，但為張所
拒絕。[30]根據越人的記述，認為這次武裝起義越人之遭受鎮壓，係
日法軍聯合起來向游擊根據地進攻。[31]最低限度，法軍對起義越人

之掃蕩，係得日軍方面之同意。[32]法軍在進行掃蕩時，以「破壞社會秩序的共產黨」、「反日派」等罪名，加諸被掃蕩的起義越人。[33]法越殖民當局儼然在替日本維護越南社會秩序，以消滅「反日派」自居。此種對日逢迎的態度，藉以表示法日的結合，實為促成越人親華的重要原因。

由於法日在越的妥協，以及復國軍勢力的瓦解，抗法的越人多逃往中國，親華勢力迅見抬頭。胡志明的聯合對象，乃又轉向親華的張佩公，標榜「抗日」，因此而有越南解放同盟會的成立。

（二）越南解放同盟會

越南解放同盟會，為越南民族解放同盟會的簡稱，由越南民族解放委員會演變而來。一九四〇年夏，當武元甲、范文同、武英、黃文歡等由昆明、貴陽轉往廣西後，曾至柳州與張佩公接洽，並在柳州附近大橋的第四戰區司令長官部所在地醞釀組織越南民族解放委員會。這是越共人員利用張佩公與中國的關係，以備協同華軍入越的一個機構。此一機構並未正式成立。[34]但武元甲在桂林時，即以此會的名義與李濟深接觸，商談協同華軍入越問題。嗣為胡志明所否決，並決定切斷張佩公的關係。此一組織亦被擱置。當日法軍在越南的衝突事件獲致妥協，越人抗法運動失去日本的支持時，張佩公則獲得中國第四戰區司令長官張發奎將軍的支援，率領中越邊區工作隊由柳州調往靠近北越邊境的廣西靖西縣從事活動，招收從越南逃出的青年。其時法軍正在高平地區對反法的越人施行壓迫，高平各族青年多逃到張佩公的邊區工作隊。胡志明得知這一情況，為了爭取這批青年，並分化張佩公的勢力，即派其南部武元甲、武英、高鴻嶺去靖西拉攏這批逃出的青年。他們在一九四〇年十一月間到達靖西，便和張佩公所召集的青年接上關係。胡則趕往南寧，該地原被日軍所佔據，這年十月二十九日為中國軍隊所收復，范文同、馮志堅、黃文歡已先到南寧從事活動，此地接近諒山，正是越

南復國軍「抗法」的地區。胡到南寧時，復國軍在諒山「抗法」戰
鬥已成尾聲，胡等顯然無從插足，他們便一同轉往靖西，那已是一
九四〇年的十二月了。這時越共中央委員長征（鄧春樞）、黃國
越、黃文樹等，都從北越到達靖西。[35]此時廣西省的靖西縣，已成
為越共人員及越南革命黨人的活動中心。張佩公既獲中國的支援，
且握有中越邊區工作隊，實際上成為越南革命黨的中心人物。因此
胡志明再轉變面孔拉攏張佩公，恢復了原與張佩公的合作機關──
越南民族解放委員會。據武元甲的解釋，他們這一行動，是為了
「利用」張佩公對中國的關係，他說：張佩公負責的中越邊區工作
隊，是根據同盟軍的命令，在此為華軍入越做準備工作，「為了利
用他們以便在邊境一帶容易來往通行，因此我們（武自稱）跟他
（指張佩公）也有接觸。當我們到靖西時，我們仍然公開露面，成
立了越南放同盟會辦事處，同中國國民黨仍保持著聯繫。」[36]同時
在這年十二月二十八日廣西各大報紙如桂林《掃蕩報》，突然出現
一篇〈越南民族解放委員會成立宣言〉，可能出自胡志明或武元甲
的手筆。在宣言中，強調「越南民族與中華民族同是一體的，簡言
之，越南民族與中華民族是一家。」並強烈的譴責日本，它說：

> 「現在這個殘暴的敵人──日本帝國主義者，它趁著我們的敵
> 人法帝國主義者被德國打敗的機會，想侵略我們，魚肉我們，他帶
> 上了一套假面具，大唱其『幫助越南獨立』、『為越南打不平』
> ……日本軍閥與法帝國主義者一樣，都是壞東西！」[37]

胡在靖西設立的越南民族解放委員會以其本人的化名「黃國
俊」為主席，楊懷南（武元甲）、林伯杰（范文同）為幹部。[38]作
為利用張佩公的一個合作機關。

其目的，一面分化張佩公的勢力；一面利用張的工作隊，來吸
收和訓練他們自己的幹部。因為當時由高平各族逃出的青年，多以
張佩公的邊區工作隊為投奔的目標，他們對於胡志明一派人士，顯

然缺乏印象。胡以設立訓練班的方式，來吸收這些青年。武元甲記述其經過如下：

> 「我們已經把從高平省跑出來在張佩公監督下的同志，巧妙地接了出來。這些同志本來是我們黨的好幹部和群眾，在偷越邊境時，還模糊不清，聽說張佩公等組織了邊區工作隊，便跑到他那兒去，想暫且留下。我們把他們集合起來，共有四十人（其中有黎廣波、黃森、彭江等同志），然後轉回靖西，決定在一個過去曾受中國紅軍影響的儂族地區開訓練班。」[39]

此一訓練班，屬於張佩公的邊區工作隊，叫做「越南幹部訓練班」。[40]實際負負人則為胡志明及其幹部，由胡指導馮志堅、武英、范文同、武元甲四人制訂訓練計畫，並分擔宣傳、組織、訓練、鬥爭等科目的教材編寫工作。訓練班的糧食供應則由一位「閣同志」負責。[41]這位「閣同志」，為越共地下聯絡人員。他和中國廣西地方當局的關係好像非常良好。[42]

一九四一年開始，留在靖西的越共人員，分為兩個小組，范文同、武文甲、黃文歡仍留靖西；馮志堅、武英、黎廣波回到高平，進行基層組織的工作，在北坡建立機關後，胡即於二月間離開靖西回到北坡。這個地方緊靠中國廣西的邊境，屬於北越高平省河廣縣，是山林區域裡的一個偏僻小村，居民全是儂族。[43]這是胡遠離故國多年來第一次回國直接領導革命運動。[44]也是他利用張佩公和標榜「親華」、「抗日」的收穫。

留在靖西的一組越共范文同等，仍然利用張佩公與中國的關係，並於一九四一年四月十二日正式成立越南民族解放同盟會。[45]其構成分子包括越南共產黨、越南社會民主黨，及越南獨立同盟會。[46]實際上，則以越南獨立同盟會為核心。[47]已知的人員，屬於越共方面的有胡學覽、武元甲、范文同、武英、黃文歡、[48]范越子、徐志堅等，[49]屬於越南民族主義者僅有張佩公、陳豹、張中

奉。胡學覽則被舉為此會的常務委員駐華全權代表。[50]在這些人員
中，除張佩公和徐志堅外，多是越南獨立同盟會的分子。而越共人
員又居多數。因此，越南民族解放同盟會在名義上雖有各黨派參
加，實際則為越共的掩護體。

　　越南解放同盟會的成立，是越共人員進一步的由利用親日派轉
向利用親華派。故在宗旨上明白的揭出「親華、反法、抗日」的態
度。在其總則中有云：

> 「聯合越南一切民族革命力量，組織成為一堅強整個革命陣
> 營；同時聯合以平等待我之民族，尤其是中華民族，共同一致打倒
> 法、日兩帝國主義，以達到越南獨立、自由與領土之完整。依據三
> 民主義之精神，建立一真正民有、民治、民享之越南民國。根據中
> 越兩民族之互助需要，幫助中國抗戰建國政策之完成。」[51]

　　越南解放同盟會成立後，越共分子曾在廣西為之大事宣傳，對
外以爭取中國的援助；對內以民族統一陣線為號召。但其內部方派
系鬥爭頗為劇烈，私自的利益仍然高於一切。[52]因此該會成立不
久，即發生糾紛。最初是越共分子對於加入解放同盟會的社會民主
黨人進行反對，指斥該黨是「反動的組織」。社會民主黨人被排擠
離開靖西，且有一名幹部在邊境被越共分子所暗殺。另有數名潛返
越南。[53]而當時在中國廣西同情於越共的宣傳者，亦諷刺社會民主
黨與「第二國際有著密切的聯繫，以前是一個澈頭澈尾的改良主義
者，現在也叫起民族革命來了。」[54]事實上，該黨已為越共分子所
滲透。[55]越共幹部武英即化名「鄭東海」在廣西冒充社會民主黨的
「領袖」，稱聲有群眾數千人，曾與越共合組「印度支那民族反帝
同盟」。[56]

　　越南解放同盟會糾紛之擴大，起因於武元甲及范文同煽動越南
幹部訓練班的學生聽從其指揮。[57]對解放同盟會進行分化的活動。
宣傳中國國民黨及國民政府無誠意援助越南革命，要越南群眾擁護

中共。[58]阮海臣到靖西後，又舉發武元甲、范文同等為共產黨徒，當地的中國國民黨對他們改變了態度。[59]加以彼等煽動越南幹部訓練班學生的陰謀暴露，無法在靖西繼續活動，遂於一九四二年一月逃回高平。靖西的解放同盟會亦無形停止活動。另一部分越共分子仍以偽裝身分轉往柳州及昆明活動。[60]

（三）後期的越南獨立同盟

　　一九四一年初回到越南一組的越共人員包括胡氏本人在內，適在靖西的越南民族解放同盟會成立後不久，便又重新拾起越南獨立同盟會的舊招解，組織所謂「越盟陣線」。惟據北越共黨方面以後的說法，謂其中央委員會一九四一年五月十日到十九日，曾在北坡舉行的第八次擴大會議中，通過了組織「越盟陣線」。出席這次會議的人員有胡志明、黃文歡、黃文樹、長征（鄧春樞）、馮志堅、黃國越、武英，另有中圻的代表二名。[61]會議由胡主持，他當時是代表著共產國際。這次會議的重要決議為越共「應當利用戰爭正在進行的時機，廣泛團結越南人民，成立越南獨立同盟（即越盟陣線），建立游擊隊和游擊根據地，切實地準備武裝起義，以打倒日本、法國法西斯，奪取政權，建立越南民主共和國。」[62]所謂「越盟陣線」的內容，是由越共領導的十六個「救國會」所組成。這十六個「救國會」包括工人、農民、軍人、文化、婦女、兒童、青年、父老、佛教、天主教、商人等「救國會」。[63]

　　胡志明及越共中央成立其「越盟陣線」時，適越南民族解放同盟會在靖西成立後的一個月；該會且由越南獨立同盟會改組而來，原有的名義應即取消。但胡及越共中央為何仍要利用「越南獨立同盟」（巧妙地略去一個「會」字）的旗幟？這種方式，正是共產黨人所唱的「佔領機關，為其左派」[64]故伎之重演。探討其企圖，不外利用獨立同盟會的名義，收羅其群眾的組織；甚至收羅其親日派的殘餘。

　　胡及越共人員接收獨立同盟會的主要企圖，實為收羅其群眾的組織。根據當時廣西的資料，謂「越南獨立同盟成立於一九三五年七月，是聯合越南國民黨、獨立黨、新越黨而成。除基本會員外，尚有各種民眾團體，在軍人、農民、工人、青年、婦女、少數民族中，都有他們的組織，力量大都潛伏在鄉村。」[65]獨立同盟的各黨派人員，包括多數越共人員在內，已在一個月前轉入解放同盟會。經過這一改組方式的轉變，獨立同盟的領導人不再是胡覺覽，而是胡志明的化名「黃國俊」；[66]它的基本會員和幹部，不再是各黨派的代表，而是以越共的幹部為核心；它的各種民眾團體，亦被胡氏改稱為各種「救國會」。例如胡於一九四一年六月六日以一項「國外來信」的方式，要越南人民「快快奮起，學習中國人民的英勇精神；快快奮起，組織打擊法、日的救國會。」[67]這是胡抄襲中共「救國會」這一名詞的開始。同時，胡所謂的「中國人民」，正是中共用以代表他們自己的術語。獨立同盟的領導階層及其內部構成分子，經過這一改變後，胡始承認它是「以黨（越共）為主導的民族統一戰線」。[68]

　　胡及越共人員利用獨立同盟的名義，亦為便於在越南境內從事活動，其企圖顯為收羅越南親日派的殘餘；甚至透過親日派的關係，以勾結日軍。因為當時統治越南的法人，實際已成日本的傀儡。如果胡用越南解放同盟會的名義在越活動，標榜「親華、反法、抗日」的口號，必致遭受法、日的夾擊，難有生存發展的餘地。如果另換一個新的名義，對越南人民未必能發生號召作用。獨立同盟這一旗幟，無論就其歷史背景，越南政治情況，以及社會基礎而言，均有其利用的價值與必然的需要。它原有親日、反法的色彩，正適合在越南的環境下以求生存發展。根據中國方面一九四一年對越共的調查與觀察，越共不僅與中共「合為一體」，且有利用日軍以反華的現象。此一調查與觀察的要義如下：

「越共已與中共合為一體。自一九四一年十二月八日太平洋戰爭爆發後，越共的活動至為積極，如多方面派人參加日偽組織，積極拉攏青年，擴充力量，散佈謠言。其工作綱要由越共最高會議決定，及受共產國際的指示：（一）預定一九四二年秋至一九四四年為發動世界風潮時期；（二）加強擴充人力，準備饗應世界革命；（三）如遇越南戰事發生，即在各地暴動，並佔據中圻順化為根據地，謀殺安南王、高棉王，及重慶（中國國民黨）工作人員；（四）注意華軍入越動態，不許任何國家干預越事。越共的活動，注重於農村，利用越人恨法情緒，積極宣傳及拉攏民眾。中共人員的活動，注重於都市，以一部分人員投入日偽組織，利用日軍保護其安全，破壞中國國民黨在越組織；並挑撥華僑對國民政府及國民黨之不滿，謂國民政府及國民黨專力對付共產黨，故不能早日擊敗日本。」[69]

胡之利用獨立同盟的名義以拉攏親日派，亦如他之利用解放同盟會的名義以拉攏親華派的情形一樣，旨在分化對方的力量，擴充本身的勢力。如越共方面之記述：

「由於越盟影響擴大，當時以楊德賢為首的大學生集團，因與越盟取得聯繫；並於一九四四年六月三十日組織了民主黨。該黨參加了越盟，執行越盟的方針，爭取被日本法西斯欺騙的知識分子，參加抗日反法陣營，使親日的大越黨發生分裂。這樣，越南的民族統一戰線就日益擴大了。」[70]

共產黨人，包括越共在內，和對方聯合，並不願尊重對方的地位，僅視對方為其利用的工具，更不容許對方勢力相對的存在或發展，最後的目的，是在消滅對方。根據共產國際的規定，要各國共產黨員「應當加入並利用具有壟斷合法權的一切群眾的法西斯的組織，以便把這些組織的群眾利益和法西斯政策對立起來，以便瓦解

法西斯的群眾基礎。」[71]這正是共產黨人消滅異己的一種論調。胡志明利用越盟機關的最大企圖，是在隱蔽他們共產黨人的面目，利用越南情勢與民眾心理，以民族主義者的面目，以發展本身的實力，因此也有極大的收穫。胡自一九四一年二月由廣西進駐北坡以後，其中心任務，即效法中共的經驗，建立游擊武力和游擊根據地。他首先將靖西越南幹部訓練班訓練出來的幹部派回北越地區，擔任農民、婦女、青年等團體和救國軍的組訓工作。同年二月十四日，胡將去年九月在北山起義所保存下來的一支游擊隊改名為「越南救國軍中隊」。[72]游擊武力及根據地建立後，再進而求其鞏固與擴大。其方法，由鞏固與發展群眾的組織入手。以宣傳發展組織，以訓練鞏固組織。

為鞏固與擴大越盟游擊根據地，越共中央第八次擴大會議決定：維持和發展北山及武崖的游擊根據地；並努力鞏固和擴大高平根據地。根據胡的計畫，要開闢通往越南內部的群眾交通線。他認為高平地區實具有良好的革命基礎，因靠近中國邊境，以它作為國際聯絡的基地，最為適宜。至於對內聯絡，必須從高平發展到太原，然後再向南發展，才能和全越南的革命運動連接起來，發動武裝鬥爭的條件才算成熟。那時進可以攻，退可以守。[73]

擴大越盟根據地的方法，注重於宣傳和政治的活動。胡認為：「如果要有武裝隊伍，就首先要有宣傳鼓動隊、政治隊。」[74]因此，他將靖西越南幹部訓練班訓練出來的幹部，送回高平地區去做革命運動；連同派赴其他地區活動的，有六十名青年幹部。[75]在宣傳工作方面，出版一種《越立報》（即《越南獨立報》），是一種石印的小報，內容簡單，文字淺明，便於民眾閱讀和了解。其發行的方式，鼓勵民眾購買而不贈送。這樣一方面可以促使讀者對報紙的愛惜；同時可以根據發行的數量，了解讀者的人數及趨向。據武元甲的記述：由於《越立報》受到讀者的歡迎，愈來愈成為一種宣傳、動員和組織的有力工具。每個鄉，每個救國組織，購報與讀報

的趨勢，已很普遍而不間斷。越盟運動亦隨報紙所到之處而發展到許多州縣。越共組織亦隨越盟運動所到之處而建立其支部。當每個完整的鄉、區，或州，有了「救國會」的組織時，地方政權便形成了「兩面性」。因為殖民當局的地方機關人員加入了「救國會」，越盟委員會便可透過「救國會」的人員來操縱地方行政事務。甚至當時各省屯堡殖民長官為了防備革命的發生，命令各鄉所建立的「放哨所」（guard posts），由於保安兵和鄉民對越盟人員的同情與合作，這些「放哨所」反而變成越盟的聯絡站。[76]

越盟武裝自衛隊亦隨「救國會」的組織所到之處而建立起來。到一九四一年底，高平地區已建立了許多武裝自衛隊的基礎。越盟根據地亦擴展到距離北坡五十公里的藍山。該處有「越盟高（平）諒（山）北（見）聯省委員會」的成立。胡及越盟中央機關亦從北坡遷至藍山。該處位於和安州與原州交界的密林區中，它是一個赭色的石岩山區，越盟把它命名為「紅色的堡壘」。這正是越盟運動趨於高潮時期。

越盟為鞏固其根據地，特別著重於訓練的工作。在組織上，越盟中央成立一個顧問小組，協助聯省委員會設立軍事集中訓練班，每月訓練一期，每期五十到六十人。省或州的越盟機關，也組織了一些訓練班。後來胡又指定辦理一些流動訓練班，每班有時只有二或三人，進行短短的幾天訓練。其要求，務使各界「救國會」和各鄉自衛隊，都能經過越盟的訓練。此外，在訓練的重點上，特別對於幹部和中堅分子進行細緻的培養，使之成為鞏固組織的核心。胡比喻「革命運動像潮水上漲，中堅分子像插入泥沙中的木樁」；「有了木樁，當潮水退時，才能保持住泥沙不被流失。」[77]

從一九四一年二月，胡自中國廣西回到北越高平地區，截至一九四二年八月，胡離開高平地區再往中國，其間一年半的時間，越盟的勢力已由北越山區逐漸發展到平原。高平根據地已形鞏固，並繼續向南擴展。胡則離開其「紅色的堡壘」——藍山，前往中國，

到達廣西天保時,被地方民兵逮捕。惟越盟之向南擴展的活動,並未中斷。武元甲所率領的衝鋒武裝隊繼續南進。據武元甲的記述:南進工作愈發展,愈獲得青年的響應,吸收的幹部也數多。高平有成百男女青年離開家庭,來參加各個衝鋒武裝隊。所開闢的「群眾交通線」沿著囤谷山腳,到達朱市的邊界,再走到囤市縣的義左村,經過谷村再到深林中的一片坡地,便和朱文晉及來自北山的救國軍會師了。這次所謂「歷史性」的會師,實現了胡開闢通往越南內部交通的計畫,打通往平原的出路,與越共中央及全國革命運動取得聯繫。因此他們把義左村改名為「勝利村」,以紀念這次向南擴展工作的勝利。當一九四三年的新年,越盟南進衝鋒武裝隊的二十個隊的幹部,都已回到了高平基地。[78]

　　越盟在北越的擴展情況,根據中國方面的報告:其活動區域分佈在高平、諒山、北洊等省的邊區,主要的領導幹部有武元甲、范文同、黃文歡、黃國魂、黎廣波、陳山鴻等;其活動的方式,凡勢力所到之地,先以甘言蜜語引誘青年男女,然後施以壓力,迫其加入組織;不從者則加以「越奸」罪名,實行燒殺,並沒收其財產。凡加入越盟組織的男女,年齡自十五歲到三十五歲之間的,均施以軍事訓練。教官大多為中國的逃亡士兵,或曾在中國受過訓練的工作幹部。其武力約有長短槍六十支,大多是土造拉八手槍;常發現三十到五十人為一隊,出沒於高平邊區一帶,此類兵士多為招收中國的逃兵或為中越邊區的土匪所編成;其指揮官為黃國魂、黎廣波、陳山鴻等。其經濟來源,是由越盟中央命令各地方分會負責捐募。凡入會的民戶,每戶每月納越幣五元,米十五斤;以及沒收「越奸」的財產。[79]這些越盟游擊隊在一九四三年秋曾進入中國廣西邊境的葛麻、平孟一帶活動,一面宣傳共產主義;一面以高價收買中國逃兵的槍械及彈藥。並有當地少數青年參加其組織,邊區著名匪首黃亞昌亦與越盟游擊隊合流。[80]因此,活動於中越邊境的越盟分子,已成為中國邊境之患。

　　後期的越南獨立同盟，自一九四一年五月到一九四四年四月的三年之間，與中國方面尚無任何關係。在此期間，胡及越共人員雖在中國有所活動，但非使用越盟的名義。自一九四二年十月越南各民族主義黨派在廣西柳州曾有越南革命同盟會（Viet Nam Cach Menh Dong Ming Hoi）的組織與活動，它與越盟之間，亦無合作的關係，例如在一九四三年十月間柳州方面的一項報告，指出越南革命同盟會雖在柳州成立一年以上，但越盟方面恃其擁有一些民眾及一部分勢力，始終拒絕與越南同盟會合作。[81]遲至一九四四年五月初，始有所謂「越盟代表」向中國廣西軍事當局接觸。[82]

1　越共黨人之記述，如長征《胡主席》，一五頁；胡志明《越南民主共和國成立十週年》有云：「一九四一年五月民族統一戰線 —— 越南獨立同盟誕生了」。研究近代越南問題者亦無人對此說法加以懷疑，多同意越共之記述，可參見：Barnerd B, Fall, The Two Viet-Nams, p. 62; Charles B. McLane, Soviet Strategies in Southeast Asia, p. 221 and 261; George McTurnan Kahin and others, Government and Politics of Southeast Asia, p. 480, (Cornell University Press, 1964).

2　A. Doak Barnett, Communist China and Asia, p. 481, (Harper and Brothers, 1960).

3　梅公毅《越南新誌》，八二頁。

4　陳子濤《越南向著民族解放的前途邁進》，見《抗戰時代》三卷六期，五六～五八頁（一九四一年六月，廣西綏靖公署政治部抗戰時代出版社）。此文有時將「越南獨立同盟會」稱之為「獨立同盟」，為作者所見簡稱之最早的資料。

5　楊懷南《越南革命風潮的一個重大事件》，見桂林《掃蕩報》，民三〇、五、二六。又陳子濤前文亦云：「越南獨立同盟會成立於一九三五年七月，是合越南國民黨、獨立黨、新越黨而成。」梅公毅前書在一九四五年出版時，亦云「越南民族獨立同盟會成立十年」，當在一九三五年間。

6　《胡伯伯》，一四五頁。

7　見《全國中文期刊聯合目錄》（一八三三～一九四九），一〇八九頁（一九

六一年出版）。

8 《胡伯伯》，一四五頁。

9 如桂林《掃蕩報》一九四○年十二月十七日之記載：「越南獨立同盟會海外部主任於十六日（一九四○年十二月）下午七時假東坡酒樓邀請市新聞文化界茶話，到二十餘人，該部主任胡學覽因病不能出席。」又「簡歷表」亦記胡學覽有病。

10 同上，《掃蕩報》記載：「該會（即越南獨立同盟會）會員楊懷南報告越南國內革命情形」云云。按「楊懷南」即武元甲當時在廣西的化名。

11 《簡歷表》，范越子為越南北寧人。為越共在雲南「解放會」之活躍分子。

12 《簡歷表》。

13 Tran Dan Tien（陳民先）《胡志明傳》，一二四頁（一九四八年，上海八月出版社）。按陳民先即胡志明。

14 《簡歷表》，及中國國民黨中央海外部《越南革命黨派略史》。

15 桂林《掃蕩報》，民二九、一二、一七。

16 《胡伯伯》，一六三～一六四頁。

17 中國國民黨雲南省黨部報告（民二九、一二、二六），認為在雲南的一派越人「鄭東海」及中圻「李某」，顯為「日本所收買」。惟當時雲南省黨部的報告，尚未認為「鄭東海」等即係越共分子。按「李某」可能為「李光華」，即黃文歡的化名。

18 《簡歷表》。

19 顏雲龍《在倭寇南進中掙扎的泰國、越南和緬甸》，桂林《掃蕩報》，民三○、三、二五。

20 「印度支那問題大事紀要」（一九四○～一九五四），三～四頁（一九五四年，世界知識社）。

21 Tran Dan Tien《胡志明傳》，一一八頁。

22 梅公毅《越南新誌》六三頁；蔡文星《泰國近代史略》，一二三～一二五頁（一九四四年，重慶正中書局）。

23 顏雲龍前文。

24 顏雲龍前文。並謂「越南國民黨和共產黨組成『越南人民統一革命黨』，設立中央黨部，爭取民族解放。」據梅公毅《越南新誌》八三頁云：「越南革命統一黨，一九四○年成立，曾發表一篇成立宣言。主要目的為聯合越南革命統一工作，其領導分子為一般在雲南及重慶之越南革命黨人。」

25 嚴繼祖《越南革命黨派略史》。

26 中國駐河內總領事館電報，民二九、一一、三〇。

27 桂林《掃蕩報》消息，民二九、一二、二一。

28 Ellen J. Hammer, p. 24; Tran Dan Tien, p. 75.

29 農經猷（復國軍首領之一）致吳鐵城函，民三六、八、一（原件）。

30 張發奎答作者及 Julie How 的訪問，一九六六、九、六（香港）。

31 Tran Dan Tien, p. 75.

32 《印度支那問題大事紀要》，三頁。

33 李昌慶《越南民族革命運動的一個喜訊》，桂林《力報》，民三〇、一、一八。

34 梅公毅《越南新誌》，八三頁。

35 《胡伯伯》一四五～一四七頁；一六四頁。

36 同上，一六三頁。

37 桂林《掃蕩報》，民二九、一二、二八。

38 盧漢《越南各黨派概況》，民三四、一二、一四（原件，河內）。

39 《胡伯伯》，一六五頁。

40 邢森洲《越南情況報告（民三三年下半年）》（原件）；盧漢《越南各黨派概況》。

41 《胡伯伯》，一六五頁。

42 同上，一七六頁。武元甲述一九四二年八月胡在廣西被捕後，有關胡的情況，均由「閣」向廣西官方打聽消息，通知越共方面。

43 《胡伯伯》，一六七頁。

44 《胡主席》，一五頁。

45 梅公毅《越南新誌》，八三頁，記該會在一九四一年夏成立。邢森洲前項報告記為四月十二日。陳子濤《越南向著民族解放的前途邁進》一文記為當年（一九四一年）四月。麥浪《越南民族的革命哲學》（桂林《掃蕩報》，民三〇、六、二）亦指為四月。

46 盧漢《越南各黨派概況》。

47 梅公毅《越南新誌》，八三頁。陳子濤前文亦云：「越南民族解放同盟會的成立大會，各黨派以及各民眾團體都派代表參加。大會的主要負責者是越南獨立同盟會。」

48 嚴繼祖《越南革命黨派略史》謂加入此會之越共人員有楊懷南（武元甲）、

林伯杰（范文同）、鄭東海（武英）、李光華（黃文歡）。此四人亦為獨立同盟會會員。

49 據《簡歷表》，范越子曾加入獨立同盟會，徐志堅為越共之「民眾助華抗敵後援會」人員，范、徐，顯為化名，彼等為越共在雲南之活動分子。

50 《簡歷表》。

51 梅公毅《越南新誌》，八三頁。

52 麥浪《越南民族的革命哲學》。

53 嚴繼祖《越南革命黨派略史》。

54 陳子濤《越南向著民族解放的前途邁進》。

55 張發奎報告（民二九、一〇、二六、原件）謂「社會民主黨內有一部分共黨分子，其活動均以商業地區為主，對日亦取敵視態度，與中共無關。」

56 謝康壽《敵寇盤踞下的越南現狀》，桂林《掃蕩報》，民三〇、一、一四。

57 刑森洲《越南情況報告（民三三年下半年）》；盧漢《越南各黨派概況》。

58 嚴繼祖《越南革命黨派略史》。

59 《胡伯伯》，一六三頁。

60 第四戰區政治部報告，民三一、一〇、三一（原件）。及邢森洲、嚴繼祖前文。

61 《胡伯伯》一五〇頁。

62 《胡主席》，一五頁。

63 呂穀《越南人民反帝鬥爭史》，八二頁。

64 「佔領機關，為其左派」原為中共的口號。見拙編《胡漢民先生年譜稿》，二四一頁（《中國現代史叢刊》第三冊，民五〇，正中書局，臺北）。

65 陳子濤《越南向著民族解放的前途邁進》。

66 第四戰區政治部報告，民三一、一〇、二九（原件）。

67 《胡選集》一卷二三一頁。

68 胡志明《越南民主共和國十週年》。

69 刑森洲《越南現勢報告（民三十年）》（原件），所引用者為其摘要。中共在太平洋戰事發生後，曾發出《中國共產黨為太平洋戰爭的宣言》及《關於太平洋反日統一戰線的指示》，強調「在南洋各地的工作，應與當地民族的共產黨取得聯繫，並幫助他們糾正存在著的左的傾向，廣大的開展統一戰線工作。」見郭華倫《中共抗日援蘇的真相》（《匪情月報》第十三卷七期，九三～九八頁，民五九、八、三一、臺北）。

70 陳懷南《越南人民的解放鬥爭》，一〇頁。

71 共產國際第七次代表大會關於《反法西斯運動方面的任務》決議案。見《共匪禍國史料彙編》第三冊一二頁。

72 《胡主席》，一五頁。

73 《胡伯伯》，一六四頁；一六七頁。

74 同上，一四八頁。

75 同上，一四九頁。

76 同上，一六九～一七一頁。

77 同上，一七〇～一七四頁。

78 同上，一七五～一七七頁。

79 刑森洲《越南情況報告（民三三年下半年）》（原件）。

80 王之五（中國國民黨駐越辦事處副主任，駐柳州）報告，民三二、九、二二（原件）。

81 王之五報告，民三一、一〇、一八（原件）。

82 刑森洲《越南情況報告（民三三年上半年）》（原件）。

第九章
胡在中國被捕與
加入越南革命同盟會

（一）胡在廣西被捕的原因與經過

　　一九四二年八月胡自北越潛入中國，在廣西被地方民兵逮捕，轉解柳州監獄，到一九四三年九月恢復自由，仍留柳州。次年三月，加入越南革命同盟會，被選為候補執行委員。這段期間，關於胡在中國被捕的原因及經過；胡及其越盟和中國的關係，以及胡與越盟在越南革命同盟會中的地位，西方一般研究越南問題的學者，頗多推測與武斷之詞。今據中國所發現的大量資料，足以澄清以往若干錯誤的說法。

　　關於胡在中國被捕，久為一項爭論的問題。一項比較為大家所承認的說法，認為胡在中國被捕的原因，是由於中國方面扶植一位越南老革命黨人阮海臣及其越南革命同盟會，要在北越進行間諜及破壞的活動；為使此項活動免受阻礙起見，乃將親日的復國軍首領黃良，及越共首領阮愛國（胡志明）拘捕。[1] 另一相似的說法，認為胡在廣西柳州不願作中國南方軍人的工具，被中國第四戰區司令長官張發奎將軍所拘捕。加給他的罪名是「共產黨」及「法國奸細」。[2] 今據中國方面的資料，證實胡之被捕，由於他偷渡入境及身分不明所致。他之長期被拘禁，也是由於他對自己的真正身分，

保持機密所致。

　　胡自一九四一年二月由廣西靖西縣回到北越高平地區以後，利用越盟旗幟，經過為時一年半的活動，其在北越地區的勢力，已有相當的發展，並在北越藍山建立越盟基地。胡之離開藍山首途來華，大約是在一九四二年八月十五日左右。[3] 在他離開藍山之前，曾為自己的身分偽裝問題，做了一番準備工夫。他為自己取名「胡志明」，並印了名片，中間印著「胡志明」，一邊印著「新聞記者」；一邊印著「越南華僑」。為了旅途中的安全，由藍山到北坡之間約五十公里的行程，他偽裝一名失明的儂族人，穿著儂族人的服裝，白天走路，持手杖慢行，雙目合閉，酷似一名盲人，由越共同志黎廣波引路。過了中國邊境，改由一名中共地下人員引路。由於這名中共地下人員沒有身分的證明而被捕，因此也連累到胡的被捕。[4]

　　根據第四戰區司令長官張發奎將軍的報告，胡之被捕是由於他的身分證明發生疑問。張謂：胡之入境，是以「國際反侵略會越南分會」的代表名義，攜有越南分會的證明文件。在一九四二年八月二十九日經過廣西天保縣境內的街長鄉時，遇到街長鄉保安隊的檢查，發現他持有越南分會代表的證明文件之外，還攜有「中國青年新聞記者學會」的會員證，「國際新聞社」的特約通訊員證明書，以及第四戰區司令長官部的軍用通行證等。這些證明文件都是一九四〇年所發出的，已經逾期失去效用。街長鄉保安隊認為他的身分如此複雜，顯有「間諜嫌疑」，遂將他拘捕。經過鄉公所、縣政府、專員公署、軍事委員會桂林辦公廳，轉解到第四戰區政治部審訊。[5]

　　從張發奎將軍的報告中，可知胡之身分發生疑問而致被捕的關鍵，顯然由於他所攜帶的一九四〇年的三項證明文件。文件中的「中國青年新聞記者學會」和「國際新聞社」，都是中共的宣傳通訊機關，總機關都設在桂林，延安及中國各大都市都設有分支機

構。一九四一年春，中共新四軍事件發生後，其在桂林的總機關亦被國民政府命令封閉，停止活動。[6] 胡之持有此種文件，加以中共地下人員為他引路，顯然會被保安隊檢查人員視為中共分子，或與中共有密切關係。同時，他既以「國際反侵略會越南分會」的代表名義來華，而又持有第四戰區早期的軍用證明書，更使他的身分發生矛盾了。他被解送第四戰區政治部審訊，一方面是涉及第四戰區的證明文件，同時似與政治問題或與中共有關。

按照胡的《獄中日記》計算，他在一九四二年八月二十九日被捕，一九四三年九月十日恢復自由，總計他在「獄中」的時間為十二個月又十二天。《獄中日並含混的描寫他經過將近三十個監獄的悲慘生活，似在誇大描述中國監獄之多和黑暗。按當時拘捕胡的機關，是廣西邊境天保縣的一個鄉公所，這種機構是當時中國地方最基層的治安和行政機關，尤其是位於國家的邊境，它對於一個身分不明而非法偷渡入境者，要依法加以拘留；有危害中國嫌疑者，更要解送到他們的上層機關去處理。所以胡氏一如其他一般偷渡入境的嫌疑犯，要被解送到縣級以上機關去處理。由於他所持的文件，涉及中國戰時軍事機關及中共的關係；而且他是來自日軍佔領地區的越南，顯然會被視為重要的「嫌疑犯」。因此他被解送到當地的最高軍事機關——軍事委員會桂林辦公廳。由於地區遼闊，交通不便，從廣西西南部的天保縣到東北部的桂林，大部分的路程要靠步行，而且大多是山地。

到東部的來賓時，才有火車可乘。因此，胡由天保被輾轉解送到桂林時，已在一九四二年十二月十日左右。[7] 在這三個半月的旅途中，約有八十多天的步行，沿途大約停留過將近三十個大小不等的城鎮或鄉村。這些被解送的嫌疑犯，每當停留在一個地方時，勢必加以監禁，以防逃脫。加上他被送到柳州看管到一九四三年九月十日才被恢復自由時，這段期間，就是他們所說的「走了八十多天的路程，拘了十四個月，在近三十個監獄中生活。」[8]

　　胡被捕後，越共核心幹部的反應如何？中國和越共方面如何進行處理這一案件？根據越共方面的資料，當胡被捕後，他們潛伏在廣西的一位聯絡人員「閣同志」帶回的消息，說是胡已「死了」。越共高級人員得此消息，大為震驚。於是一面準備舉行追悼會；一面再派人到廣西去探聽確實消息或胡的墓地。乃知胡氏「死了」的消息並不正確。[9]原來這名「閣同志」與廣西地方官員素有關係。一九四〇年底，胡在靖西辦越南幹部訓練班時，所需的食糧，即由這位「閣同志」負責供應。[10]可知他在廣西頗有地位和職權；否則何能負責供應數十人的食糧？又何能直接向中國地方官員打聽消息？由於語音的差異，在他向廣西地方的一位官員打聽胡的被捕情形時，那位官員告訴他「是了，是了」，閣卻聽成「死了，死了」。他還回去大哭一場，並將這一不幸的消息帶回越南，造成越共高級人員意外的震驚！[11]但他們之證實胡仍安全的生存，是在胡被捕的幾個月以後，似乎是胡被解送到桂林或柳州的時期。據武元甲的記述：那時他們在高平地區，突然接到從中國寄來的一分報紙，報的邊沿寫有胡的幾行親筆字，告訴他們「努力工作，我在此平安」。這時才證實所謂「是了，是了」，被閣聽成「死了，死了」。他們才轉憂為喜。[12]

　　胡被捕後，當時中國方面並不知道胡志明便是越共首領阮愛國，或是胡即越盟首領黃國俊。更不知道阮愛國即是黃國俊。前者謂其早已死去；[13]後者謂其仍在越南境內活動。[14]越共方面，在胡被捕後，對於胡的真正身分，也保持高度的機密。在他們設法營救胡戈時，曾動員越南「群眾」及海外的越僑，聯名向中國方面要求恢復「一位越南反法西斯的老革命家」的自由。[15]但受命執行動員群眾的越共人員，並不知道這位「老革命家」是什麼人。[16]顯然由於越共核心幹部再度派人探得胡之「死了」消息並不正確時，已在胡之被捕兩個月以後，即一九四二年十月末，他們才從靖西以「國際反侵略會越南分會」的名義，拍了一個電報到重慶，給中國國民

政府立法院院長孫科，要求釋放胡氏。他們當然知道孫科為孫中山之子，並同情東方被迫壓民族，如這年三月二十三日，他曾在重慶《中央日報》發表談話，主張承認印度、越南、韓國及菲律賓的獨立地位。[17]他們給孫科的電報內容如下：

> 「孫院長。敝會代表胡喀昊（Ho Ke Ming）赴渝（重慶）向蔣公（蔣委員長）獻旗致敬，行抵靖西被扣。伏乞電釋。國際反侵略會越南分會，靖西。」[18]

從上項電報中，可知越共方面對於胡被捕的確實地點，還未弄得清楚。電文將「胡志明」譯為「胡喀昊」，可知中國方面對於胡氏其人，亦無所知。孫科院長接到這一電報後，立即轉給中國國民黨中央執行委員會秘書長吳鐵城。吳即根據此電致電廣西省政府，要它「查明釋放」。大約胡在此時已被解送到廣西的隆安與同正之間。[19]此案顯然未經廣西省政府處理，無從「查明」。十一月九日，吳再致電第四戰區司令長官張發奎將軍，電云：

> 「准孫（科）院長函送國際反侵略會越南分會來電，以該會代表胡自明赴重慶向蔣委員長獻旗致敬，行抵靖西被扣，伏乞電釋等情。查此案前已電廣西省政府。特再電轉知查明釋放，並見復為荷。」[20]

這時胡志明大約由廣西同正轉向南寧途中。張發奎對吳的電報，並未立即答覆，可能在進行追查中。但吳對胡的下落，顯然十分重視與關切，同時也有「國際反侵略會越南分會」的會員在重慶為胡氏「就近向中央積極說項」。三天後，吳又致電張發奎追查此事。但一直到十二月九日，胡始經過柳州被送往桂林。十二月十三日，軍事委員會桂林辦公廳才查出胡已解到桂林。[21]

當重慶與廣西之間正在追尋胡的下落時，越共方面顯然自相驚擾，認為胡之被捕，是出自中國方面有計畫的行動。企圖以蘇聯的

通訊機構來威逼中國當局。他們於一九四二年十一月十五日以「國際反侵略會越南分會」的名義，致送莫斯科駐重慶塔斯社的一項通訊如下：

「中越前線，一九四二年十一月十五日，致重慶塔斯社通訊。

最近中國官方與越南革命黨之間，發生一種極嚴重之誤會。革命同志胡志明代表國際反侵略會越南分會赴重慶向蔣委員長致敬，並與中國反侵略會會商。因藉口通行證不符，致於一九四二年九月二日在靖西至天保途中，被中國地方官員擅捕。國際反侵略會越南分會全賴胡同志志明奔走，成立於一九四一年。該會包括其他各種團體，其主要者有青年獨立會，農民獨立會，及婦女獨立會。該分會共有會員二十萬。其他支會散佈於越南全部，而於交趾支那、安南、及東京尤多。國際反侵略會越南分會之重要性及胡同志之聲望，此次在華被捕，實增加了不少

越南革命黨對華之不滿。雖有該會會員在華就近向（重慶）中央積極說項，而胡同志仍在看守中。並最近已送至柳州。

如係必要，請將本訊公佈之。」[22]

上項通訊顯為越共方面企圖透過蘇聯駐重慶的機構進行干涉。但他們認為「如係必要，請將本訊公佈之」，可知他們亦不願將此事立即公開。此時胡可能已被解送至南寧。上項通訊轉到重慶中央時，胡已到了桂林。

胡被拘留在桂林的時間約一個半月。[23]經過詢問，他只承認是「越南革命幹部」；並曾參加過共產黨；[24]但否認與中共有關。[25]此項調查，顯然對胡有利。一九四三年一月，由軍事委員會桂林辦公廳送交柳州第四戰區政治部審查其身分。[26]作為「政治嫌疑犯」的處理。因此胡到柳州是被禁在軍人拘留所內，是受「政治管理」，可以讀到報紙和書刊，有充足的食物，沒有勞役，只是行動受限制。[27]

柳州第四戰區政治部所要查明的，是胡的真正身分。顯然由於

胡之拒絕說明，政治部只得從其他方面去「多方調查」。經過半年時間的調查，一直到一九四三年七月，也只能證明他是「第三國際活動分子」。乃由政治部「察看感化」。[28]據當時的第四戰區政治部主任兼越南革命同盟會指導代表侯志明將軍告知作者：胡在柳州第四戰區軍人拘留所時期，曾多次上書蔣委員長，請求釋放他。結果得到蔣委員長的批示，交給第四戰區政治部主任兼越南革命同盟會指導代表「察看」。[29]胡之離開軍人拘留所轉到第四戰區政治部，是在一九四三年九月十日。[30]

　　胡在柳州離開軍人拘留所轉到政治部恢復自由後，中國方面仍然未能確知胡的真正身分。根據當時柳州方面的報告，謂越共及越盟首領阮愛國即黃國俊仍在北圻境內活動。[31]可知此時中國方面所得到的報告，雖已進一步地確定「阮愛國」與「黃國俊」為同一個人，[32]但仍未能確知阮、黃即是胡氏本人。這可能是越共方面故意放出的謠言，以轉移中國方面對胡調查的目標。但中國方面在未確知胡的真相前，對其行動，仍要加以「管制」。[33]亦即所謂「察看感化」。

　　胡在柳州軍人拘留所中及其被「察看感化」期間，他和越南境內的越共核心幹部之間的聯繫，並未中斷。據北越共產黨人的記述：胡被捕一年多，在獄中經常設法寫信寄給在越南的同志。它的方法，是用粥湯寫字在報紙的邊緣空白處。當他們接到報紙時，用碘酒塗上去，便可顯現出文字。胡出獄後，更利用一切有利的條件，寫文章投登在第四戰區的報紙上，藉向越南境內傳達情況。[34]

　　胡出獄後在柳州的生活情形，作者曾分別訪問當時的第四戰區政治部主任侯志明將軍和司令長官張發奎將軍。侯將軍告知作者：胡在柳州被「察看」期間，他和侯本人及政治部的工作人員共同飲食起居，彼此不分界限。侯對胡的印象是「老成持重，沉默寡言。」胡與政治的工作人員，及越南革命同盟會委員阮海臣、武鴻卿、嚴繼祖等，很少有私人間的交往；亦未見胡有任何政治活動。

柳州附近的大橋第四戰區幹部訓練團中，有越南革命同盟會訓練班的學員約五百人，胡與這些人之間亦未曾有過任何接觸。胡在政治部裡，每天除閱讀報紙外，並將孫中山的《三民主義》譯為越文。[35] 胡之甚少活動，固然是他明瞭他所處的環境；同時也可能是怕暴露他的真正身分而引起更多的問題。張發奎將軍告知作者胡在柳州的生活情形，與侯將軍所言略同。張謂胡在柳州是住在大橋的越南革命同盟會裡，和第四戰區政治部在一起；胡在柳州的生活行動完全自由。[36]其時張對胡的印象極佳，對他也很優待，張在一九四四年一月的報告中曾云：「胡志明迄留政治部察看，予以優禮感化。」這時張並有釋胡回越的決定。[37]當時張已知道胡志明即是阮愛國。[38]可知胡之受到優待與釋放，亦和他的真正身分之被瞭解有關。

（二）越南革命同盟會與越共之鬥爭

　　胡於一九四二年八月到廣西時，正是越南革命同盟會在柳州進行籌備期間；胡被禁柳州時，革命同盟會對越南雖然有所活動，但與越共及越盟之間，發生衝突，未能對越發生影響作用，造成胡後來加入革命同盟會的機會。

　　越南革命同盟會是越南留華各民族主義黨派在中國的協助下，於一九四二年十月在柳州所組織的革命團體。在其成立之前，原屬親日派復國軍系的獨立黨人與越共分子，顯在結成聯合戰線，謀圖加以抵制而使之流產。雖然未能達成目的，但越共分子仍繼續採取敵對與破壞的行動。

　　原在靖西的越南民族解放同盟會自一九四二年初因內部的糾紛而無形解體後，一部分越共分子仍以化名及解放同盟會的身分，轉往中國第四戰區司令長官部所在地之柳州從事活動。一九四二年的上半年，聚集在柳州的越人團體有越南解放同盟會，越南復國軍（復國同盟會），以及越南國民黨，各黨派團體的幹部計二十八

人。[39]另有各種訓練班的越南青年學生七百零二人,其中女性三十六人。此七百零二人屬於下列的五個訓練班:

(1)西南戰地工作人員訓練班,一百餘人。

(2)特別訓練班,三百餘人。

(3)靖西邊區工作隊,一百餘人。

(4)政治工作隊,四十餘人。

(5)電報通訊班,二十餘人。[40]

　　特別訓練班的人員原是一九四〇年九月在諒山抗法的復國軍,後因失去日軍的支援,不堪法軍的掃蕩,一部分在越瓦解;一部分由黃良及農經猷等率領,退入靠近北越的廣西憑祥縣境內。[41]這一部分退入廣西的復國軍,當時法方曾向中國交涉,要求遣送法方,第四戰區司令長官張發奎予以拒絕。並將這批復國軍調至柳州,給予軍事的訓練。[42]

　　越南國民黨人到達柳州的時期較越南其他各黨派為遲。該黨原在雲南活動,他們之轉往柳州,實受中國方面的鼓勵。當一九四一年十二月太平洋戰事爆發後,遠東及越南情勢又為之一變,美國總統羅斯福(Franklin D. Roosevlt)宣稱凡屬反抗德、日法西斯主義者的個人、團體和民族,都願給予援助。此一宣言,頗引起越人之興奮。[43]此時柳州第四戰區方面對於越南革命黨人,也逐漸採取主動而積極的聯繫。[44]中國官方在太平洋戰爭爆發後首次公開主張越南應獲得獨立地位者,為立法院長孫科一九四二年三月二十三日在重慶《中央日報》所發表的意見。他要求美總統羅斯福和英國首相邱吉爾(Winston Churchill)應宣布一項「太平洋憲章」(Pacific Charter)保證聯合國承認印度、越南、韓國及菲律賓的獨立地位。[45]此一意見,頗引起國際上之注意。越南革命黨人的活動,亦更趨踴躍。一九四二年的上半年,在柳州的越南革命黨人,有聯絡組織革命團體的擬議。但由於派系紛歧,意見不一,互相衝突,祇是紛擾了幾個月,並沒有什麼實際成就。原在雲南活動的越南國民黨幹部

武鴻卿等十人,以進行協調為由,便在這年六月間到了柳州。經過多日的聯絡和商談,決定組織越南革命同盟會。[46]

越南革命同盟會在正式成立之前,曾於一九四二年七月底組織一個籌備委員會,計有十九名籌備委員,九名基本會員。以阮海臣為籌備委員會的主任委員。阮為越南河東人,為一越南老革命黨人,曾在中國雲南、湖南及韶關講武堂接受中國的軍事教育,擔任中國軍職多年。他原屬越南國民黨系的大越黨人。但他當時所登記的經歷,並未註明黨籍。[47]顯然是以無黨派人士的身分,立於超然的領導地位。其餘的十八名籌備委員所屬黨派及姓名如下:

(1)越南民族解放同盟會:張佩公、胡學覽、陳豹、張中奉、范越子、徐志堅。

(2)越南復國同盟會(復國軍):黃良、農經猷、阮廷秋、韋文和、阮文福、鄧光明。

(3)越南國民黨:武鴻卿、嚴繼祖、黎寧。

(4)其他:武鵬翼、梅公毅、楊清民。

基本會員九人有李光華、黎石山等。梅公毅、楊清民是在越南出生的華僑。[48]范越子、徐志堅、武鵬翼、李光華、黎石山等,均為潛伏的越共分子。[49]復國同盟會的代表,多數的教育程度較低。[50]

這一籌備委員會所列的名單,顯然就是未來的正式革命同盟會的基本人選和負責的幹部。在名額的分配上,表現「三三制」的構想,即解放同盟會和復國同盟會各佔三分之一,越南國民黨和其他無所屬佔三分之一。越共分子潛附於解放同盟會中。此一籌備委員會的產生和揍攏,經過很多而費力的折衝。據協助這一籌備工作的第四戰區政治部當時的報告云:

> 「關於此次越南革命同盟會改組案,所有籌備工作已告完成。現在籌備會內工作人員計有越南民族解放同盟會、復國軍。越南國民黨,及土生華僑,共二十八人。經過數月之協調,頗能相與拋棄

成見,共同努力同盟會之籌組。刻以同盟會之會章、政綱、組織綱
要、工作綱領等草案,已經全部擬就通過。並定於八月十日(一九
四二年)在柳州舉行成立大會。為求鮮明旗幟,粉碎敵寇侵越之陰
謀,特定名為越南革命同盟會。」[51]

　　但此項團結的努力迅即失敗。事情的發生,是由於復國軍的代
表黃良持有反對的意見。以致革命同盟會未能按照預定的日期成
立,乃延期為十月一日。其中經過,據張發奎將軍的當時報告云:

　　「為促成越南各黨派精誠團結,期能積極推動工作起見,原定
八月十日改組越盟會(應即指為越南民族解放同盟會)。乃獨立黨
復國軍分子黃良雖經我二年來之優容與啟迪,猶復思想不堅,認識
不足,誤解我國政府援助越南民族獨立之真精神,為攫取越南政權
之陰謀手段。竟散佈中國利用越南革命黨人之謬論,企圖破壞各黨
派團結;進而分化中越民族友誼。經軍事委員會派駐越南革命同盟
會代表梁華盛(即第四戰區政治部主任兼任)查覺,轉請本部(即
第四戰區司令長官部)予以拘留訓誡後,刻黨派成見漸告消除,形
見融洽團結。並擬於十月一日(一九四二年)在柳州成立越南革命
同盟會。今後工作不難展開,以達成政府扶助越南民族之解放
也。」[52]

　　第四戰區方面對於越南革命黨人之援助,所表現的作風,未免
過於急躁和專斷,殊難代表中央政府的態度。而黃良之反華言論與
行動,是否仍未能放棄其復國軍的原有親日色彩,抑或受到越共人
員的影響?根據越南國民黨人嚴繼祖的報告,認為復國軍雖經中國
第四戰區的收容,但無組織;且其思想歧雜,更受越共分子的鼓
動。外表雖說擁護中國抗日,實際仍忠於他們的親日的舊領袖。[53]
嚴更分析革命同盟會籌組時發生糾紛的原因:(一)解放同盟會代
表中的越共人員從中挑撥離間;(二)復國軍之代表能力薄弱,而

慾望過奢，要求過高，不遂則從事擾亂；（三）各訓練班中有少數不良分子，從中挑撥分化，以致互相疑忌。嚴對第四戰區方面輔助的不當，也頗有批評，如訓練班中的中國教官不懂越語等。[54]據一名越共人員的自述：他們為了不使越南國民黨利用革命同盟會來爭取群眾，因此對於革命同盟會採取堅決的反對立場。[55]因此革命同盟會所發生的糾紛，表面上雖出於復國軍代表黃良的反對，實際則有越共人員暗中鼓動，謀使革命同盟會流產，以期打擊越南國民黨的發展。

　　革命同盟會在一九四二年十月一日成立後，其構成的人員，和它籌備時期的人選已有顯著的不同。越共及獨立黨人除陳豹外，均未能在革命同盟會中佔有名額。其構成的職務及姓名如下：

　　執行委員會委員七人：張佩公、阮海臣、武鴻卿、嚴繼祖、陳豹、農經猷、張中奉。

　　常務委員：張佩公、阮海臣、武鴻卿。

　　祕書組長：阮海臣。

　　軍事組長：張佩公。

　　組織組長：武鴻卿。

　　宣傳組長：楊清民。

　　訓練組成：陳　豹。

　　財務組長：農經猷。

　　交際組長：嚴繼祖。

　　東興辦事處：嚴繼祖。

　　靖西辦事處：武鴻卿。

　　龍州辦事處：陳　豹。

　　在昆明，有革命同盟會分會的組織，由越南國民黨人負責。在柳州，辦理會員登記，其對象為各訓練班的越南青年。宣傳刊物，越文版為《越魂》；中文版為《湄公怒潮》，每月出刊一期。[56]

　　就革命同盟會排列的名次及實際權力而言，張佩公居於領袖的

地位。陳豹原屬獨立黨人，已投入張佩公系。[57]張中奉亦屬張佩公系。越南國民黨握有組織、交際部門，及東興、靖西兩辦事處，雲南分會後來亦為該黨所掌握。故越南國民黨在革命同盟會中，亦處於優勢的地位。阮海臣僅擁有虛名，復國軍僅農經猷一人，越共分子則完全被排除。據曾經參與此會工作的楊清民告知夏連蔭（Julie How）說：越共人員之未能加入革命同盟會，是因為阮海臣和張佩公的反對。[58]

越南革命同盟會非常鮮明地揭出「親華、反法、抗日」的宗旨。其章程第二條云：「本會遵照孫中山先生的遺教及中國國策，謀越南民族解放，對內聯合越南一切革命力量，對外聯合中國及世界上各反侵略民主國家，共同反抗侵略者，以爭取越南獨立自由為宗旨。」其政綱第一條有云：「本會最高目的，在聯合全越民眾及中國國民黨，打倒日、法帝國主義，恢復越南國土，建立自由平等之民主國家。」在工作綱領中，有「團結全越人民，武裝戰鬥，以掃除日、法帝國主義在越之一切力量」的規定。其工作內容，分為宣傳、組織、訓練、軍事四大項目。在宣傳方面，著重於反日、反法，及中越的親善；組織方面，先以北圻為重點；訓練方面，注重多數優良幹部的養成；軍事方面，編練革命軍，組織水上游擊隊，要求同盟國供給軍械及技術人員。其作戰計畫，與中國軍隊相配合。[59]

革命同盟會在規章制度上，雖有詳細而具體的辦法，並不能有效的推行其工作；對於越南民眾，亦未能發生號召作用。其主要原因，乃以該會成立以後，內部糾紛迭起；其主要負責人，未能吸收越南各黨派的中堅分子。多數執行委員，離開越南較久，缺乏群眾基礎與號召的能力。[60]越南國民黨雖有朝氣，在雲南亦稍有群眾基礎，但與復國軍系不能相容；[61]更是越共分子集中攻擊的目標。自革命同盟會派嚴繼祖及陳豹到達中越邊境活動後，越共人員即利用越南獨立同盟及國際反侵略越南分會的名義，與之對抗；並在越南

境內向越人宣傳：「要求外國（指中國）援助者，便是越奸。」[62]
其在中國境內，越共與越南國民黨人鬥爭的場合，尤以雲南昆明為
激烈。

　　在雲南活動的越南革命黨人，以越南國民黨及越共兩派為主。
越共在雲南的重要分子有楊寶山、黎松山、宋明芳、[63]阮文敏等，
一般以越南國民黨的「左派」視之。它的對外公開組織為「越南民
眾助華抗敵後援會」，胡志明一九四〇年在雲南時，即利用此會名
義從事活動；對內則稱為「越南民眾運動解放會」（簡稱「解放
會」）。它的外圍團體有越南青勇足球隊、中越婦女救國會、一平
浪越南學校，群眾百餘人，出版有《解放報》。越南國民黨以嚴繼
祖、武鴻卿、武光品等為中心，其群眾團體在雲南開遠者有婦女
團、青年團、潘珠貞童子軍團，及越興學校，在昆明的有潘佩珠童
子軍團、復興學校，及婦女團，群眾六百餘人，出版有《呼聲
報》。革命同盟會在柳州成立後，兩派為組織雲南分會事，發生強
烈的爭執。一九四三年一月十五日，武鴻卿自柳州回昆明，為兩派
合作問題，曾與楊寶山數度談判，均無結果。二月九日，雙方又在
昆明越興餐館談判，解放會出席的代表為楊寶山、黎松山、宋明
芳、王明芳、阮文敏等，越南國民黨的代表為武鴻卿、武光品、趙
越興、楊文鑑等。楊寶山提出的條件，必須改組柳州之革命同盟
會，始能合作。武鴻卿認為須加入為革命同盟會的會員後，再提出
要求，始為合法。雙方意見相左，談判失敗。武鴻卿即逕行通知在
雲南之昆明、開遠、宜良、蒙自等地的越僑推派代表組織雲南分
會。二月十三日，各地越僑代表到昆明集會，選出分會委員。十四
日下午，分會委員就職時，楊寶山突然率領三十餘人闖入會場，指
責分會的選舉為不合法，要求重新改組。當經雲南省政府的列席代
表的勸解，未曾發生衝突事件。二月二十八日，楊又率領數人到越
南國民黨辦事處尋釁，適越南國民黨人武光品臥病在床。楊對越南
國民黨《呼聲報》所載的〈海外真正革命者已參加同盟會〉一文，

提出質問，指責此文有意侮辱彼等為「非革命者」，遂即動手毆武，武因病無力拒抗，乃大聲呼救，四鄰出而勸解始止。武即報告當地警察請求保護。不久楊又糾眾到武處尋釁，乃有警察出而保護，將楊等帶往警察局詢問後釋去。此事始告平息。[64]

　　越共分子以拒絕合作的態度，對革命同盟會進行抵制與騷擾的活動，固使革命同盟會的工作發生障礙；但對越共方面之積極的利益而言，亦無所獲。且革命同盟會之未能對越發生影響作用，並非純因越共分子之抵制與騷擾；而其本身之未能健全，實為主要的原因。一年以後，胡志明以「合作」的態度加入革命同盟會後，益使越南各民族主義黨派的處境，趨於困難。

（三）胡與越南革命同盟會

　　胡於一九四二年八月來華被捕及其被禁期間，越盟與革命同盟會之間固無合作的跡象；即胡在一九四三年九月恢復自由後，甚至胡於一九四四年三月加入革命同盟會時，越盟仍然未與革命同盟會合作，或發生任何形式上的聯繫。胡本人亦未曾承認他是越盟的首領或代表。或謂胡自恢復自由後，即允許其越盟與中國軍方作有效的合作；甚至謂中國當局曾在柳州扶植一個「越南臨時國民政府」（Provisional Repulican Government of Viet Nam），胡是這個政府的一員。[65]這種說法，固非事實；即胡之加入革命同盟會，一面由於他善於表現，而獲得張發奎將軍個人的信任；同時也有中國左傾分子從中助之。

　　胡於一九四二年八月來華，並不是以越盟的代表資格，他是以「國際反侵略會越南分會」的代表名義。其目的，說是赴中國戰時的首都重慶，向蔣委員長「獻旗致敬」，並「請示抗日方針」，和國際反侵略會中國分會聯絡。[66]這可能是表面上的目的。但其真實的目的，北越共黨方面迄有兩種不同的說法，一說胡之此行目的，要會見中共中央，表面上則以國際反侵略會越南分會代表的名義去

重慶。[67]一說是想爭取中國國民政府的援助。[68]後一目的的原因，是胡鑒於越盟使用原始的武器，如刀、矛、古槍，以及從法國人手裡奪來的一些步槍，游擊戰不能夠迅速的發展，於是決定向同盟國家爭取援助。[69]後一說法比較合乎事實。就胡之來華的時間而言，其目的，顯與革命同盟會之在柳州成立有關；同時亦為爭取中國的援助。因為革命同盟會的成立，實即中國援越政策的實施。胡之來華時間，正在革命同盟會發生糾紛而致延期成立之前。他可能認為在柳州活動的越共分子既可獲得參加革命同盟會籌組工作的機會，反而採取拒絕合作的行動，殊屬不智之舉。因此趕往廣西，希圖有所補救，俾能加入革命同盟會，得以獲取中國的援助，以發展其本身的力量。例如他後來在雲南時，告訴一位反對加入革命同盟會的幹部黃光平說：

「不加入〔革命〕同盟會是錯誤的。為什麼不加入呢？他們打開大門讓我們進去把群眾掌握起來。我們為什麼要向後轉呢？他們能成立同盟會，他們就能夠號召群眾。我們要善於利用這個機會加入同盟會，去把敵人的組織，變為我們的組織。」[70]

但胡氏本人顯然也犯了一個錯誤，如果要爭取中國的援助，和加入革命同盟會，應該以光明正大的態度，甚至事先可以經過聯絡談判的方式，不應該偽裝身分，反致被捕，失去所謂「善於利用這個機會」。惟就胡之一貫作風而言，他在中國始終是一個隱身者，玩弄兩面的手法，常能獲得相當的代價。不久以後，他在柳州能夠獲得張發奎將軍個人的信任，正是他表演的成功。例如胡是位共產主義者，並曾反對協同華軍入越，張卻認為：「就其（胡）言語文字推斷，似於三民主義、抗日政策，均有深切了解」；胡半生流浪，富於鬥爭經驗，張卻認為他「行年五十，才思老練」；張更相信胡氏「自稱有二十萬民眾」。[71]張最欣賞胡的地方，是認為他「能服從」。[72]據蕭文的報告，胡在柳州寫過「悔過書」，立誓脫

離共產黨。[73]但胡氏本人卻向其幹部吹噓，說張發奎雖然不喜歡他的政治立場，但對他不免有「三分敬畏」。[74]同時，越南革命同盟會之不能振作有為，也使胡獲得加入革命同盟會的機會。成立一年多的革命同盟會，它的情況大致是這樣的：

> 「越南革命同盟會自去年（一九四二年）十月一日成立以來，已屆週年，惟該會內部派別複雜，意見紛歧。舉其大者有投機主義之張佩、陳豹、張中奉等；有越南國民黨之嚴繼祖、武鴻卿、黃國政等；有被法軍所迫而投入我國之親日派復國軍黃良、農經猷等；有越南之共產黨楊寶山、胡國粹、范越子等。尤以復國軍與越南國民黨爭奪最烈。而在北圻境內之越南共產黨阮愛國（黃國俊）等組織之越南獨立同盟、國際反侵略會越南分會，恃其擁有若干民眾與一部分之勢力，始終拒絕與越南革命同盟會合作，雙方各走極端。」[75]

中國方面對於革命同盟會所面臨之問題，極為關切，曾於一九四三年五月派侯志明將軍出任第四戰區政治部主任兼任越南革命同盟會指導代表。其目的為協助越南各黨派能夠合作，以期集中力量，團結對日。[76]侯將軍以調停者的立場，奔走斡旋於越南各黨派之間，以期促成彼等之團結合作。其辦法，為召開革命同盟會代表大會。此項大會，原定一九四三年九月一日召開。由於各黨派意見未能一致，再展至十一月一日，仍未能實現。其時柳州方面對於越南問題的看法，顯然應將民族的利益高於黨派的利益，認為越盟革命同盟會之間，「雙方各走極端，予帝國主義者以各個擊破之機會，殊為痛惜！」[77]但侯將軍的調解任務，完全失敗。而革命同盟會從一九四三年七月到十二月底，亦完全陷於停滯的狀態。[78]

張發奎將軍認為革命同盟會的內部未能團結合作，是因為指導代表侯志明將軍的「聲望太淺」。實際上，侯將軍是一位堅決的反共鬥士。張要求重慶中央改派「重要大員」擔任指導代表，顯然可

以便易行事，而不必諸事遵從中央的決定。結果張發奎將軍在一九四三年底兼任了指導代表，以侯將軍為副。這一人事上的變動，可能出自胡對張氏的「獻計」。據侯將軍告知作者，張發奎接任指導代表後，將其指導權交給左傾分子蕭文去「全權負責」。[79]

蕭文為第四戰區司令長官部的中將高級參謀。這種職位在當時的中國軍隊中，並無固定的職權。其權力的大小，要看主官的安排。他和張發奎將軍之間有深遠的友誼，他的實際職務是第四戰區外事室的副主任，主任為張發奎所兼任，實際的事務由蕭負責。主要任務，是辦理對法越事務的交涉。蕭氏此人，雖無從確定為一共產黨人。[80]但為一極端左傾反法分子，則無疑問。

張發奎將軍兼任越南革命同盟會的指導代表後，做了兩項重要措施，一為決定釋放胡志明回越；一為改組革命同盟會。釋胡回越的決定，並沒有立即實現，因為革命同盟會的其他越南人士都暗中在激烈地反對。[81]改組革命同盟會的工作，則交給蕭文「全權負責」。因此特別設立了一個「指導代表辦公室」。改組革命同盟會的第一步工作，即為策動召開「越南革命同盟會海外革命團體代表會議」。此會於一九四四年三月二十五日到二十八日在柳州舉行。[82]是以下列七個團體的代表組成之：

(1)越南革命同盟會執行委員七人。(2)特別訓練班（柳州大橋）三人。(3)越南民眾運動解放會（昆明）一人。(4)別動軍越籍工作同志（南寧）一人。(5)越南民族解放同盟會（龍州）一人。(6)大越黨一人。(7)國際反侵略會越南分會一人。[83]

按照上列各團體代表名額的計算，應有代表十五名。經查證結果，其名單為：張佩公、阮海臣、武鴻卿、嚴繼祖、張中奉、陳豹、農經猷（以上七人為革命同盟會執行委員），蒲春律、陳廷川（以上為特別訓練班，即復國軍），黎松山（昆明解放會），胡德誠（龍州解放同盟會），阮祥三（大越黨），胡志明（國際反侵略會越南分會），另有兩名為范文同、阮清同（應屬南寧別動軍及特

別訓練班）。[84]值得注意的，在上列十五名代表中，至少有四名或五名為越共分子。[85]

范文同及阮清同何以能代表南寧別動軍及復國軍？殊堪玩味！但越共分子所代表的團體名義，既非越南共產黨，亦非越南獨立同盟；同時，越南解放同盟會早在兩年前無形解體，越共分子仍在利用它的名義做掩護。因此，越盟和越南共產黨，仍不必對革命同盟會負有任何義務。

這次會議的主要任務之一，即為改組革命同盟會，重新選舉委員。當選為執行委員者為張佩公、張中奉、陳豹、蒲春律、嚴繼祖、黎松山、陳廷川等七人；當選為監察委員者為阮海臣、武鴻卿、農經猷等三人；胡志明和阮祥三被選為候補執行委員。大約在一年以後，胡始遞補陳廷川的缺而為執行委員。在這十二名委員中，可分為五個派系：

越南共產黨：黎松山、胡志明。
越南國民黨：嚴繼祖、武鴻卿。
大越黨：阮海臣、阮祥三。
越南復國軍：蒲春律、陳廷川、農經猷。
張佩公系：張佩公、張中奉、陳豹。[86]

革命同盟會改組的目的，在擴大其組織的基礎，容納較多的黨派，使能對越南獨立運動發揮效能。改組後的革命同盟會，加入胡志明的一系，和提高復國軍的地位，削弱了越南國民黨的力量。但胡及越共人員既未以越盟的資格加入革命同盟會，越盟當亦不受革命同盟會的指導和約束。相反地，由於各黨派地位的均衡，不僅未能促成他們的團結合作，而且民族主義派和共產主義派在革命同盟會中發生對峙之局；會務不僅無法進展，而且日益衰退。[87]因此，改組後的革命同盟會，反而成為越南各黨派鬥爭的場合。半年以後，終於實現了胡志明所說的：「把敵人的組織，變為我們的組織。」

　　根據一般的說法，認為一九四四年三月在柳州舉行的革命同盟會海外革命團體代表會議中，曾由中國方面扶植一個「越南臨時國民政府」，胡且被指派為這個政府的一名「閣員」（portfolio）。[88]其他「閣員」尚有阮海臣、武鴻卿、黎松山、蒲春律、嚴繼祖，而以張佩公為這個政府的「主席」。[89]此一說法，已為西方研究近代越南問題者所承認，進而肯定中國對於越南有領土的野心。今據中國方面當時的資料，此一說法，並非事實。

　　其時在中國的越人，以「越南國民政府」的名義做號召者，為一名越共投機分子武鵬翼，又名武飛，自填學歷為中國「北洋大學」。據中國方面之調查，彼於一九四二年自陝北中共區到達廣西。秋間，一度去重慶。聲稱彼已在越南高平地區組織臨時政府。[90]這年十一月，他和劉公正等十七人以「安南共和國國民政府籌備委員會」的名義，自柳州向中國政府提出報告及各種計畫，要求中國給予援助，並開列許多條件。[91]中國方面以其招謠撞騙，未予理會。第四戰區對於這些越人的活動，曾加以制止，彼等遂往中國第七戰區廣東韶關繼續活動。[92]一九四三年十一月，彼等又以「越南國民政府籌備委員會」的名義自韶關致函重慶中央，要求中國給予「優待及保護」；並委派一位中國老革命黨人潘林雄擔任他們「政府」的「駐中國聯絡委員」。[93]潘將此事向重慶中央請求指示，他所得到的答覆是：「該政府籌備委員會未經中國承認，不宜受其委派。」[94]

　　由於「越南國民政府」這個名義經常在中國出現，乃引起中國當局的注意。遂將這一問題送給越南革命同盟會去處理。革命同盟會對此問題所表示的意見大要如下：

　　　　關於組織越南國民政府問題，一九四二年八月越南革命黨人曾經熱烈發表討論於一時，旋即趨於沉寂。……就吾人所知，成立政府與否，越南國內各黨派亦曾經有所討論。少數主張成立政府；但

多數則主張俟環境順利，而自身有可觀之力量，及有一根據地時，方可成立政府。以之推動作戰，方能有力。另一理由，認為臨時政府之成立，須為一足夠信任的機構，有人才有魂力，並有優秀分子在國外從事活動，方有可能；否則烏合組成，成立一個有名無實的政府在國外，僅是一種無謂的危險；群眾且視之為流氓組織而厭棄之。因此成立臨時政府問題，雖經討論，而反對的理由充足。故組織臨時政府之議，乃告停止。95

上述「越南國民政府」問題，發生在一九四三年底及一九四四年初。但在一九四四年三月革命同盟會改組以後，是否另有一個「越南臨時國民政府」在柳州？夏連蔭曾就這個問題多次探問張發奎將軍。張每次均答他不能想起任何越南臨時國民政府曾在中國成立。夏也訪問過那時在柳州參加越南革命活動的楊清民，問他知不知道有個越南臨時政府曾在中國成立？楊答沒有這件事。96

但據一位越南國民黨人馮自決一九四五年五月的一項報告，證明主張要在中國成立一個越南臨時政府者，實出自越共方面。據馮報告，彼時曾有越共三名代表到達中越邊境之東興，向中國第四戰區提議召開越南同盟會代表會議，組織越南臨時政府，以便對越發動政治攻勢。97此一提議並無結果。中國有關人士亦不贊同，理由如下：

> 「越南革命黨派分歧，難能左右越南局勢。共產黨居中把持操縱，挑撥離間；又虛張聲勢，策動組織臨時政府，對法採取敵對態度，勢必引起法方誤會，影響同盟國家團結。倘不顧及國際環境，竟公開扶植越南革命黨建立臨時政府，其結果，不但徒勞無益，且為盟國所不取。審度時勢，殊為失策。」98

因此，所謂中國扶植下的「越南臨時國民政府」之說，可能得自少數越人當時的宣傳。同時，胡雖加入革命同盟會，並未將其越

盟的勢力加入。但胡藉革命同盟會的合法地位，對他以後打擊越南
其他黨派及其回越活動，卻有很大的用途。

1 Philippe Devillers, Histore du Vie-Nam de 1940 à 1952, p. 104.

2 Fall, p. 99.

3 Tran Dan Tien《胡志明傳》，一二〇頁，記胡經過十五天的旅程，始到中國
　的一個鎮市被捕。胡被捕為八月二十九日。依此計算，胡離藍山時間應在八
　月十五日左右。惟武英記胡離藍山在是年七月（《胡伯伯》，一五二頁）。

4 《胡伯伯》，一五二頁。

5 張發奎報告，民三三、一、二三（柳州，原件）。

6 張靜廬《中國現代出版史料》第四編第一冊，三三七～三四七頁。

7 張發奎致吳鐵城函：民三一、一二、二七（原件）。按吳當時任中國國民黨
　中央執行委員會秘書長。

8 《胡伯伯》，一五三頁。

9 同上，一五二～一五三頁；一七五頁。

10 同上，一六五頁。

11 同上，一五二頁；一七六頁。

12 同上，一七五～一七六頁。

13 嚴繼祖致中國國民黨中央執行委員會報告、一九四二、八、一六（重慶，原
　件）。

14 第四戰區政治部報告，民三一、一〇、二九（原件）。

15 《胡伯伯》，一五三頁。

16 同上，一三三頁。

17 Foreign Relations of the United States, 1942, China, p. 730. Washington D. C.
　1957.

18 孫科致吳鐵城函抄錄原電，民三一、一〇、二九（重慶）。

19 據胡志明《獄中日記》，胡被捕後行程順序為：靖西——龍泉——田東——
　天保——隆安——同正（一九四二年十一月二日）——南寧——武鳴——來
　賓（乘火車）——柳州（十二月九日）——桂林——柳州。

20 吳鐵城致張發奎電報原稿，民三一、一一、九（重慶）。

21 張奎發復吳鐵城十一月九日及十二日的電報，民三一、一二、二七（柳州，原件）。

22 此一通訊原文為法文，蓋有「國際反侵略會越南分會」的圓形圖章。一九四三年一月十八日，由中國國民黨中央調查統計局譯為中文。

23 Tran Dan Tien《胡志明傳》，一二三頁。

24 何應欽《越南情況報告》，民三四、一〇、八（原件）。按何當時任中國陸軍總司令。此報告為其到河內視察後所提出。

25 蕭文《對越南各項問題之解答》，民三五、一一、一（南京，原件）。按蕭在二次大戰期間，任第四戰區外事室副主任，負責對越交涉及越南革命黨之聯繫。對胡同情。蕭的《解答》係對國民黨中央提出有關越南及胡的各項問題之書面答覆。

26 軍事委員會桂林辦公廳主任李濟深致吳鐵城電報，民三二、一、二九（原件）。

27 Tran Dan Tien《胡志明傳》一二三頁。

28 王之五報告，民三二、九、二二（柳州，原件）。

29 侯志明將軍覆作者的信，民五五、九、一（臺北）。時侯將軍寓臺北。一九四二年十月，越南革命同盟會在柳州成立時，中國為援助越南革命黨人爭取獨立，派有指導代表，與革命同盟會聯繫，並為之解決問題。此項代表係代表國民政府軍事委員會，並非屬於第四戰區。指導代表原由第四戰區政治部主任梁華盛將軍兼任。梁於一九四三年五月調職，由侯繼任。至一九四三年十二月，由張發奎將軍兼任，侯為副代表。

30 據胡志明《獄中日記》。

31 王之五報告，民三二、一〇、一八（柳州，原件）。

32 一九四二年十月二十九日第四戰區政治部的報告，尚未能確定「黃國俊」即係「阮愛國」。

33 《胡伯伯》，一五三頁。

34 同上，一五三～一五四頁。

35 侯志明覆作者的信。

36 張發奎答作者及 Julie How 在香港的訪問。

37 張發奎報告，民三三、一、二三（柳州，原件）。

38 張發奎答作者及 Julie How 在香港的訪問。

39 《簡歷表》。

40 嚴繼祖報告，一九四二、八、一六（重慶，原件）。

41 農經猷致吳鐵城函，一九四七、八、一，函云彼等於一九四〇年率千餘人退入憑祥縣境內，未久經中國收容，集中柳州訓練。訓練後，分派至各縣工作。

42 張發奎答作者及 Julie How 的訪問。

43 Tran Dan Tien《胡志明傳》，一二頁；呂毅《越南人民反帝鬥爭史》，一四三頁。

44 據王之五報告，民三〇、一二、二一（柳州，原件）。謂第四戰區於民國三十年十二月二十一日決定加強對越南的宣傳工作，其辦法之一，為約請越南革命領袖輪流草擬演講稿，每週三次，由國際電台向越南民眾廣播，報導同盟國家之重要消息。

45 Foreign Relations of the U. S. 1942, China, p. 720.

46 嚴繼祖報告，一九四二、八、一六（原件）。

47 《簡歷表》。

48 同上。

49 李光華即黃文歡。黎石山似即黎松山，范越子，徐志堅為越共在雲南之「越南民眾運動解放會」（簡稱解放會）的人員。武鵬翼又名武飛，一九四二年由陝北中共區至廣西，並曾至重慶（據中國國民黨中央海外部報告，民三二、三、二四）。

50 據《簡歷表》，該會之代表教育程度以小學或私塾佔多數。

51 第四戰區政治部報告，民三一、七、二八（柳州，原件）。

52 張發奎報告，民三一、九、二五（柳州，原件）。

53 嚴繼祖《越南革命黨派略史》。

54 嚴繼祖報告，一九四二、八、一六。

55 《胡伯伯》，一三五頁。

56 越南革命同盟會指導代表梁華盛報告，民三一、一〇、二四、及二八（柳州，原件）。

57 王之五報告，民三一、一〇、一八（柳州，原件）。

58 Julie How 訪問楊清民，一九六六年十一月十三日於香港。

59 《越南革命同盟會章程、政綱、工作綱領》，越南革命同盟會印，一九四二、一〇、柳州。

60 中國國民黨中央海外部報告，民三二、三、一五（重慶，原件）。

61 王之五報告，民三二、一〇、二三（柳州，原件）。

62 中國國民黨中央海外部報告，民三二、三、一五，及四、二四（原件）。

63 楊寶山，經歷未詳，據張發奎之報告（民三三、八、七，原件）：楊為北圻
建安人，三十歲，業商。黎松山，據Julie How訪問楊清民：黎在北越政權成
立後，曾任軍區司令員；中共政權成立後，任駐昆明領事。宋明芳在一九四
六年冬法越戰爭時，曾攜大量金錢，代表北越政權至香港購運物資。

64 中國國民黨中央調查統計局報告，民三二、三、一八（重慶，原件）。

65 Fall, p. 63, 100; Philippe Devillers, p. 109; I. Milton Sacks, Marxism in Vietnam,
in Trager, p. 149.

66 張發奎報告，民三三、一、二三（柳州，原件）。

67 《胡伯伯》，一五二頁。

68 《胡主席》，一六頁。

69 Tran Dan Tien《胡志明傳》，一二〇頁。

70 《胡伯伯》，一三五頁。

71 張發奎報告，民三三、一、二三。

72 張發奎答作者及 Julie How 的訪問。

73 凌其翰《對蕭文所撰扶助越南獨立方案之批判》，民三五、一〇、三一（南
京，原件）。

74 《胡伯伯》，一三七頁。

75 王之五報告，民三二、一〇、二三（柳州，原件）。

76 何應欽將軍復吳鐵城函，民三二、一二、二二（重慶，原件）。

77 王之五報告，民三二、一〇、一八（柳州，原件）。

78 越南國民黨海外執行報告，一九四五年、一、二〇（原件）。但據 Fall, p.
99-100. stated that when Ho was released from prison, he agreed to cooperate with
Chiang (Chang) Fak'uei in the formation of a unified Vietnamese revolutionary
organization⋯the Viet-Minh, was to e a full-fledged memer. That unification
conference, held in Liuchow on Octoer 4-16, 1943, produced few tangile results，
此說顯與事實不符。

79 侯志明覆作者的信。

80 侯志明覆作者的信，謂當時張之左右有數名中共分子擔任他的機要工作，其
中之一即為蕭文，便是「大家共知的共產黨員」。按蕭後來在廣州擔任中共
「廣東人民會議」的「代表」。

81 Tran Dan Tien《胡志明傳》，一二六頁。

82 中國方面的資料，謂此會於一九四四年春在柳州召集。據 Fall, p. 100, stated that the reunification Congress, held at Liuchow on March 25-28, 1944.當指此會而言。

83 越南革命同盟會指導代表辦公室報告，一九四三、一二、二三（柳州，原件）又據越南國民黨海外執行部報告（一九四五、一、二〇），指出此項會議之團體為（一）幾個國家主義之團體代表；（二）無黨派之個人；（三）幾個共產主義之團體代表，包括(1)昆明之越南民眾運動解放會；(2)桂越邊境之國際反侵略會越南分會；(3)民族解放同盟會龍州辦事處。

84 十五名代表名單的來源：(1)根據革命同盟會的執行委員；(2)據 Philippe Devillers, p. 109.有十三名，無嚴繼祖及陳豹；(3)一部分名單併見 Tran Dan Tien《胡志明傳》，一二六頁，如阮祥三等。

85 越共分子名單為黎松山、胡德誠、范文同。阮清同亦為越共分子。

86 邢森洲《越南情況報告》，民三三、五、二五（原件）。

87 同上。

88 Fall, p. 63, 100; Trager, p. 149.

89 Philippe Devillers, p. 109.

90 中國國民黨中央海外部報告，民三二、四、二四（重慶，原件）。

91 武鵬翼一九四二年十一月四日自柳州向重慶中央提出的文件有「代電」、「建國綱領」、「組織法」、「政府籌備委員名冊」等。提出的條件有（一）請求中國第四（廣西）第七（廣東）戰區及地方政府給予援助及活動之便利；（二）以越南全國關稅、鹽稅、鐵路及礦產之利為抵押，派代表與中國政府商訂借款條約；（三）一俟借款到手，即編組軍隊，宣告成立越南國民政府；（四）祕密與中國合作，並請中國國民黨扶植援助。

92 張發奎致中國國民黨中央秘書處函，民三三、一、六（柳州，原件）。

93 「越南國民政府籌備委員會」代電，一九四三、一一、二〇（原件）。按潘林雄曾於一九一〇年在廣州參加新軍起義。戰時，潘在韶關任《中國報》社長。

94 中國國民黨中央秘書處覆潘林雄函，民三三、二、一（原稿）。

95 此一文件為草書原稿，無日期，亦未署名。為革命同盟會的語氣，似在一九四三年底或一九四四年初。原件文字欠流暢，似為嚴繼祖的手稿。全文甚長，作者據其原意摘要而成。

96 Julie How 致作者的信，一九六六、一一、二〇、香港。
97 邢森洲報告，民三四、五、一八（原件）。
98 同上。

第十章

越南問題之僵局與
左傾反法勢力之合流

（一）中法在越關係之僵局

　　有些人認為中國當局，尤其是中國西南軍事當局，扶植越南革命黨人，是懷有侵略越南的野心。這種觀點，顯然忽視了法在越南的統治，不僅給予越人以極大的痛苦，即中國亦同受其危害。按照當時越南的情況，以及中法在越南的關係，中國之希望越南獲得獨立的地位，不僅是基於歷史文化的關係，而且基於共同的利害。胡志明卻掌握了這一利害的關鍵，造成他回越的機會。

　　張發奎將軍之決定釋胡回越，正是中法在越關係趨於緊張惡劣之際。法在越南所表示的畏強凌弱及其「挾日以自重」的作風，實為造成胡氏利用中國左傾反法分子的絕好機會。

　　中法在越南之關係，雙方曾於一九三〇年五月訂有《關係專約》。關於法方給予中國方面的便利，規定凡中國政府所裝運之一切軍用物品，以及軍械軍火通過越南東京境內時，均應免稅及不受限制。[1] 此一專約，在中日戰爭的初期，頗使中國獲得不少的便利。但自一九三八年春以後，法以歐洲形勢險惡，其實力已難維護他在遠東的利益，對於亞洲方面中日問題的態度，日趨疏遠與中立。對於中國在歐洲所購之軍火通過越南時，多所顧慮與限制。[2]

一九三九年九月歐戰發生，法在越南更進一步的暫行禁止對華運輸。[3]法方此舉，亦有迫使中國對日讓步與妥協的意圖；而其基本的立場，則為維護其在中國的利益。這年九月二十日及二十八日，法政府外交當局向中國駐法大使館表示：

> 德攻波蘭，蘇聯派兵入波蘭，與德分贓，證明德、蘇完全合作。法方之意：惟有聯日對蘇以為對抗。但中日戰爭不了，日亦不能自由對蘇。故有設法調停中日問題。日本在華組織「中央政府」（按指汪精衛在南京之偽政府），勢在必行。而英、法權益既然均在中國淪陷區，日必要挾英法承認其所組織之「中央政府」。

> 實際上，英、法不得不與該政權往來。為不願引起中國方面之誤會，希望中國能自動組織一個足以包括「全國政權」之總機關，對日談判。而英、法在華各項特權即須交還，亦必交與代表「整個中國之政府」。[4]

法為本身利益，不惜犧牲中國的意圖，實至顯明。但中國處於孤軍對日作戰之際，所希望者為中、英、法、蘇結成一條反侵略的聯合戰線，以對抗德、日之侵略，當亦不能為法方所重視。迨一九四〇年六月，法在歐洲為德國所擊敗，日本即趁機壓迫法駐越南總督卡特魯（Catroux）下令封閉越南對華交通。九月二十二日，繼任的法駐越南總督戴古（Decoux）更與日本簽訂《越日協定》，同意日軍在越登岸，並允許日軍借用北越三處空軍基地。當時中國方面，仍希望與法越當局合作，共同抵抗日軍之入越。法維琪（Vichy）政府不僅斷然拒絕，且以「聯合日軍攻華」為威嚇。[5]迨九月二十七日，德、義、日三國同盟簽字後，日軍進駐越南，已無須遵守《越日協定》的限制。該協定雖規定入越日軍不得超過六千，但進入諒山的日軍已達二萬，在海防登陸的亦逾萬人，日軍司令部則移設河內。[6]中國西南後方的昆明，自十月七日及十三日以後，連續遭受來自河內附近嘉林（Gia Lam）機場的日本空軍之攻

擊和轟炸。[7]

　　一九四一年七月二十九日，法維琪政府復與日本簽訂《共同防守法屬印度支那議定書》。[8]越南局勢又起劇變。法在越南失去主宰的地位。法越軍事重心移向北圻及寮國，專事替日本防備華軍。十二月八日，太平洋戰爭爆發，根據同盟國的宣言，越南劃入中國戰區。中國政府通知維琪政府，中國在越南應與日本享有同等的便利，如有必要，華軍得進入越南。越督戴古深懼華軍任何對越試探，均足招致日軍推翻法在越南之統治。他一面警告維琪，不能允許中國或美國軍隊在越取得便利；[9]同時向中國第四戰區表示：「法無意助日攻華」。[10]直接雖向中國表明態度，間接亦有藉日以嚇阻中國之意。

　　法在越南雖然受制於日本，但對中國的態度並不友善。尤其居留越南的華僑，飽受法越當局的摧殘。根據中國的觀察與了解，法越當局對於日本的壓迫，表面忍辱，以期緩和被日吞滅之時機；為防止日本對越人之政治分化，故對越人示以寬大，使之效忠法國；暗中則監視與消滅親日之勢力。對於居留越南之華僑，則採取嚴厲壓迫的手段，禁止華僑作任何政治性的活動，並限制其營業；越南之遭受法方拘捕、勒索與虐待情事，較過去尤為嚴重。但投入日偽組織之華人，藉日本勢力以為保護者，法方則不敢過問。[11]法越當局對於和中國有關係的越人，亦採取鎮壓防範的措施，凡在中國受過訓練的越南青年，嚴防其回越；其已回越者，則密令查緝捕殺。[12]按照越督戴古的想法，為了維持法在越南的殖民利益，他要做到忍辱負重的程度，對於日本的要求，則盡量遷就忍耐，以避免日本消滅他在越南的行政權。他希望他的總督府能夠支持到日本戰敗時期，屆時俾可安排日軍的一項和平撤退。他認為萬一激怒日本，其行政權必被推翻；如果代以安南和高棉的日本傀儡政權，法在越南的統治權將很少有和平恢復的希望。[13]戴古這項如意盤算，日軍後來並未允其實現。

　　中法在越關係之趨於緊張，是自一九四三年八月起，中國與維琪法國斷絕外交關係，收回滇越鐵路雲南境內一段的管理權。並承認戴高樂（de Gaulle）在北非阿爾吉斯（Algiers）所領導的反軸心國家的法國民族解放委員會（French Committee of National Liera-tion）。同時，盟軍方面為計畫在緬甸對日作戰，這年八月，隨羅斯福和邱吉爾魁北克會議（Quebec Conference）之後，成立東南亞盟軍指揮部，而以蒙巴頓將軍（Admiral Lord Louis Mountbatten）為統帥。[14]中國戰區參謀長史迪威（Joseph W. Stilwell）亦建議對緬甸、泰國、越南整個作戰計畫及統一指揮等問題，加派部隊準備側擊河內，以減輕越南日軍進攻雲南之危險。這一情勢的發展，迅即引起越南的波動。在中國方面，盛傳駐越日軍要進攻中國之雲南及廣西；在越南方面，亦盛傳中國軍隊將入越進攻日軍。維琪法國和戴高樂的自由法國，雖然分別屬於兩個敵對的陣營，但對中國軍隊入越進攻日軍所採取的反對立場，則屬一致。不過前者藉日軍勢力以為嚇阻；後者則在運用同盟國家的壓力。

　　維琪法國方面，初對中國軍隊入越問題表示關切者，則為維琪之駐廣西龍州領事奚居赫（譯音）在其一九四三年八月二十二日前往越南後，於九月七日返回龍州時，攜來越督戴古的意見如下：

> 「越南日軍，迄無自越進攻中國雲南、廣西的跡象。兩月來，日方並未增兵越南。現日軍在越總數仍為二五、〇〇〇左右。外傳日軍近擬進攻雲南及廣西之說，恐係謠言。至外界所傳在兩個月前越日訂立軍事密約共同進攻雲南一事，戴古囑向中國表示：法係戰敗國，越南遠離本土，軍備又甚薄弱，故對日方之壓迫，不得不忍辱負重，虛與周旋；然心中已甚痛苦，法人無不希望中國及同盟國勝利。過去固無與日密約進攻雲南，且敢保證將來亦無此事。至法越當局劃中越邊境各省為前哨地帶一事，並未切實執行。希望中國對其處境予以諒解，隨時給予協助，解決雙方困難問題；尤望雙方

能切實約束邊界部隊,及清勦邊匪,避免一切糾紛,以免日方藉口邊界多事,增兵桂越邊境。」[15]

其時越南方面,盛傳中國軍隊將於十月間大舉入越,進攻日軍。法越陸軍總司令莫登(Mordant)派其第二軍區司令兼高平留守使呂奧(Reul)為代表,於一九四三年十月三日密至廣西邊境之隴邦,會晤中國第四戰區靖西指揮所主任陳寶倉將軍,謂彼此次來會,為保守祕密起見,未向越督戴古報告;但彼相信莫登總司令必已報告戴古。彼向陳將軍表示:

> 「照目前情況觀察,日人不致向法越軍襲擊或解除武裝。但如中國在邊界發動事件時,日人必藉口法人不予抵抗或能力不足,而趁機解決法越軍。但法越政府之立場,不論中、英、美及日本任何一方,有向法越政府侵犯者,法越軍必起而抵抗,以維護法人之利益……一般法人均有懷疑中國軍隊有襲擊越南之可能。倘華方發動戰爭,則法人為維護身家性命,亦必起而抵抗。」[16]

自由法國方面,戴高樂之法國民族解放委員會駐華盛頓代表賀卜那(M. Henri Hoppenot)於一九四三年十月二十日向美國國務院提出一項備忘錄,表示強烈的反對盟國利用華軍進攻越南之日軍。他表示:「關於中國進攻越南的計畫,假如這項消息確實的話,阿爾吉斯委員會必須鄭重的促起美國政府注意其極端的危險性。中國進攻北越,勢必立即招致全越人民起而反抗同盟國家。」彼所持之理由,認為中國人過去屢犯安南的邊疆,實為越人之世仇。次日,賀卜那又往訪助理國務卿貝爾(Adolf A. erle, Jr.),重申反對華軍入越進攻越南日軍方意見,並要求美國阻止華軍參加對越日軍的戰鬥。彼向貝爾表示:如果華軍入越攻擊日軍,將不會獲得法任何的支持。同時,法方準備將此問題向太平洋作戰會議(Pacific War Council)提出。貝爾認為,法之此舉,藉在獲取英國和荷蘭的支

持。[17]法方此種誣衊中越民族關係的讕言，並不能為美國當局所同意。在代理國務卿斯退汀紐斯（Edward B. Stattinius）呈給羅斯福總統的備忘錄中，認為賀卜那的見解「不符事實」。他認為絕大多數的越南人，與中國人的友情和文化上，都有密切的關係。羅斯福總統亦完全同意國務院方面的意見；且認為在實質上是一項軍事問題。[18]

總結法在越南的立場，無論是維琪法國，或是自由法國，其反對中國軍隊進攻越南之日軍，均為其一致不變的方針。站在法國的觀點，認為中國軍隊入越，必使日軍獲得藉口吞併北越；但其主要的顧慮，一旦華軍入越，越南將非法國所有。[19]站在同盟國家的立場，越南問題，不僅在理論上成為反侵略戰爭的一種矛盾諷刺；在事實上，亦成為盟國對日作戰的一種障礙。這一問題的解決，顯有兩種趨勢，一為中國所主張的越南獨立；一為美國所主張的國際托管越南。關於托管越南的問題，羅斯福總統於一九四三年三月二十七日白宮會議時曾向英國外相艾登（Anthony Eden）提出。同年十月，並訓令國務卿赫爾（Cordell Hull）在其出席莫斯科會議時，將其托管越南的意見，告知蘇聯。[20]十一月間，中、英、美三國首長在開羅會議時，羅斯福總統又將其托管越南的意見向蔣委員長提出。蔣委員長原則贊同，但主張中國和美國應盡力幫助越南在戰後獲得獨立。[21]中國主張越南獨立問題，根據中國文件的記載，蔣委員長出席開羅會議時，曾向羅斯福總統提議：「可否先行發表一個宣言，主張越南戰後獨立。」羅斯福總統聽了蔣委員長的提議，便笑了起來。因此蔣委員長建議，此一問題，留到戰後再談。但為表明中國沒有佔領越南的野心，當時蔣委員長亦有明確的表示。[22]此項表示，據羅斯福總統的記述：在開羅會議時，他提議將越南送給中國。蔣委員長表示不願接受。羅斯福總統即問蔣委員長如何長期訓練越人自治。蔣委員長認為越南不應交還法國，因為法人統治越南幾近百年，並未盡其訓練越人之責；他們在越南，只是有取無

與。最後由羅斯福向蔣委員長提出越南置於國際托管之下，由中、法、蘇、美。菲律賓各派代表一人，越人二人，成立托管組織，訓練越人建立自治政府。此一建議，在十一月間的美、英、蘇三國首長德黑蘭會議（Teheran Conference）中，也獲得斯大林的贊同。但其結果，卻受到英國首相邱吉爾的阻撓，以致托管越南計畫未能實現。使得羅斯福總統大為惱火。[23]中國軍隊入越對日作戰問題，既受到法方強烈的反對；越南地位問題，更為中、美兩國所重視。英、法既無意放棄其遠東之殖民地；對中國在東南亞之作戰計畫，亦多所牽制。因此中國之扶助越人謀求獨立，反抗侵略，在理論上與事實上，均無可議之處。惟由於越南各民族主義黨派，自一九四二年十月成立革命同盟會以來，未能有所作為，而中國第四戰區司令長官張發奎將軍為求配合對越作戰，亟需協助越南革命黨回越以為響應。[24]胡志明則因緣時會，為張發奎將軍所賞識。胡亦識破張發奎的需要，他加入革命同盟會後，便以「爭取外援，團結內部」為號召，[25]以迎合張的希望。但他在未獲得張的實惠以前，似又不願將其越盟勢力作為「合作」的資本。一直到一九四四年五月，由於越盟不堪法軍的掃蕩後，始見「合作」的行動。加以法方「挾敵（日本）自重，對華傲慢無禮」，[26]終致促成左傾與反法勢力的合流。使越南國民黨成為中間的犧牲者。

（二）左傾反法勢力的合流

當法方反對中國軍隊入越以對日軍作戰時，法越當局亦自一九四三年十一月，開始掃蕩北越高平地區的越盟勢力。鑒於當時法方一再強調中國協助越南革命黨在邊界活動以破壞所謂中、法感情，法方此一掃蕩越盟的行動，亦似在消滅「親華」的革命勢力，剷除華軍入越的內應力量。同時鑒於法越第二軍區司令呂奧向中國方面所作的表示，謂「日本對法越尚無其他超越條約之不法行為，在表面上對於法越軍之行動，未加干涉」；並謂「日人對北圻已不感覺

任何興趣」，[27]似對中國方面暗示，彼在高平地區之軍事行動，將不致受到日軍的干涉。事實上，自法越軍對越盟進行掃蕩後，亦未受到日軍的干涉。

根據法人的記述：法越當局自一九四三年十一月開始對高平第二軍區內的越盟分子進行清除工作後，由於採取一項「面對現實的政策」（a policy of presence），獲得當地居民的信任與合作。故其清除工作，至為順利。到一九四四年一月，對越盟之攻擊已獲致效果。各地越盟勢力漸被清除，大多化整為零分別逃避。同年夏季，法越軍已大致完成第二軍區的控制。[28]但據武元甲的記述：法方此項掃蕩工作，反而造成越盟勢力的集中與鞏固。他們對付法軍掃蕩的辦法，是成立許多「祕密小組」，去聯繫群眾。將各地的越盟活動範圍縮小，把力量集中起來。因此當許多地區被法軍掃蕩後，越盟活動仍可迅速的恢復起來，並逐步發展到武裝鬥爭。各「祕密小組」成了地方革命運動的支柱。各州都因此而建立了脫離家庭的武裝隊。但其南進活動，仍在繼續，打通了被切斷的「群眾交通線」。

因此，由於法軍的大掃蕩，反而使越盟幹部及其群眾的精神，更能獲得鍛鍊，成為準備武裝起義的必要條件。[29]武元甲的記述，雖不免自我渲染，但因法軍之掃蕩，將一些游離分子逼成越盟的死黨，或為事實。

法越當局對於中國方面所採取的防備措施，亦隨其清除越盟工作之獲致效果而有加強的趨勢。如一九四四年六月，法越當局命令北越各鄉村的居戶，凡有子弟逃入中國者，應限期促其回越自新；否則即拘捕其家長，燬焚其房屋。同時自高平至廣西邊境一帶，因革命嫌疑而被法軍焚燬的房屋，達數十起之多。[30]在宣傳上，法方亦在歪曲事實，挑撥中越民族的情感。[31]軍事上，中越邊境亦曾發生衝突事件。一九四四年五月二日，雲南邊界新店的中國軍隊，受到法軍的襲擊。

　　中國軍隊被擊斃十名，被俘去軍官三十名之多！中國軍隊為施行報復，亦將河陽區官巴之法方士官一名，兵四名擊斃，俘其軍官麥尼埃（譯音）中尉。[32]駐在中國雲南的法國戴高樂分子及其「法國軍事代表團」（French Military Mission）亦在雲南積極進行爭取越僑，及製造中越不和的活動。尤其中國接管滇越鐵路後，法人對華充分不滿，彼等利用親法之越籍工程司武珀等拉攏鐵路之越南工人，祕密組織「中越文化協會」，聯絡雲南及廣東籍的鐵路工人，要求加薪，並排斥新進的中國北方各省籍工人及與越南國民黨有關之人員。法國軍事代表團不僅允許「中越文化協會」在其機關內開會，且以正式文件通知中國雲南地方當局，稱聲越南革命同盟會雲南分會將在滇越鐵路實行暴動及驅逐法人。[33]

　　凡此一連串的事實，足以表現法人之「對華傲慢無禮」，促起反法勢力的抬頭。越盟卻適時利用這一機會，向柳州方面進行「合作」。儘管武元甲事後的解說，認為法越軍之大舉掃蕩，反而促成越盟力量的集中與鞏固；但當時越盟不堪法越軍的壓力，而改變它對中國的表面態度，則至為明顯。素來拒與柳州方面「合作」的越盟，突於一九四四年五月四日派其代表黃國魂到達靖西，向中國第四戰區請求准許他們在必要時，將婦孺及青年撤至廣西境內。

　　第四戰區則同意在必要時，准許其婦孺撤至廣西。[34]這一初步試探性的接觸，似已促成進一步「合作」的可能。六月間，越盟人員黃文歡（化名李光華）由北越到達柳州，似在進行一項「合作」任務。據重慶中央所獲報告云：

> 「越南革命黨在越南境內活動力量最大者，為北圻之獨立同盟（越南共產黨）。兩年來，始終拒絕與柳州之越南革命同盟會合作。但最近因法越軍施行『以苗制越』之毒辣手段，越盟自朔江至河陽一帶之根據地多被消滅，乃一反其過去之不合作態度，虛與我方當局（指第四戰區）周旋。六月間（一九四四），越盟幹部李光

華（即黃文歡化名）赴柳州佈置與越南革命同盟會聯絡事宜。越盟
人員在柳州者為胡志明；在龍州者為胡德誠；在靖西者為張德
勝。」35

　　黃文歡在柳州談些什麼問題？如何佈置和革命同盟會的聯絡？
雖未能見到詳的報告，但他在一九四四年七月八日偕同胡德誠由龍
州到靖西時，發現他「因政治路線問題，對於柳州的越南革命同盟
會之措施表示不滿；對於中國國民黨之支持越南革命黨，尤多抨擊
之詞！」36可知他在柳州所談的問題，不僅涉及革命同盟會問題，
而且也涉及中國國民黨之支持越南其他革命黨派問題。在此以後不
久，胡即獲得張的釋放；柳州方面的左傾人士更為胡氏清除了革命
同盟會中的異己黨派。此舉亦含有反對中國國民黨的意圖。
　　幾乎在黃文歡到達柳州的同時，張發奎將軍於一九四四年六月
六日以越南革命同盟會指導代表的名義，決定派蕭文去昆明「指
導」革命同盟會雲南分會的改組事宜。37此一決定，頗引起越南國
民黨的強烈反對。因為雲南分會在越南國民黨人武光品的主持下，
在雲南的越僑中，以及在中越邊境，已建立相當優勢的基礎。它在
雲南的會員，已達一千六百多人。38在中越邊境之東興、靖西、文
山、河口、蒙羅、金平及江城等地，亦次第建立工作站，其主持人
均為越南國民黨的幹部。39越南國民黨控制下的革命同盟會雲南分
會，由於獲得中國方面的支持，並具有合法的活動地位，故與越共
分子所組織的越南民眾運動解放會（簡稱解放會）爭取群眾時，解
放會處於不利的地位。40因此，革命同盟會雲南分會自一九四三年
初成立以來，即為越共分子奪取或破壞的目標。但經過左傾分子蕭
文「指導」改組後，竟由越南國民黨的機關變為越共的機關。
　　革命同盟會雲南分會的改組會議，於一九四四年七月二日在昆
明興仁街四十四號越南俱樂部舉行。在蕭文的「強行指導」下，不
顧越南國民黨的反對，由雲南分會及解放會各派代表六人，參加改

組會議。解放會的六名代表固為越共在雲南的活動分子；即雲南分會的六名代表，僅其中楊子江一名為雲南分會的委員，但這六名代表的資格，並未為雲南分會所承認，實由蕭文所指派。[41]雙方代表名單如下：

(1)解放會：范越子、范明生、楊寶山、黃光平、宋明芳、李濤。

(2)雲南分會：楊子江、何青大、李春林、鄧廷強、張廷安、唐文含。

其改組的方式，是由出席會議的十二名代表選舉雲南分會的執行委員五人，及監察委員三人；再由五名執員推選常務執行委員三人。其選舉結果如下：

(1)執行委員：范越子、李濤、楊子江、范明生、鄧廷強。

(2)常務執行委員：范越子、李濤、楊子江。

(3)監察委員：何青大、李春林、楊寶山。[42]

上列五名執行委員中，越共分子佔了三名；三名常務執行委員中，越共分子佔了二名；另一名楊子江還是越南國民黨的叛徒，被越共所拉攏利用。三名監察委員中，雖有越共分子楊寶山一名，但會務的實際執行權力不在監察委員；且經常的會務又在常務執行委員手中。其餘的執行和監察委員縱非越共分子，但未被越南國民黨所認可。不過是越共分子拿來作為無足輕重的陪襯角色。因此，雲南分會經過這樣的一次改組，已十足地變為越共的機關了。越共人員更不免為這一「成就」而得意。例如參加這次改組會議的越共分子黃光平之記述：

　　「我們（越共人員自稱）動員了進步的群眾，跟我們一道加入革命同盟會（雲南分會）。於是原有的那部份群眾也離開了他們（指越南國民黨），而轉過來擁護我們。結果弄得武鴻卿只好拋棄了革命同盟會，而重新扶起越南國民黨的招牌。」[43]

　　越共利用中國左傾分子蕭文對越南國民黨的打擊，並不因為奪得革命同盟會雲南分會後而停止其行動。他們更利用蕭文的蠻橫措施，進一步的掌握了柳州的革命同盟會。這一事件的經過，是由於一名越南國民黨人楊子江和英國情報部駐昆明的聯絡員海德（White Head）接洽，密商合作協定。要點是由英方供給越方黨人的經費和武器，並送他們往印度接受訓練，准許他們在印度成立黨的支部。越方黨人則供給英方的情報。[44]但越南方黨人所提出的文件忽被洩露，楊子江與武鴻卿之間遂因此而發生誤會。越共分子黎松山乃趁機拉攏楊子江，使之脫離越南國民黨，投入越共之解放會。[45]楊子江為報復及打擊越南國民黨人武鴻卿等，乃向蕭文挑撥，謂「越南國民黨與英法帝國主義勾結」。蕭文對越南國民黨人之反對改組雲南分會一事，已懷恨在心，正好利用這一藉口，突於一九四四年八月四日，把正在東興工作的越南國民黨重要負責人嚴繼祖和武光拘捕。[46]嚴是革命同盟會的執行委員，負責東興工作站對越活動；武光品是改組前的雲南分會主持人。蕭文這一蠻橫的行動，不僅使越南革命黨人大為憤慨，亦為中國國民黨中央所震驚。雖曾採取緊急的挽救措施，連續致電張發奎將軍立即釋放，但不幸的事件已經發生了。[47]

　　蕭文在拘捕嚴繼祖和武光品的同時，並以越南革命同盟會的名義，宣布武鴻卿、阮祥三以及辛奮勇等人的「罪狀」，說他們反對改組雲南分會，是「違反紀律」和「破壞革命同盟會」；且要拘捕他們。[48]武鴻卿為越南國民黨的領袖，革命同盟會的監察委員；阮祥三屬大越黨，革命同盟會的候補執行委員，為阮海臣的一派，和越南國民黨接近；辛奮勇為越南國民黨的重要幹部。當時他們都在雲南，雖然倖免被捕，但從此卻不能回到廣西參加革命同盟會的活動了。

　　越南國民黨既被排出革命同盟會，其在雲南及中越邊境的活動基礎亦受到嚴重的損失。革命同盟會的重心亦轉入越共人員之手。

革命同盟會其餘的委員如張佩公、陳豹、阮海臣、農經猷等，亦因越共勢力之在革命同盟會中抬頭，而彼等之影響力亦趨微弱。[49]且張佩公與阮海臣之間因彼此爭取領袖地位而互相衝突。[50]

越共分子黎松山得以利用「聯甲倒乙」之分化手段，將革命同盟會中各派人員先後排除，最後只剩下黎松山、胡志明及蒲春律三名委員，會務則為黎松山所把持。蒲春律[51]屬復國軍系，該系原與越南國民黨爭奪至烈。農經猷離開革命同盟會後，蒲已勢孤力弱，他緊緊掌握其復國軍，以防越共分子的分化。該軍原約五百人，被編為戰地工作總隊。一九四四年十一月十一日，日軍攻陷柳州後，僅殘餘一百四十人，改編為青年隊，隨中國第四戰區司令長官部移駐廣西西部山地之百色。蒲以後所能掌握的，僅是這一百四十人的青年隊。[52]

正當越南國民黨人被蕭文拘捕及宣布「罪狀」時，胡志明亦在一九四四年八月九日獲得張發奎將軍的釋放，離開了他整整居留兩年的廣西，回到他的高平根據地。胡回北越後，適日軍對法越當局加重壓力，越盟趁機活動，開始襲擊法軍。法越當局對日採取姑息的幻想，亦告破滅，轉而冀求中國的支援。此在左傾反法分子的心目中，轉而鄙視法人。如蕭文之自述：在一九四四年秋季以前，法人挾日自重，對華傲慢無禮。彼在昆明「指導」革命同盟會雲南分會改組時，越督戴古及在雲南之戴高樂派均先後向中國提出抗議，彼均奉命置之不理。迨一九四四年秋到一九四五年春由於越南情勢之轉變，越督戴古及法越陸軍總司令愛梅（Ayme）[53]，乃一反其過去對華的態度，迭向中國方面提出相當具體的建議，希望在大戰之前，與中國簽訂協定，給中國在越南以特權，使法在越南於和平會議中仍有發言權。[54]蕭文對於法人「前倨而後恭」的作風，似乎感到一種報復上的滿足。惟此種左傾反法勢力的合流，非僅使越南國民黨成為胡志明及其越盟勾結蕭文下的犧牲者，並且是對中國國民黨政策的一種反動行為。如中國國民黨對越工作負責人邢森洲當時

之批評：

> 「現在越南共產黨之勢力，蔓延全越。彼以蘇聯為背景，與中
> 國政策及本黨（中國國民黨）主義相違背。雖能聯絡應用，不但於
> 吾人不利，並且將利用吾人為跳板，陰貯實力，他日必倒戈相向。
> 是故目前援助越南革命，一面樹法為敵；一面受共產黨之利用。不
> 得微利，徒遭大害耳！」[55]

　　按邢森洲的主張，希望透過法人的合作與談判，改善中法越之
間的關係，經由中國的支持，使越人由自治而進至獨立的地位。

（三）胡志明被釋回越

　　胡志明於一九四四年八月九日獲得張發奎將軍的釋放而回越
南，大致是由於三方面的原因：一為越南其他革命黨派分歧，未能
形成足以左右越南局勢之力量，部分留華越南革命黨人如阮海臣、
張佩公等，以領袖自許，但缺乏革命道德與能力，遂使有志之士，
無處投奔，趨向越盟途徑，造成越盟勢力之膨脹。[56]其次為法在越
南所表示的畏強凌弱作風，拒絕和中國合作；甚至不惜挾日自重，
威嚇中國，以致激成左傾反法勢力的合流。第三，則為胡能利用一
切機會，爭取張發奎將軍個人的信任。為了表示「服從」，他寫過
「悔過書」，立誓脫離共產黨；為了迎合張的需要，他根據一九四
四年三月革命同盟會海外革命團體代表會議的決議，以「爭取外
援，團結內部」為號召，要求回越執行革命同盟會的決議及計畫；
並向越民及華僑宣傳，說「張長官（發奎），蕭主任（文）對越南
革命如何熱心，張、蕭對他如何信任。」[57]因此，在其回越前，向
張提出一項《入越工作計畫大綱》，列舉他入越的工作目的：(1)
傳達中國政府扶助越南民族解放的決心；(2)發展越南革命同盟會的
組織與力量；(3)佈置策應入越之華軍與其他盟軍之準備工作；(4)
爭取越南之完全獨立自由。[58]另一重要原因，日軍「一號作戰」，

已攻至衡陽，九月一日，進犯桂林，廣西的失陷迫在眉睫。事實上，胡入越南以後，則依據越南情況，指導幹部修正游擊戰略，建立核心武力，對法軍實行突襲。由於法越當局受日軍的壓力，遂致越盟游擊活動能夠得心應手。胡於一九四四年八月九日獲得張發奎將軍的釋放後，九月二十日由龍州經過靖西，轉往平孟進入越南。[59]在他離開柳州進入越南的中間，計有四十天的時間，除去大約一半的時間用在旅途上外，其餘的時間，他在廣西做些什麼活動？根據胡的《入越工作計畫大綱》，在他入越之前，要作以下幾項工作：

(1)先率一部分幹部人員，祕密潛返越境，自龍州至平孟一帶，先行觀察及實地計劃展開工作。

(2)先於東興祕密召集一部分忠實能幹人員，開設一個短期訓練班，授以爾後工作的方式與技能。

(3)先派曾經訓練過的人員，以祕密及武裝公開式的宣傳，去號召人民，領導人民。

依據胡的計畫大綱，他先率領的一部分幹部人員，是從柳州的戰地工作總隊（原復國軍）調用十七人，中越邊境政治工作隊調用一人。這十八名幹部均由胡列出姓名。[60]由他先行帶到龍州，一面走路，一面教他們宣傳和組織的方法。從柳州到龍州的旅程是十五天。在東興設立的一個短期訓練班，人數十五人，訓練的期限為十五天。科目為：革命人格，宣傳方法，組織方法，怎樣守祕密。

儘管越盟與柳州方面進行「合作」時，將越南國民黨人及其他黨派人員逐出革命同盟會之外，但胡仍然不顧事實，按照他的所謂「團結內部」，在其計畫大綱中，列出「聯合國內各黨派團體，並促進其團結及參加（革命）同盟會，籌開全國代表大會，從事實際的革命工作。」其實施的方法，則為「擬聯絡的各黨派，除(1)保皇黨立場不同；(2)大越黨宗旨不明；(3)在泰國之國民黨事實已不存在外，其餘的黨團如國民黨、共產黨、立憲黨、越南獨立同盟、青

年反帝同盟、婦女解放、農工青年商學等救國組織，都可與接洽。
且除立憲黨因遠在南圻，聯絡較為困難外，其餘均有把握。」值得
注意的是，胡所列可與聯絡的這些黨團除國民黨及立憲黨外，其餘
均為越共的組織。

　　按照胡的所謂「爭取外援」，在其工作計畫大綱中列有「建立
游擊根據地」及武器、經費等項。其建立游擊根據地的具體辦法如
下：

　　(1)根據地地點：擬在邊境建立兩個規模不太大、相隔不遠、能
互相呼應的根據地。

　　(2)游擊隊的編組：每地以三百枝槍為基幹，共六百枝。另以四
百枝槍編成幾個小隊，動則游擊，靜則武裝宣傳。

　　(3)需要的武器和其他：駁殼槍一千枝（子彈每枝三百發），手
榴彈四千個，輕機關槍六挺（配若干子彈），爆破藥若干，望遠鏡
三個，無線電機一部，金雞納藥丸一萬五千粒，兩個月伙食二萬五
千元越幣。

　　(4)完成期限：自領到武器日起，最遲六個月內，我們（胡自
稱）一定成立堅固的根據地。

　　‧說明：為什麼只要短槍？因為步槍長重，不能守祕密。有了
短槍，我們可以就地找步槍。為什麼只要一千枝？因為太少則不
夠，太多則暫時用不了。為什麼要二萬五千元越幣？因為一千枝
槍，要一千二百人服役，每人每月伙食費約十元，總共兩個月，要
如上數。

　　‧經費：

　　(1)由柳州至龍州旅費約十五天，每人約二千五百元，共需四萬
五千元中國幣（包括由龍州入越旅費及製便衣服、雨笠等費用）。

　　(2)東興訓練費約五千元中國幣（這是照東興同志們的計畫，他
們情願擔負五千，公家〔指中國第四戰區〕只要給五千元中國
幣）。

(3)在組織時期的交通費約需九百元越幣（交通人員的往返旅費，大約北坼內二百元，中坼三百元，南坼四百元，共九百元的越幣）。

(4)建立游擊根據地約需二萬五千元越幣。

以上共需用中國幣五萬元，及越幣二萬六千元。

此外，還有胡的個人「請求事項」七點：

(1)指導代表（胡對張發奎的稱呼）信一封，致越南各愛國黨團。

(2)同盟會派我（胡自稱）的委任狀。

(3)越南軍用地圖一幅。

(4)證明書一張（限期稍長的）。

(5)普通宣傳品，如「日寇暴行錄」影片等。

(6)自衛手槍一枝。

(7)初期必要的旅費。[61]

張發奎將軍對於胡的「請求事項」大致付諸實行。他給胡的有通行護照、公文及藥品；另給經費七萬六千元，都是中國幣，並無越幣。這七萬六千元的用途項目為：(1)入越旅費五五、〇〇〇元；(2)補助費一〇、〇〇〇；(3)訓練越南青年旅費一一、〇〇〇元。項目中並無胡的「建立游擊根據地」的經費。胡所需的武器及彈藥，雖經張發奎同意援助，[62]並未見諸實行。且以後亦未曾供給。[63]這可能是胡不久以後實行排華及其阻止革命同盟會入越活動的主要原因之一。或謂胡自加入革命同盟會以後，中國方面即將每月補助革命同盟會阮海臣的十萬元，轉而補助胡氏，使越盟在北越替中國做情報工作。[64]此說殊無事實的根據。

胡的工作計畫最重要的一項，是他提出的武裝宣傳。他回到越南後指導武元甲所建立的「越南解放軍宣傳隊」（Armed Propaganda rigade for the Liberation of Viet Nam），顯然以此為藍本。這支武裝宣傳隊，亦為胡回越南後所組織的「核心力量」。其辦法如

下：

(1)方式：要爭取（宣傳）時效，必須採用祕密和公開二種方
式。要公開宣傳，必須給予宣傳者以隨身武器。武器越多，則宣傳
隊越眾，宣傳範圍越廣，收效越快。必要時，宣傳隊可以領導人民
破壞敵後工作。

(2)人員：先以訓練完成之人員為宣傳隊員之基幹，然後再吸
收其他同志擴大之。[65]

胡的「入越工作計畫大綱」有幾點值得注意的：(1)他從柳州率
領回越的十八名幹部，均為宣傳隊的基幹，其中十七名屬於原來的
復國軍人員，可知他對復國軍這支武力仍念念不忘；(2)他對中越邊
境的東興具有很大的興趣，該處原是越南國民黨數年來的工作基
地，他顯有取代這個基地的企圖；(3)他請求張發奎將軍致信越南各
愛國黨團，一面是向張氏爭寵，同時可向越人炫示他是中國當局的
「合法」支持者；(4)在計畫中，除了提到宣傳「日寇暴行」外，並
沒有說到「反法」的字樣。事實上，他回到越南以後，並無抗日的
實際行動，仍以法軍為其游擊的對象。

胡進入越南後，越南情勢適已發生變化，對越盟發展的機會極
為有利。此種情勢的轉變，並不是胡氏回到越南以後所推動起來
的。實由於日軍對法越當局之加強壓力。胡則利用這個機會，指導
越盟游擊戰略，突襲法軍。遂使法越當局陷於越盟和日軍的兩面夾
攻之中。重慶中央首次接獲報告發現「胡志明」其人，即是越共和
越盟的首領「阮愛國」，亦披露在胡回北越不久的一九四四年十月
一日的一項文件中。[66]

越南情勢的轉變，是自一九四四年六月以後，同盟國軍隊在歐
洲開闢第二戰場，德在歐洲軍事潰敗，法國維琪政府亦隨之在七月
間倒臺。盟軍於八月間解放巴黎，戴高樂回法執政。越南之日軍，
亦因法國地位之恢復，而與法越當局之間的矛盾，益趨尖銳化。越

督戴古在日軍的壓力下，雖於七月間應日方之要求撤換其法越陸軍總司令莫登，而代以愛梅，但緊張的情勢並未和緩，雙方都在暗中加強軍事的防備措施。[67]越盟則趁此機會，準備對法越當局發動武裝起義。據武元甲之記述：為應付此種情勢的演變，越盟高北諒聯省委員會召開一次幹部會議，專門討論武裝起義問題；許多州的武裝隊亦被調回出席會議和保衛會議。會議所獲得的結論是：根據世界和越南國內的形勢，以及高平、北洬、諒山的革命運動形勢，在聯省中（高平、北洬、諒山）發動游擊戰爭的條件已經成熟。但尚有許多實際的問題，如解放地區再被敵人佔領時如何處理，以及如何進行長期戰鬥等問題，尚未能得到解決的辦法。因此越盟中央和聯省委員會打算再開會進行討論，來解決這些問題。正在這個時候，他們得到胡志明回越的消息。於是越盟中央決定派武元甲和武英去迎接胡氏。他們到了北坡，和胡見面。

　　在北坡，胡聽取了武元甲關於發動游擊戰的報告後，認為他們的決定，未能考慮到越南全局的形勢；只顧到局部而忽略了全部。胡認為：如果按照高北諒聯省委員會所訂發動游擊戰的規模和方式來進行的話，必將遭遇到很多的困難。胡分析：越南境內其他地區尚沒有武裝戰鬥的條件可以起來響應。這樣，敵人將會集中力量來對付他們；再就越盟的本身條件而言，高平、北洬、諒山的軍事力量，未能集中；幹部和武器分散，完全缺乏「核心力量」。因此，胡的結論是：和平革命時期已經過去，但全民起義的機會尚未到來。如果僅以政治的形式從事活動，便不能將革命運動向前推進；反之，如果立刻起義，又將為敵人所逞。因此，鬥爭的方法，應該從政治形式到軍事形式；而政治又較軍事為重要。

　　為實行上述鬥爭的方式，首先建立「核心力量」。胡提議成立武裝宣傳隊，其名稱定為「越南解放軍宣傳隊」；並指定武元甲來負責組織這個宣傳隊。其原則：敵強我弱，但必須不讓敵人消滅；最初活動的方針，政治重於軍事，宣傳重於作戰。在制訂政治及軍

事作戰的計畫時，對於當時有關情況，均須加以分析，如敵我雙方
所處的形勢、越盟的幹部力量、糧食的供應，以及發展游擊根據地
須先注重的地區等問題。胡規定在武裝宣傳隊成立後的一個月內，
就必須有行動的表現；而且行動要堅決，要迅速。第一次的戰鬥，
必須取得勝利。因為首次的戰鬥行動，便是最好的宣傳。

　　他們在北坡停留了兩天，便一同回到越盟高北諒聯省委員會。
根據胡的指示，武元甲即調回幹部和武器，著手組織武裝宣傳隊。
最初參加的僅有三十四人，他們是一些中隊長、小隊長，或是從地
方武裝部隊及自衛隊中選拔出來的勇敢戰士。胡自廣西率領回越的
幹部也到達了基地。這樣，在他們的根據地——高北諒地區的陳興
道森林中，出現了三種武裝力量：(1)越南解放軍宣傳隊是主力部
隊；(2)圍繞在根據地周圍的是州地方武裝部隊；(3)鄉的半武裝自
衛隊。這三種武裝量，經過胡的指示，要統一指揮。

　　一九四四年十二月二十二日，越南解放軍宣傳隊在越盟根據地
陳興道森林中舉行成立儀式後，第二天便出發作戰。在高北諒的交
界地區——派刻和那銀兩個地方，向法軍實行突襲，擄獲了法軍的
武器和彈藥，即轉往善術區整頓和補充，並即擴編為大隊。由於首
次作戰的勝利消息，迅被傳播出去，各地越盟武裝迅即派人參加武
裝宣傳隊的補充。他們又開往中越邊境的保樂，襲擊附近同模堡的
法軍。但在這次戰役中，指揮官武元甲的腳部，中彈受傷。迨法軍
趕來追勤，他們已迅速而祕密地轉往黃花探區，躲藏在深密的森林
中。68

　　越南解放軍宣傳隊被稱為越南共產黨的「越南人民軍」的前
身。由胡所設計的一套戰略和戰術，顯然是得自中共游擊戰的經
驗。北越共黨似乎特別強調它的當時戰績。但其時向法越軍進行突
襲的，並非限於越南解放軍宣傳隊。事實上，越盟的其他武器游擊
隊在一九四四年十一月八日已開始對北越太原省的一個法越軍崗哨
（guard house）實行突襲。同月中，派刻、那銀、同缶、光練等地

法越軍的崗哨，都連續受到越盟武裝隊的襲擊。他們突襲的企圖，則在掠取武器和動員人力。[69]

法越當局對於越盟武裝隊的突襲和暴動，亦曾實行鎮壓，但顯已失去效能。據中國方面的報告，一九四四年十一月末越盟分子百餘人在北圻天督礦區發動暴動時，曾擊斃法籍軍官三名。越督戴古特在十一月二十九日親到高平處理這一事件，調動三營法越軍，向越盟活動區域進行圍勤，卻被越盟武裝隊擊燬戰車一輛。[70]十二月二十八日，越盟武裝隊百餘名偽裝法越車，向北洴至太原間公路的比歷、比習等村的法越軍營襲擊，擊斃法越軍四十多人，重傷三十多人，法籍軍官一名受到重傷。越盟武裝隊則安全的返回根據地。[71]

越盟一面向法越南軍實行突擊，一面向越人及法越軍加強宣傳活動。他們在北洴、太原、高平等地散發傳單，勸告越人及「自由法人」聯合起來，驅逐法西斯統治階級的法人。[72]其宣傳的效果和聲勢，往往超過武力的作戰。例如一九四四年十一月八日，一批越盟游擊隊圍攻太原的一個法越軍崗哨時，守軍震於越盟分子的宣傳，放棄其據點而投向越盟。越盟則利用此一成就作擴大宣傳；並頌揚蘇聯的軍事勝利將使戰爭結束。號召越人加入越盟，以驅逐日本及法國。越盟之恐怖活動，亦隨其宣傳的推展而開始。[73]

由於越盟游擊隊在中越邊境進行其強烈的活動，法方顯然認為是由於中國廣西方面的影響，或其訓練出來的分子所造成的結果。[74]因此朔江的法越軍追勤越盟分子時，亦越界侵入廣西境內靖西縣的兩個鄉村，搜捕越盟分子。但僅捕去兩名中國平民，並將其中的林付昌一名斬首示眾。[75]實際上，中國方面由於華南戰事的失利，廣西大部分地區已為日軍所佔據，柳州已在一九四四年十一月十一日失陷，革命同盟會在廣西的活動，已完全停頓。僅越盟人員在廣西邊境繼續活動。[76]此時廣西內部的情況，極為紊亂，無暇注意越南革命黨的活動。

法越當局對於越盟活動之鎮壓失去效能，一方面固然由於胡之

策劃游擊戰略的功效；更重要的原因，則為法越當局在日軍的壓迫下，已自顧不暇。越督戴古鑒於日軍之壓力不斷加強，為了防備日軍的突擊，自一九四四年十月以後，已將其軍事重心轉向海岸附近及中越邊境一帶地區。其精銳部隊及軍火武器，亦祕密移往邊境。日軍根據越人的告密，曾沒收法越軍貯藏北圻的軍火，並監視其高級軍政官員的行動。[77]同年十二月，日本以松本代芳澤為駐越南特使後，戴古的處境更為困難。有關日與法越之間問題的交涉，松本則避免與戴古直接接觸，而由駐越日軍司令官町尻一基出面壓迫法方，要求法越軍在日軍司令官統一指揮之下。[78]法越當局處此情況之下，一面要應付日軍的壓力；一面要應付越盟的襲擊。實處於兩面夾攻之中。

　　法越當局在日軍與越盟的兩面壓力之下，乃轉向中國方面求援。一九四五年二月，戴古授意高平第二軍區司令呂奧要求中國第四戰區方面為調停人，轉知越盟首領出面舉行「政治性」的合作談判。第四戰區允為負責進行。[79]負責對越事務的蕭文對法方之要求曾有記述，彼謂越督戴古及法越陸軍總司令愛梅迭向中國方面提出相當具體的條件，希望在戰爭結束前與中國簽訂協約。其條件有：法欲派遣軍隊赴遠東作戰，希望中國勿加反對；請中國派遣正式軍官到邊境與法越陸軍總司令愛梅商談軍事合作；希望中國勿支持越南革命黨在中國境內組織政府及軍隊；法方願與越南革命黨在中國邊境舉行平等會議，請中國居間介紹並保證其安全；法願自動解放越南，予越南以自治領之地位，但不願中國居間保證，惟願允許中國在越南之優越地位。[80]不論法越政府之地位及其條件，此時有無談判之可能，但第四戰區方面仍為他們安排直接的會談。張中奉曾代表越南革命同盟會於一九四五年三月二十八日在保樂與法越軍的團長賽瓊（Seguin）上校舉行合作談判；胡志明亦於三月二十五日在朔江和高平軍區司令呂奧少校達成諒解。[81]但此時越南的情況，又完全改變，日軍已在三月九日推翻法在越南的統治地位了。

1 《中法規定越南及中國邊省關係專約》，一九三〇年五月十六日。見Treaties Between the Republic of China and Foreign States, 1927-1951, p. 116. Ministry of Foreign Affairs, Taipei, 1958.

2 王寵惠外交報告，民二七、三、二九（重慶）。

3 同上，民二八、九、一四，及一一、九。

4 中國駐法大使館電報（摘要），一九三九、九、二八。

5 同上，一九四〇、九、二二。

6 中國駐河內總領事館電報，一九四〇、一〇、五。

7 王寵惠外交報告，民二九、一〇、二一。

8 《議定書》的主要內容，為法方同意日本有權派遣陸軍空軍進駐印度支那的南部，利用越南之海空軍基地。日軍在越南有駐紮和自由移動權。法方承擔日軍佔領經費。見《印度支那問題大事紀要》，四～五頁。

9 F. C. Jones, Survey of International Affairs, The Far East, 1942-1946. p. 26. Oxford University Press, 1955.

10 一九四二年三月，法駐高平軍區司令呂奧（Reul）向中國第四戰區靖西指揮所主任陳寶倉將軍之談話。見邢森洲「《越南現勢報告》，民三〇～三一年」（原件）。

11 邢森洲《越南現勢報告》，民三〇～三一年。

12 第四戰區政治部報告，民三一、一〇、二九（柳州，原件）。

13 F. C. Jones, The Far East, 1942-1946, p. 26.

14 Ibid., p. 167.

15 中國國民黨中央調查統計局報告，民三二、九、二四（原件）。

16 王之五報告，民三一、一一、四（柳州，原件）。

17 Foreign Relations of the United States, 1943, China, p. 882-883.

18 Ibid., p. 886.

19 王之五報告，民三二、一一、四。

20 Fall, p. 51-52.

21 Foreign Relations of the United States, 1943, the Conference at Cairo and Teheran, p. 325.

22 國防最高委員會會議紀錄，民三二、一二、二〇（重慶，原件）。

23 The Public Papers and Addresses of Franklin D. Roosevlt, 1944-1945, Volume,

Victory ant the Threshold of Peace, p. 562-563.

24 張發奎答作者及 Julie How 之訪問。

25 蕭文《對越南問題之解答》，民三五、一一、一。

26 蕭文《越南情況報告》，民三五、一〇（原件）。

27 呂奧與第四戰區靖西指揮所主任陳寶倉之談話（王之五報告，民三二、一一、四）。

28 Philippe Devillers, p. 107-108.

29 《胡伯伯》，一七八頁。

30 邢森洲報告，民三三、七、二（原件）。

31 邢森洲《越南時事日誌，民三三年七月分》記云：法軍官尼發斯在越南各報發表《越南過去並非中國藩屬辯證論》一文，挑撥中越民族情感。

32 邢森洲報告，民三三、五、二（原件）。

33 邢森洲《越南情況報告，民三三年三月分》（原件）。

34 邢森洲《越南情況報告，民三三年上半年》（原件）。

35 中國國民黨中央海外部報告，民三三、八、九（重慶，原件）。並見邢森洲報告，民三三、九、二〇（原件）。

36 邢森洲《越南情況報告，民三三年下半年》（原件）。

37 張發奎致吳鐵城函，民三三、六、六（柳州，原件）。

38 越南革命同盟會指導代表辦公室報告，民三三、三、二三（柳州，原件）。

39 嚴繼祖報告，一九四四、一、二〇（原件）。據報告每一工作站由越南國民黨派幹部三至四人主持工作。

40 《胡伯伯》一三四～一三五頁，黃光平記述：越南國民黨武鴻卿在雲南成立革命同盟會分會與彼等之解放會爭奪群眾，雲南地方當局對解放會採取監視態度，並封閉解放會出版之報紙。

41 嚴繼組報告，一九四五、一、三〇（重慶，原件）。謂蕭文操縱革命同盟會，其獨斷獨行，使越人有難言之痛苦。

42 越南革命同盟會指導代表辦公室報告，民三三、八、九（柳州，原件）。

43 《胡伯伯》，一三五頁。

44 越南國民黨與英方協議文件（英文）；邢森洲報告，民三三、九、一（原件）。

45 楊哲民報告，民三三、一一、一（柳州，原件）。按楊為中國國民黨中央海外部駐柳州聯絡員。

46 嚴繼祖報告，一九四五、一、三〇（重慶，原件）。

47 嚴繼祖及武光品被捕後，中國國民黨中央執行委員會秘書長吳鐵城不斷致電張發奎，請其立即釋放嚴等。但張不理。此時日軍正向廣西進攻，不久柳州失陷，嚴等逃至重慶。

48 吳鐵城致邢森洲函，民三三、一〇、一二（重慶，原稿）。

49 邢森洲《越南情況報告，民三三年下半年》。

50 Tran Dan Tien《胡志明傳》，一二四頁。

51 蒲春律自一九四六年一月北越政府改組後，任不管部長。

52 邢森洲報告，民三四、五、二五（原件）。

53 法越陸軍總司令原為莫登（Mordant），係戴高樂分子。越督戴古應日本駐越大使芳澤之要求，於一九四四年七月二十日改由北圻法越軍團長愛梅接任。見邢森洲報告，民三三、八、六，原件。

54 蕭文《越南情況報告》。

55 邢森洲報告，民三三、一一、一四；及《民國三十四年對越工作計畫》（原件）。

56 邢森洲《民國三十四年對越工作計畫》。

57 蕭文《對越南問題之解答》。

58 胡志明《入越南工作計畫大綱》，據張發奎報告（民三三、八、九）此一大綱為胡「親自擬訂」。

59 邢森洲報告，民三三、九、二五（原件）。

60 胡在《入越工作計畫大綱》中所列十八名人員姓名如下：楊文祿、黎元、韋文孫、黃仁、黃廣潮、農金城、黃金連、黃清水、范文明、何獻明、黃仕榮、黎文前、農文謀、楊文禮、黃家先、杜仲院、張有志（以上為戰地工作總隊），杜樂（在邊境政治工作隊）。

61 以上據胡《入越工作計畫大綱》。

62 張發奎報告，民三三、八、九。

63 張發奎答作者及 Julie How 之訪問。

64 Philippe Devillers, p. 105.

65 據胡《入越工作計畫大綱》。

66 邢森洲報告，民三三、一〇、一（原件）。

67 邢森洲《越南情況報告，民三三年下半年》；越南國民黨來華代表團報告《越南三月九日（一九四五）事變經過》，一九四五年六月，重慶（原

件）。

68 以上參閱《胡伯伯》，一七八～一九一頁（武元甲述）。

69 Philippe Devillers, p. 112.

70 邢森洲報告，民三三、一二、二四（原件）。

71 邢森洲報告，民三四、一、七（原件）。

72 邢森洲報告，民三四、一、一四，及二、一八（原件）。

73 Philippe Devillers, p. 112.

74 Ibid.,

75 邢森洲報告，民三三、一二、二四。

76 邢森洲報告，民三三、一二、一七（原件）。

77 邢森洲報告，民三三、一一、三〇（原件）。

78 越南國民黨來華代表團《越南三月九日事變經過》。

79 邢森洲報告，民三四、二、一八（原件）。

80 蕭文《越南情況報告》。

81 邢森洲報告（民三四、四、五，原件），及中國國民黨中央海外部報告（民三四、六、一三，原件），謂胡於一九四五年三月二十五日在朔江與呂奧會談，願合作抗日。

第十一章
日軍發動越南事變與
越共勢力之擴張

　　一九四五年三月九日，越南各地日軍對法越當局實行一項突襲的行動，輕易的推翻了法在越南六十年的統治。這一事變的結局，破滅了法越總督戴古一貫對日忍辱以求苟存的幻想，使日本代替了法在越南的統治。藉這次事變而收穫最大的，則是胡志明及其越盟。

　　越南事變的發生，開始於一九四五年三月九日下午六時半，日軍首先發難於北圻之廣安，二十分鐘以後，該處法越軍即全投降。河內統治使卡維特（Chauvet）約在當晚八時接獲事變的消息，但已不及準備應變。這時法越陸軍總司令愛梅正在河內統帥府歡宴兩名日軍上校軍官，突然聽得外面的槍聲，即藉此起告來賓要外出探視，但這兩名上校「來賓」即拔槍迫其登車駛去，成為日軍的俘虜了。法越軍參謀長保羅西亞(Froissard de Brodissia)因拒絕日軍之搜查，當場被擊斃。河內法越軍經過兩小時象徵性的抗拒即告投降。惟駐在旗竿兵營之法越軍曾與圍攻的日軍發生戰鬥，到次日下午四時，失去抵抗的力量，由阮文春上校出面向日軍投降。中圻方面之法越軍，亦在三月十日全部降服。[1]

　　南圻方面，這天下午六時，日本駐越特使松本在西貢向戴古約定會晤時間。晚間八點，松本到達戴古的接待室，提出日方最後通

牒，宣布法越方面之陸海軍、警察及其行政權，均應在日本指揮之下，並須接管法人的銀行。限戴古在兩小時以內提出答覆。戴古迅即召集在西貢的所有高級官員及軍官舉行會議，一致認為不能接受日方的通牒。乃草擬一項覆文，要求日方寬限答覆的時間，俾戴古能將日方之要求及其草擬之反建議通知河內政府的人員。但日本方面已不再允許戴古之一貫拖延敷衍的手法。當戴古的覆文在當晚十時五十分送達日方時，日方即視為拒絕的表示，便立刻採取軍事行動。[2] 戴古，及其南圻監督賀福（Hoeffe），海軍司令白戎（Berenger），都成為日軍的俘虜了。[3]

　　分佈在中越邊境及寮國方面的法越軍，當日軍進攻時，曾稍作抵抗，即先後撤退到中國境內。儘管過去法越當局對於中國方面拒絕合作與缺乏道義，但他們撤退時，仍然受到中國的協助和保護。退入中國境內的法越軍，分為以下五個部分：

　　(1)高平方面，當三月九日事變發生時，僅有法越軍兩營。即由賽瓊（Seguin）上校團長率領一營突圍往宣光，打算轉往萊州。另一營由高平軍區司令呂奧少校指揮駐守高平炮壘。三月十四日，高平繼諒山失陷後，呂奧之司令部即由上琅移至靠近中國廣西邊境三公里的波表（a ieu），並與中國軍隊取得聯絡。[4] 所部約八百人，分佈在朔江、茶嶺間的山地，從事游擊活動。於三月二十五日，曾與胡志明達成諒解，聯合抗日。[5] 但仍為越盟所壓迫。四月二十一日，呂奧到達廣西的靖西，經中國第六十二軍軍長黃濤將軍的允許，將其司令移至緊靠廣西邊境的那麇。[6] 五月二日，經張發奎將軍之同意，其司令部再移至靖西縣之安寧鄉，以上琅、茶嶺、朔江一帶為其游擊區域。[7]

　　(2)保樂方面，賽瓊上校自高平突圍擬轉往萊州之法越軍，進至北济時，即因受阻轉向中國境內撤退。三月二十七日，撤退到越邊的保樂，會合有法越軍兩營約一千二百人。撤至廣西邊境百南時，擬在該地設立指揮部，進行作戰。惟以越籍士兵士氣低落，紛紛逃

亡。四月七日撤退至廣西鎮邊時，僅餘官兵約三百人。由中國國民黨越南辦事處的工作人員協助法國軍事代表團靖西站長黎煥（譯音）少校向當地政府接洽，供應其食糧並安排駐地。賽瓊上校則於四月十七日由中國第四戰區司令長官部所在地之百色飛往昆明，安排法越軍之整編問題。四月二十五日，此部法越軍分為兩批處理，一批一百四十餘人調往雲南文山之馬關整訓；一批一百五十餘人調往靖西邊境游擊，歸呂奧少校指揮。8

　　(3)登雲方面，有法越軍五百二十人，於四月八日撤退至中國雲南邊境之田蓬。由中國軍隊第二師照料護送至靖西，分駐各鄉鎮。不久亦調往雲南文山整訓。尚留一百人由美軍軍官賀蘭（Holland）上尉率領至靖西的安寧鄉，接受游擊戰的訓練。9

　　(4)衝門一帶有法越軍約三百人，三月十六日退入雲南之茅平，續退至馬關。在撤退途中，已有一部分越兵逃亡。到馬關時，大部分越兵與越南國民黨聯絡，反抗法軍官的命令。另有退入雲南邊境新街的越兵約三百人，與越邊武良街退出的武裝民團一百餘人，被越南國民黨收容，編為三支游擊隊。10

　　(5)寮國方面之法越軍，受到來自泰國日軍的攻擊。三月二十四日，日軍和泰國的混合部隊八百人開入寮國之普坤。法駐那摩、猛腮的越籍兵士即集體叛變，殺其法籍軍官及猛腮市長，而於三月二十七日渡過湄公河投降日軍。法方因越兵之叛變，有後顧之憂，早在三月二十七日放棄普坤。日、法軍在遼京鸞巴拉邦附近發生激戰。盟國空軍於三月二十六日在鸞巴拉邦機場投下武器接濟法軍。但法軍終不能阻止日軍的攻勢，遂退至寮國北部的蓬沙里。11

　　越南事變發生後，戴高樂臨時政府即任沙巴鐵將軍（General Saatier）繼任越南總督兼法越軍總司令。沙巴鐵原為法越軍北圻指揮官，彼在事變前鑒於日方之威脅，已警戒其部隊，於三月八日將其總部祕密移往山區。12三月三十一日，沙巴鐵由萊州飛抵蓬沙里，指揮法軍。但日軍於四月二十一日進入蓬沙里時，沙巴鐵卻在

前一天率領官兵一百人撤出該地，退入雲南江城之整董。[13]五月一日以後，此一地區的法越軍約四千人，在北圻法越軍司令亞力山大將軍（General Alessandri）及格瓦林（Gavalin）上校，蓬沙里法軍司令法蘭科斯（Francois）中校，西納（Sinou）上校，加特（Foma Chat）中校，以及寮軍司令多利也（譯音）等的分批率領下，陸續撤退到雲南的邊境。在中國國民黨越南辦事處工作人員的支援和協助下，導引至雲南境內的江城、整董、車里等地，再集中於雲南鎮越之思茅，然後調往雲南之石屏及蒙自，接受整編及訓練。[14]總計法駐雲南的部隊達五、三六三人，其中歐洲籍者二、一四○人，越籍者三、二二三人。[15]顯然，由於過去法在越南過於重視現實，對於同盟國家，尤其是中國，持以拒絕合作的態度，甚至不惜挾日以自重；同時在這次慘變中，可能由於本身崩潰得太快，未及獲得鄰近盟軍有效的支援，儘管中國已盡到收容保護之責。但法人似乎不願承認他們以往堅拒華軍入越以攻擊日軍，而致錯過有效合作的機會；當其面臨危急而又難以抵抗時，卻又歸咎中、美不予積極支援。即如當時在華之法方官員，頗認為中國和美國對於他們存有「難以理解的敵意」（incomprehensible hostility）。因為他們在危急關頭而要求中美給予空軍支援時，竟未能如願以償。[16]

日本推翻法在越南的統治地位後，即代替法人而為越南的直接統治者。駐越日軍司令官町尻一基取代戴古的地位，成為越南總督。日本駐越特使松本為越南最高顧問兼總務長官，橫山公使為安南王國最高顧問，久保田總領事為高棉王國最高顧問，簑田總領事為交趾支那理事長官，西村總領事為東京理事長官，河野總領事為西堤聯區市長，小谷總領事為河內市長，日憲兵隊長春山兼任越南警察總監。[17]總之，法人過去所給予越人的統治，日人亦如法泡製。

在法國統治越南時，中圻的首府順化，尚保存一個有名無實的安南王朝。其國王為三十一歲的保大，彼在法國成長。在其回國出

任安南國王時，帶有若干西方的觀點，也介紹一些近代的改良。但由於王朝毫無實際的權力，這些改良對於越人的效果極少。三月九日發生事變時，保大正在順化北部約二十五公里的廣治（Quang Tri）附近參加一項狩獵的約會。當也次日清晨三時回到順化時，發現平時緊閉的王城大門已經洞開，城內擠滿日本兵士，阻塞他往王宮的去路。當一名日軍大尉告訴他的國家已經「解放」時，他才知道事變的發生。迨日本專使到達，一面正式的證實這一事件，同時希望與越南恢復友好，並合作「大東亞的建設」。保大立即召開其內閣會議，即於三月十一日向民眾宣布，越南已經獨立了。[18]

下面是《安南王國獨立宣言》：

> 「安南王國政府自本日（三月十一日）起，廢棄法安保護條約。宣言完全恢復獨立安南王國，以期今後之發展，及大東亞之共存共榮。安南王國為達成此項目的，決定信賴日本帝國之誠意，舉總力以協助日本帝國。謹此闡明。」[19]

從這一宣言已不難看出保大王朝的悲劇，不過是由法國的傀儡變為日本的木偶而已。就保大之歷史而言，他與日本素無關係，其內閣多係親法派的人物。內務部長范瓊更是親法派的首領，是一位極不受越人歡迎的人物。[20]日本統治越南後，當然也需要一個聽命於日本的內閣。松本特使原定抬出親日派的首領阮彊柢在河內組織越南「獨立」政府。惟彊柢久居日本，與越人極為隔膜。松本曾在河內策動召開「越南全國代表大會」三次以擁戴彊柢，但參加大會之代表卻寥寥無幾。四月初，他要求保大到河內，召開一項越南全國代表大會，通過決議，授權日軍保護越南，並由保大負責組織新的內閣。保大返回順化後，即於四月十七日任命一個以陳仲金為首相的新內閣。其閣員為陳定南（內務）、陳文章（外交）、武文賢（財政）、阮有智（經濟）、何大慶（典禮）、黃春漢（教育）、鄭定陶（司法）、盧文蘭（工程交通）、潘英（青年）。[21]

陳仲金是越南一位著名的民族主義者，對於越南「國語」運動，極有貢獻。[22]他屬於越南獨立黨。彼之出組內閣，係由高臺教所支持。該教起源於一九一九年，中經數度變遷，到一九三五年由范公作領導，乃進入民族主義的運動。在越南南部各階層中的發展，至為迅速而普遍。其中一些民族主義者的首領，為求越南的獨立，頗傾向於日本，對於居留日本的阮疆鎔頗懷期望。[23]當日本向越南伸張其勢力時，為利用高臺教做為倒法的工具，使它和疆鎔在日本所主持的越南復國同盟會保持聯絡。其時越南南部的獨立黨，即以高教為主要的力量。至一九四四年，獨立黨即成為復國同盟會的南部總支部。一九四五年三月九日事變後，臺教由是得勢，並受日本之指示，領導各親日黨派支持陳仲金組織內閣，接管中圻及北圻。高臺教之阮文深則出任南圻欽使。[24]

陳仲金內閣的陣容，人才濟濟。但在各種條件限制之下，並不能有所作為。內閣的權力極為有限。北越毀於饑荒，成千成百的饑民，相率倒斃。南部雖有豐富的米穀，則貯藏在日軍的倉庫中。日人對於交趾支那，根本否認其獨立。[25]因此，日本「保護」下的越南，給予越人的果實，是更多的悲慘和絕望。這正是越盟發展勢力的「溫床」。據越共黨人的記述：在「打開糧倉、解決饑荒」的口號下，接二連三地爆發了有三、四千人至一萬人參加的武裝、半武裝示威。通過這些鬥爭，武裝自衛隊在江河中游地區和平原地區迅速地建立和發展起來。[26]陳仲金政府面臨這一悲慘的局面，簡直無計可施。六月間，陳仲金向一位越南的訪問者大發其牢騷：

> 「我知道，人民正在痛苦中，日本人亦將要離去。我本人，如同保大皇帝一樣，看到饑餓的人民，莫不深為悲痛。但我們無計可施。我聽說有一個黨，叫做『越盟』。但它究竟在那兒？讓它來吧！我願交出政權。保大皇帝也願如此。假如你（指來訪者）知道任何越盟的領袖，便請他們來，我願交出我的位子。」[27]

　　越盟不僅利用越南饑荒的景況以發展其勢力；同時更利用日軍發動越南事變後的機會，大事擴充武力，和建立地方政權。當事變發生時，越共的消息，顯較法人為靈通，從三月九日到十二日，越共中央常務委員會即在北寧省的庭榜村舉行擴大會議，對於當前所發生的形勢，加以分析，提出「新的任務」，發出「日法衝突和我們（越共）的行動」一項指示。[28]號召越南人民反對「日本法西斯所建立的傀儡政權，發動武裝鬥爭，奪取政權。」[29]但事實上，越盟或越共武裝鬥爭的真正目標，並不是所謂「日本法西斯」，而是被日軍追擊的法越軍。他們截擊法軍，奪取其武器，收編逃亡的越籍士兵。[30]即如越共幹部武英之記述：

　　　　「一九四五年三月，日本發動了推動法國殖民者的政變。我們的各個救國組織就攔截了法國的敗兵，或用宣傳解釋，或用武裝鬥爭，繳獲了他們的許多槍械子彈。我們便成立了越南解放軍，分三路進軍。武元甲由北坡開進新潮；黎廣波取道河江省回宣光；我（按即武英自稱）的一路由重慶（在中越邊境）經諒山回到廷架。」[31]

　　越盟武裝在三月九日事變以前，武元甲率領的越南解放軍宣傳隊襲擊保樂附近同模堡的法軍轉往黃花探的森林中以後，適值越南的農曆春節。[32]范文同、武英，以及越盟高北諒聯省委員會的一部分人員到黃花探區來探望部隊，並討論關於南進的計畫。當他們剛剛離開黃花探時，越南事變即告發生。於是越盟武裝隊便立即分路出動。分為三路向南推進：(1)武英的一路擔任左翼，由東而南；(2)黎廣波的一路擔任右翼，由西而南；(3)武元甲的一路擔任中鋒，直指金馬平原，和朱文晉來自北山的救國軍在宣光省的新潮會師。越盟武裝所到之處，便在當地建立政權；同時藉口對日作戰，動員擴軍。如武元甲之記述：

「我們隊伍拉向南方，到了哪裡，就在那裡組織革命政權，解
除敵人（按指法軍）的武裝，並號召法國敵偽殘軍跟我們一道合作
打日本鬼子。許多新的革命部隊組織了起來。高北諒聯省委員會發
出指示，成立人民政權和發動一個抵抗日本的游擊戰高潮。朔江、
高平、保樂、原平、七溪等地，成立了解放軍大隊。朔江市鎮及其
他州城，受到州裡來的武裝隊進攻。解放軍在二水的一次參軍動員
中，就有三千多名年輕小伙子志願參軍。這真是從來未有的盛況。
在南進中，我們直搗朱市，然後向新潮挺進。我們回到新潮，高興
的是北山的各個基層機關也已發展到這裡來了。太原省的各州、縣
的救國軍，也已經奮起發動游擊戰爭，建立了革命政權。新潮解放
區由雙豪兄（即朱文晉）負責。這樣一來，解放軍和救國軍會師
了。」[33]

越盟既然號召法國敵偽殘軍跟他們一道合作打「日本鬼子」；
而當時退守在中越邊境的法國殘軍已非如過去的高傲，很願意和越
盟或越南革命黨聯合抗日。退守朔江的法軍高平軍區司令呂奧少校
曾於一九四五年三月二十五日和胡志明達成諒解，聯合抗日；法越
軍的團長賽瓊上校亦於三月二十八日在保樂和越南革命同盟會代表
張中奉舉行談判，雙方亦同意聯合抗日。[34]但胡志明的越盟與法軍
合作後，貌合神離，法籍軍官時有失蹤之事。四月十日，朔江的越
盟首領[35]密令其武裝部隊嚴密監視法籍軍官行動，並予以個別拘
捕。因此法籍軍官連日失蹤者有馬蒂士（譯音）上士、麥尼埃（譯
音）中尉等。[36]

越盟的最大興趣，是在奪取法軍的武器。例如一九四五年四月
十五日，越盟武裝部隊在那陽附近將一批法軍解除武裝，奪獲機關
槍一挺，步槍六枝。四月十七日，又在桐格欲將法軍繳械，以致雙
方發生戰鬥。法方死軍官一名，士兵二名，受傷四名；越盟人員死
十六名，傷六名。[37]法軍在越盟與日軍的雙重壓迫下，要在邊區足

立，或從事游擊的活動，勢有未能。因此呂奧少校即在四月二十一日以後，將其司令部由越邊移入中國廣西的邊境；賽瓊上校在保樂的法越軍約一千二百名退入廣西時，只剩下了三百名。

越盟利用日軍發動越南事變的機會所獲得的成就，至為廣泛。事變以前，越盟的武裝力量，不過一千人；事變以後，突然擴充到五千人。[38]建立的地方政權，包括北圻的高平、北洚、諒山、河江、宣光及太原六個省區。越盟在北圻各省的「解放區」內，軍事的組織，有「越南人民解放軍」；政治的組織，有「人民委員會」。根據越盟的一項文件，由於各地「人民委員會」發展太快，它和越盟委員會之間的功能，往往混淆不清，顯然彼此亦有爭權的現象。據越盟解釋「人民委員會與越盟會之分別」有云：

> 「自從法越軍為日軍繳械後，到處鄉村都成立了人民委員會。但是多數委員尚未明瞭他們的義務及權限；甚至有不能辨別越盟會與人民委員會之功能。
>
> 　人民委員會是行政機關——管理人民的機關。越盟會則是民眾團體的領導機關。人民委員會由民眾選舉而管理政治。越盟會的委員由各救國團體選舉，而負責會中的工作。」[39]

事實上，在沒有成立「人民委員會」的地方，其地方行政，即由該地的越盟會負責。[40]越盟建立地方政權後，即採取恐怖的統治。對於異黨或非屬同黨的分子，在其勢力範圍內進行活動的，均遭慘殺。[41]

越盟在各地「解放區」所建立的政權和軍權，最初是分散而不統一的。一九四五年四月十五日越盟中央在北江省協和縣召開北圻軍事會議，未能做到政權和軍權的統一工作。武元甲對於這次會議的結果，似乎不大滿意。會後他回到朱市，參加「五一」勞動節。這時胡志明正從中越邊境南下。六月四日，胡到新潮後，修改北圻軍事會議的決議，進行各地政權和軍權的統一工作。按胡在一九四

四年九月從廣西回到高平後,同年底,他又去昆明和駐華美國軍隊
有所聯絡。一九四五年四月初,又到中國第四戰區司令長官部所在
地的廣西百色。五月初,他從中越邊境沿著越南解放軍宣傳隊所開
闢的交通線直接南下。在納堅,和前來迎接他的武元甲相會晤,聽
取關於越南境內情況發展的報告後,便到達越盟新的根據地新潮。
重新研究北坼軍事會議的決議案,並決定加以修改。胡對北坼軍事
會議批評:

> 「把各省劃分成這麼多的戰區太麻煩了。這對統一指揮工作不
> 利。現在已經解放了的地區包括高平、北泝、諒山、河江、宣光、
> 太原等省,應該只建立成一個根據地,取名為『解放區』就行了;
> 而軍隊也應該統一名稱叫『解放軍』。」[42]

所謂「戰區」,是中國國民政府在對日作戰時期所採用的軍區
制度;「解放區」及「解放軍」是中共戰時所用的名稱。經過胡的
這一修改,更符合中共化了。為了修改北坼軍事會議的決議,以統
一政權及軍權,胡發出指示,決定召集全區的幹部會議,以討論
「統一領導問題」。事實上,由於當時各戰區的情況非常緊張,都
在忙於擴充武力和地盤,沒有人能及時趕來出席會議。只有武元甲
留在新潮指揮一切。[43]會議決議案的修改,胡以「家長式」的作風
決定一切。日軍發動越南事變後,造成越南政治的真空狀態。他們
雖然代替法人而為越南的統治者,但由於他們本身已面臨總崩潰的
前夕,自顧不暇。所扶植的陳仲金政權,有名無實,更不能發生影
響作用。以致造成胡志明及其越盟空前擴張的機會。

1　越南國民黨來華代表團《越南三月九日事變經過》。

2　Ellen J. Hammer, p. 37-38.

3　越南國民黨來華代表團《越南三月九日事變經過》。

4 王之五報告，民三四、三、一四（原件）。

5 邢森洲報告，民三四、四、五。

6 邢森洲報告，民三四、四、二九（原件）。

7 邢森洲報告，民三四、五、一二（原件）。

8 邢森洲報告，民三四、四、五；一六；二二；二九。

9 邢森洲報告，民三四、四、八；一五。

10 越南國民黨麻栗站黃國政報告，一九四五、六、一五。

11 邢森洲報告，民三四、四、八；一八。

12 Ellen J. Hammer, p. 37.

13 邢森洲報告，民三四、四、二六。

14 邢森洲《越南情況報告，民三十四年五～七月分》（原件）。

15 Fall, p. 67.

16 Ellen J. Hammer, p. 45.

17 邢森洲報告，民三四、五、一八。

18 Ellen J. Hammer, p. 46-47.

19 邢森洲報告，民三四、五、一八。

20 Ellen J. Hammer, p. 47；中國國民黨中央海外部報告，民三二、五、六，（原件）。

21 邢森洲報告，民三四、五、一八。

22 陳以令《越南現勢》，二一頁。（中華文化出版事業，民四八、六、臺北，三版）。

23 Ellen J. Hammer, p. 51.

24 邢森洲《越南民族獨立運動現況》，民三六、一二、二六（原稿）。

25 Ellen J. Hammer, p. 51.

26 《胡主席》，一七頁。

27 Ellen J. Hammer, p. 50.

28 《胡主席》，一七頁。

29 陳懷南《越南的人民解放鬥爭》五八頁。

30 邢森洲報告，民三四、四、六；何應欽《越南情況》，民三四、一〇、八。

31 《胡伯伯》，一五四頁。

32 越南農曆春節時間與中國相同。這年春節「正月初一日」為一九四五年二月十三日。

33 《胡伯伯》，一八三～一八四頁。

34 邢森洲報告，民三四、四、五；中國國民黨中央海外部報告，民三四、六、一三。

35 據邢森洲報告中指出，此一越盟首領姓名為「鄭海貞」，顯即武英的化名「鄭東海」之誤。按朔江亦為武英活動之區域。

36 邢森洲報告，民三四、四、二二。

37 邢森洲報告，民三四、五、五（原件）。

38 Vo Nguyen Giap, Ten Years of Fighting and Building of Vietnemese People's Army. see George McTurnan Kahin, Government and Politics of Southeast Asia, p. 391, 38n.

39 越盟《解釋人民委員會與越盟會之分別》。此項文件，據中國國民政府軍事委員會之報告（民三四、九、一九，重慶）。就其內容判斷，越盟發佈此一文件時，應在一九四五年五、六月間。

40 同上。

41 邢森洲《越南情況報告，民三十四年六月分》（原件）。

42 《胡伯伯》，一八六頁。

43 同上。

第十二章
胡志明聯美與排華

（一）聯美

　　一九四五年五月，胡志明由中越邊境南下，選擇宣光省的新潮鄉，做為越盟的新根據地，以配合國內外形勢的發展，積極準備武裝起義，奪取政權。同時佈置盟軍入越，協助救護遇險的盟軍飛行人員，藉以爭取盟國的支援。另一方面，則對入越的中國軍隊，進行阻撓與破壞的活動。胡之佈置盟軍入越的工作，主要的是以少數的美國軍隊為對象。其目的，不僅為獲取物質的援助，更重要的是為達成他的政治目的。其阻撓與破壞入越的中國軍隊，由於企圖壟斷中國對越援助的未逞，以及控制越南革命同盟會的失敗，激起越南各民族主義黨派的結合與對越盟之反抗。胡及越盟乃不惜採取強烈的排華行動，以阻止越南各親華黨派勢力的興起。

　　胡氏為了達成「聯美」的目的，首在主動的尋求和美國人的接觸機會。這一關係的開始，是由於越盟人員救護一名美國飛行員。一九四四年冬，一架美國空軍的飛機在高平上空失事，一位年青的飛行員山（Shan）中尉用降落傘落在高平附近的山區。在日、法軍的搜捕下，山中尉獲得當地越人的嚮導和掩護，脫離了危險地帶，藏匿在一個山洞裡。[1] 由於越盟人員的安排，山中尉住到范文同的機關中。范要他去和胡志明會面，山中尉欣然同意。[2] 越盟抓住這一宣傳的機會，派出三個小隊的武裝人員，來保護山中尉。他們晝

伏夜行，越過六十五公里的距離，到了中國的邊界，會見了胡志明。由於胡氏能說英語，山中尉顯然受到極大的感動，他要求胡和他一道去昆明的美國空軍司令部。胡表示願為山中尉效力，同時也需要去訪問在雲南的朋友。於是兩人在中國境內走了五天，便分手了。因為中國方面表示接待山中尉的善意，而不需要胡的陪送。[3]但胡的目的，顯然必須利用這一機會，要和美軍方面接上關係。所以胡和山中尉分手後，仍單獨前往昆明。據張發奎將軍告知作者，胡之前往昆明，係因美軍方面的要求。[4]美軍何以主動的要求胡去昆明？顯然是山中尉到昆明後對胡氏友情的報答。

一九四四年底，胡到了雲南的宜良，住在一名越共分子黃光平的家中，據黃的記述：胡到達他家時，是穿著中國國軍的制服，戴著中國國軍的軍帽，帽沿拉得很低，幾乎可以遮蓋面孔。和胡同行的，有馮世才及一名袋族人「老明」，他們是胡的警衛。他攜有張發奎將軍給他的通行護照，是他在柳州被釋放時所領得的長期護照。當時胡的健康情況，極為惡劣，還生著疾病。胡在宜良住了一個星期，主要是養病，但未痊癒，便趕往昆明去了。[5]

胡到昆明時，山中尉已離開昆明回美國去了。但美軍人員對於胡的到來已有安排，他們即去訪問胡氏，感謝他對美國空軍人員的幫助，並贈給胡氏一批藥品和金錢。胡接受了藥品，而謝絕了金錢。美軍芬尼上尉（Captain Charles Fenu）陪同胡去見美駐華第十四航空隊司令陳納德將軍（Major General Claire Chennault）。陳納德將軍問胡：越盟是否願意幫助盟軍組織一個救護站，以便救護盟國飛行員降落越南境內之用。胡表示願竭盡所能幫助盟軍。陳納德將軍便指定芬尼上尉著手組織這一救護機構。胡乃離開昆明前往廣西。[6]

上述胡與美軍方面接觸的經過，是根據北越方面較早的資料。但據美國方面的資料，胡在昆明所接觸的美軍人員，還有美軍情報局（Office of Strategic Service, OSS）的官員。當時，胡曾數度接觸

駐在昆明的美軍情報局華南方面的負責人海力威爾上校（Colonel Paul Helliwell）。[7] 胡曾要求美方給予武器及軍火的援助，而由越盟方面供給美方情報，破壞日軍，以及繼續救護盟軍飛行員。但據海力威爾的敘述：胡的每次要求，都被拒絕。他拒絕胡之要求的原因，是駐在中國的美軍情報局有其一貫的決策，即不能援助如胡這樣的人。因為他深知胡是共產黨徒，且將成為戰後之禍源。但由於胡的不斷努力，海力威爾終於給胡六支〇‧三八手槍和兩萬發子彈，僅為表示對越盟援救美國飛行員的謝意。[8]

根據北越共黨方面的記述，當時胡與美軍之間，顯已達成良好的關係。當胡在一九四五年五月回到北越時，迅即指示他的軍事負責幹部武元甲，要選擇一個適當的基地，做為聯絡中心。胡對武元甲表示：當前國外的形勢對他們有利，現在必須在高平、北㳇、諒山間，或宣光與太原之間，選擇一個群眾好、革命基礎好、地形好的地方，能夠順利地和國外、山區、平原取得聯繫的基地，做為聯絡中心。在胡的緊急催促下，武元甲趕回金關尚和朱文晉討論後，便決定以新潮這個地區做為聯絡中心。該地在宣光和太原之間，距離公路很遠，為山林險要之地，這裡已建立了越盟政權，符合胡所要求的條件。[9]

胡到他的聯絡中心——新潮不久，便有一小隊美軍來了。越盟曾派遣五十名「志願兵」護送他們前往聯絡中心。這一小隊美軍中有肥 TAN，小 SH，無線電員 F 中尉。他們在越盟「志願兵」的護送下，晝伏夜行。到達新潮基地後，胡更派一百五十名游擊隊供給他們調遣使用。隨後美軍賀蘭上尉（Captain Holland），和湯姆（Thomas）少尉也率領幾隊美軍到了。他們是用降落傘降落在越盟基地的。越盟又發動民眾二百人，協助美軍建造一個小型飛機場。賀蘭上尉率領的一隊美軍和越盟游擊隊往另外一個地區活動。湯姆少尉的一隊則留在越盟的基地工作。他們的任務是搜索森林，檢驗道路和研究場地，此外還教授越盟青年軍事課程。在越盟有計

畫的安排下，使美軍覺得越盟人員處處順當，他們經常在一起討論問題，特別是關於國際政治問題。胡本人每天也要花去很多的時間，和美軍人員聯絡。[10]

胡聯絡美軍的企圖，並非單純的為了軍事援助；他的政治目的遠重於軍事上的需要。當時胡擬訂和盟軍合作的工作項目為(1)盟軍登陸時與盟軍的合作；(2)加強救護遇險的盟軍飛行員。這兩項工作是為達成下面的兩個目的：(3)起義的準備；(4)政權的奪取。[11]根據胡與幹部們討論的結果，認為他們革命的發展，將導致兩種可能性，一為能夠奪到政權，本身有足夠的條件去和盟國平等地談判問題；一為本身力量單薄，不能夠在盟軍入越之前，利用有利時機奪取政權，而且入越盟軍也包括法軍在內。如果屬於後一種可能性，越盟即須考慮要和法國進行談判，取得一些民主、自由的權利。然後憑藉這些權利做為資本，進行宣傳、教育，以啟發群眾的覺悟，更進一步的推動革命運動，繼續和法國鬥爭。[12]因此，胡之屈意交歡美軍，也是為了實現他所估計的兩種可能性。在實現其第一種可能性的估計下，胡希望獲得美國的支持。他曾利用在其基地的美軍電臺，向駐華美軍情報局的主持人海卜納（Richard Heppner）通訊，要求美國給予援助，希望能如美國給予菲律賓的自由保證，迫使法國承認越南的獨立。事實上，當時胡氏得自美軍情報局及其他美國人士精神上的鼓勵，多於物質的援助。[13]在實現其第二種可能性的估計下，胡亦預為佈置。一位年輕的美軍少尉約翰（John）曾利用他的手提發報機，替胡向昆明的法方官員進行接觸。他把胡的電報拍給法國一位職業外交家畢農（L'eon Pignon）和一名法軍少將山得尼（Jean Sainteny）。胡向他們提出條件，要求法國保證在五年到十年之內給予越南獨立的地位。這兩名法國官員對胡的答覆是願意進行談判。當時卻無從安排談判的時間和地點。後來畢農出任法駐越南高級專使（high commissoner）；山得尼則為法駐北越的首席代表。[14]顯與胡之事先的通訊接觸有些淵源。

（二）排華

胡與美軍「蜜月」期間，正是越盟進行排華之時。這一行動開始於一九四五年五月，而自六月以後為更甚。八月間，日本宣布投降後，中國軍隊進入北越，仍受越盟之抵制。[15]一向支持胡氏的蕭文，亦在其一項報告中指出：

> 「一九四五年五至八月間，中國第四戰區外事處、僑務處，及中國第六十二軍，自靖西派人進入越境活動，及部隊進行時，自高平經諒山、北江途中，頗受越盟之阻擾。華僑不隨其疏散以行空室清野者，頗受其殺害及虐待。」[16]

越盟這一奇異的行動，頗難使人理解。根據中國方面的報告，越盟起初排斥的對象，是越南革命同盟會由華入越的人員。一九四五年五月中，越盟開始在高平、河陽、太原等地區，對革命同盟會所屬各黨派採取敵對的立場，凡非越共分子，在其勢力範圍內進行活動的，均遭越盟之慘殺。當時中國方面顯未察覺到這是越盟排華行動的開端，認為是他們內部的鬥爭。[17]迨越盟著手控制及迫害華僑時，中國方面仍未想像到那是出於越盟有計畫的排華行動，而認為是其偶然的局部的行為。例如在這年五月二十八日到六月三日的一項《越盟動態》報告中指出：

> 「越盟近在高平、安平、通農一帶，將華僑組織為『華越聯盟抗日會』。其最高機關為執行委員會，由越盟指定華僑為委員。但委員並無獨立權力，均須受越盟之指揮。越盟各州負責人對華僑態度並不一致，如朔江負責人黃國魂對華極誠心協助；而坑急負責人方舉才（原係華僑，現為越革分子）則對華方工作人員及華僑極不好感。近在坑急成立『華僑村』，將華僑集中居住，華僑一切行動，均受極嚴格之監視，稍有嫌疑，即行暗殺。」[18]

但越盟之連續不斷的對華攻擊行動，卻使中國方面感到事態的

嚴重。發覺這是「阮愛國」及其越盟「已顯現其猙獰面目」。如這年七月九日到十五日的《越盟動態》報告中指出：

> 「越盟領袖阮愛國，化名胡志明，年來在廣西活動，頗受有關方面（指第四戰區）之援助。惟越南共產黨有其固定之政治路線。最近一月來（六至七月），越盟已顯現其猙獰面目，對第四戰區外事處、僑務處、越南革命同盟會派遣入越之行動及工作人員，分別予以圍困、逮捕。越盟區域內之華僑，亦大受壓迫，或被逐出越盟地區之外，或被監視。外事處副處長蕭文為此特向越共聯絡員黎松山提出警告；並函促胡志明來靖西商談。惟聞胡已拒絕蕭之邀請，表示不願與中國合作。現外事處已在研究對策。」19

其時二次世界大戰已臨結束的邊緣，駐越日軍已在三月九日推翻法在越南之統治，越盟勢力得以趁機膨脹，盟軍對越活動亦在積極加強。胡志明一面交歡美軍，一面暗中進行排華。綜合六至七月間，其排華的方式如下：

(1)暗中禁止越人將糧食售給中國軍隊。

(2)中國軍隊入越所到之處，越共均堅壁清野，使中國軍隊不能立足。

(3)日軍在六月中旬進擾淰湧、那桐的中國軍隊時，均由越共分子作嚮導。

(4)中國軍隊搜索入越襲擊高平至朔江公路的日軍運輸隊時，越共將單獨行動的華軍士兵一名槍殺，劫去步槍一枝。

(5)在中國軍隊的駐紮地區散佈謠言，擾亂視聽。

(6)對越民宣傳華軍為「土匪隊伍」，不准越人加入華軍，否則即行殺害並沒收其財產。

(7)虐待及殺害華僑，尤在那㗂、坑急一帶殺害無辜華僑甚多，並任意驅逐華僑商人出境。20

越盟對華排斥的目標，不僅是革命同盟會和入越的中國軍隊，

而且是張發奎和蕭文所統率指揮的機構和軍隊。張、蕭不久以前，均曾支持胡志明，胡亦再三向張、蕭表示其忠貞。現在胡突然的一反其過去的態度，原因為何？根據當時留在越盟基地和胡在一起的一位美國人的觀察，他發現胡對中國人頗懷畏懼，且願親近西方。[21]這位美國人顯然尚未發現胡已暗中進行排華，但他卻已察覺胡的心理。而中國所得到的報告，是越共在「採取聯美排華政策」。[22]

　　越盟排華，是自一九四五年五月間開始。在此之前，胡及一批越共分子曾一度集中在中國第四戰區司令長官部所在地之廣西百色，企圖加緊控制越南革命同盟會，藉以壟斷中國對越的援助。但其結果，由於彼等之行動「太不合法」，不僅激起越南各民族主義黨派對越共之警覺與反對，同時亦為中國第四戰區方面所不能接受。而中國對越政策之趨於積極，也促起了越南民族主義黨派的振作與團結。顯然使胡懷於來自中國的影響，勢將迫使越盟陷於不利地位。因此在其離開中越邊境南下之際，一面佈置「聯絡中心」以迎接美軍，同時暗中採取排華的行動，藉以打擊越南民族主義黨派勢力的興起。這顯然是胡排華的真正原因。中國對越政策之趨於積極，是在一九四五年三月日軍發動越南事變以後的事。當殘餘的法越軍尚在中越邊境對抗日軍之際，第四戰區司令長官張發奎將軍即於這年三月十四日奉到準備入越作戰的命令。其入越作戰計畫，對於法軍方面，則維持盟友並肩作戰的關係；對於越南革命黨，則積極加以援助，在日軍被逐出越南時，即由越南革命黨宣布越南獨立，成立新政權。[23]此一不相調和的計畫，據張發奎將軍的解釋：與法軍維持盟友並肩作戰的關係，是表面的；援助越南的獨立，才是真實的目的。[24]

　　上項計畫的實施，當中國陸軍總司令何應欽將軍於一九四五年三月間到達昆明編組攻越部隊時，重慶中央認為蕭文過去對越工作頗多失策，屢欲糾正而未果。這次很想利用改編軍隊的機會，轉移蕭文對越工作的干預。但蕭文卻於三月三十日由百色趕往昆明，直

接向何將軍報告對越工作，並提出對越工作計畫，要求保留他過去
對越工作的外事處，並加強其職權。在其對越工作計畫中，列有兩
個步兵團的裝備和經費。其第一步入越的人員大約為一百五十人的
裝備，並定於四月二十日開始出發。[25]蕭文在其任務達成後，即於
四月十四日由昆明回到百色。並著手實際行動。

　　由於中國對越援助付諸實際行動，接受援助者仍為越南革命同
盟會。胡志明及其幹部鑒於蕭文取得援越的執行權，不禁大為鼓
舞。首先公開表示意見以圖取得援助者，為越共分子楊寶山於一九
四五年四月七日在昆明以「革命同盟會雲南分會」的名義，招待各
報記者，發表談話，並請蕭文出席他的記者招待會。楊之談話要義
如下：

> 「越南自本年三月九日發生事變後，越人被法人強迫征調而受
> 生命財產之損失，應由日、法兩國共同負責。今後越南人民為爭取
> 主權獨立自由，有聯合同盟國家中、英、美擊潰日本之義務。越南
> 之命運應由越人自行決定，法國已無干預之理由。現在越南人民已
> 組織強大之武裝部隊，由革命團體（指越南革命同盟會抑指越盟，
> 不明）指導，正在與敵周旋。」[26]

　　楊之上項談話，亦係間接反對法國戴高樂臨時政府關於越南宣
言大綱。此項大綱發表於一九四五年三月二十四日，為申明法對越
南的統治政策。其時法越殘軍尚在寮國及中越邊境抵抗日軍，中國
頗不願引起法人的誤會，以妨礙中法邦交，分散抗日的力量。[27]因
此在雲南的越南國民黨人，多能尊重中國的態度，未作公開反法的
表示；在華多數越人亦認為楊之談話，不能代表革命同盟會之言
論。但楊在無所顧慮的情況下，掌握有利的宣傳機會。蕭文且具有
中國高級軍官的身分，參加楊之招待會，這似乎在使外界產生一種
錯覺，認為楊之反法宣傳及活動，獲有中國官方的支持。在此同
時，越盟一面在中越邊境襲擊法軍；一面大事宣傳「親華」，其宣

傳內容為(1)絕對與友邦中華民國聯合；(2)絕對抗日；(3)越盟永遠與中華民國攜手。其宣傳口號有(1)「打倒日本法西斯及其走狗」；(2)「中越兩民族團結萬歲」；(3)「越南解放成功萬歲」；(4)「中華抗日勝利萬歲」等。[28]總之，越盟的一舉一動，無論其為「親華」或「排華」，都是有他們自己的企圖的。

　　當越共分子在昆明及中越邊境宣傳「親華」、「抗日」和「反法」時，胡志明亦同時在四月初（一九四五年）到達廣西百色。其任務，是要藉越南革命同盟會的名義，以圖控制中國對越之援助。革命同盟會自一九四四年十一月柳州失陷後，即隨中國第四戰區司令長官部遷至百色。自越南國民黨人嚴繼祖、武鴻卿等被排出革命同盟會後，其他黨派越人如張佩公、阮海臣、陳豹、農經猷等亦相繼離開廣西。他們有的流落在貴陽，有的去雲南作單獨的活動。其餘如張中奉、蒲春律雖未脫離革命同盟會，但亦無大作用。張中奉且已潛入高平，收容法越軍的越籍逃亡士兵。[29]因此胡到百色時，革命同盟會的委員僅有胡及黎松山、蒲春律三人。在此同時，越盟的五名代表黃國越、鄧春樞（長征）、阮文江、楊孟雄、鄭兼，亦由東興到達百色。他們打算召開革命同盟會代表大會，來產生新的機構。由於沒有其他各黨派的代表參加，以致代表大會未能開成。遂由黎松山提議由新來的五名代表和三名留在百色的革命同盟會委員，混合組織「革命同盟會行動委員會」，以便發動邊區工作。蒲春律雖表示反對，但其餘七人仍於四月十二日組織了一個「行動委員會」，推定黎松山、丁張洋、胡志明、鄭兼、黃國越、阮文江及蒲春律七人為行動委員。但蒲以共產黨人包辦選舉；且選出的行動委員除他本人外，餘均共產黨徒，乃拒絕承認。[30]

　　越共分子這一過火的作法，卻激起了其他越人的強烈反對。出而主持反對的為蒲春律和武金城。蒲原屬復國軍系，過去和越南國民黨人不能相容，自黎松山以「聯甲倒乙」的手段，排除革命同盟會中的各黨派後，蒲亦勢孤力弱，僅能掌握其殘餘的原來復國軍一

百四十人，並嚴防越共之分化。武金城為越南無黨派人士，一九二七年間，曾在廣州黃埔軍校受過訓練。一九四四年八月，嚴繼祖被蕭文迫離東興後，彼即繼任嚴之工作而為革命同盟會東興工作站長，和阮海臣及越南國民黨人比較接近。[31]當越共分子在百色組織「行動委員會」時，他和蒲春律感於革命同盟會的領導權已為越共分子所把持，因聯名分電革命同盟會的執行和監察委員如張佩公、阮海臣、陳豹、農經猷、嚴繼祖、武鴻卿和阮祥三等，要求他們團結起來，以對抗越共分子的操縱行為。彼等之看法，以為革命同盟會現有的十名執監委員中，越共分子僅有黎松山和胡志明兩名，其餘八名均非共黨分子。如果以執監委員會議來決定問題，各民族主義黨派自可控制一切。因此他們派遣一位越南國民黨人馮自決為代表，到各處去聯絡各執監委員。阮海臣和農經猷首先表示願意切實合作。[32]當馮於七月二十四日到達昆明時，實際情況已有變化。越南國民黨已在六月初和大越黨合併，並組織一個訪華代表團，在潘針的率領下，到達中國的戰時首都重慶，獲得中國政府的正式接待和支持的保證。蔣介石委員長於六月二十五日接見該團全體代表，他們要求蔣委員長幫助越南民族獨立。獲得蔣的肯定答復；並允與美國商討，使越南獲得獨立與自由。[33]馮到昆明時，僅會晤到武鴻卿和阮祥三，嚴繼祖尚留重慶，陳豹在貴陽有病，張佩公適在七月三十一日病故。事實上，他們已無從集合起來到廣西去和越共分子競爭。同時越南國民黨人對於革命同盟會已無興趣。因此武鴻卿和阮祥三向馮表示：

> 「革命同盟會在越南國內聲譽最壞，不能發生領導作用……吾人對之已無爭取之必要；但亦不加破壞。吾人現以越南國民黨名義活動，在中國方面已得到中國國民黨之同情及援助。在越南方面，除共產黨外，其他各黨派均奔集越南國民黨旗幟下效力革命工作，而成為越南革命之總集團，亦可謂越南革命接受中國援助之新橋

樑。希望廣東、廣西方面之越南革命同志均集中於此，共同努力。」[34]

馮自決由昆明返回廣西後，阮海臣即應邀去昆明協助越南國民黨工作。武金城和蒲春律仍留東興及龍州，與革命同盟會保持聯繫，藉以明瞭其動態，也附帶有監視的作用。[35]

越南革命同盟會方面，自越共分子於四月十二日在百色組織行動委員會以後，蕭文即於同月十四日由昆明回到百色。他認為越共人員的行動「太不合法」。但他卻採取一項更不合法的手段，將他們所選出的行動委員會取消，另選出武金城、蕭春律、曾健斌、黎松山、胡志明、張中奉六人為行動委員。而由張發奎指定張中奉、蒲春律、黎松山三人隨同第四戰區外事虎活動，並以張中奉為行動委員會的主任委員。[36]張中奉原屬張佩公系，自張佩公離開廣西後，其態度亦趨中立；部分越人亦有懷疑他為越共所利用者。黎松山為越共分子，在革命同盟會中不得人望，會員多反對之。張中奉頗與蕭文接近，故得任為行動委員會的主任委員。[37]蕭文這一措施，固然由於越共人員做得過火因而激起越人的反對，使他的立場發生困難；但其主要原因，是他在昆明之獲得何應欽將軍的允許，保持其援越的執行權，顯然亦有條件的限制，即不應以共產黨為援助的對象。

越南革命同盟會行動委員會有「武裝行動隊」的組織，為過去的復國軍所改編，由張中奉擔任總隊長，於一九四五年五月二日在廣西天保縣舉行成立大會。[38]隊員一百五十名，裝備齊全。五月九日，由天保開抵靖西。十一日，分三批向越南境內出發，第一批五十名由蒲春律率領，開至廣西邊境之岳圩、隴邦，其活動地區為越邊之上琅及茶嶺；第二批十名由黎松山率領，開至廣西邊境之平孟，其活動地區為越境之朔江及坑急（越盟區域）；第三批五十五名由張中奉率領，開至廣西邊境之百南，其活動地區為越境之保樂

及河陽。³⁹隨後又一批五十名由吳文合率領，開往越境之東溪及七溪。原駐龍州的胡德誠亦率領一部分武裝人員指向越境之平歌。⁴⁰此外，武金城早在四月二十七日率領武裝人員三十名由百色開往東興，對越活動。⁴¹此時正是胡志明由中越邊境南下，前往其新的根據地——新潮，越盟亦開始對革命同盟會入越之行動人員進行圍困與捕殺。但革命同盟會各批入越武裝人員的進展，仍很迅速，七月初，已擴展到六百人以上，更分六路向南推進，一路已佔領保樂；一路進出太原、北洿；一路已進出朔江；一路已佔領平歌；一路進出東溪、七溪；一路進出海寧。⁴²此時越盟已在進行強烈的排華行動。

　　革命同盟會入越武裝人員，不僅多為越人所組成，且越共人員如黎松山、胡德誠等，亦參與其活動。行動委員會的六名委員中，越共佔有兩名，胡氏本人亦在其內。同時反對共黨的越南國民黨人並未參加這一行動。此項人事上的分配，雖未能完全符合他們原來的安排，但絕無排斥或消滅越盟的意圖。中國對越之援助，亦曾希望越南各黨派能夠團結合作；最低限度在敵人未驅出國土及獨立未完成之前，更求越南各黨派互相容忍，不宜自相鬥爭，以造成越南民族之不幸。⁴³這與胡所標榜的「爭取外援，團結內部」，以及他所提出的聯合各黨派，發展革命同盟會的組織和力量，在原則上並無衝突之處。且此時越盟勢力雖有相當的發展，尚不足以構成對抗中國的力量。因此越盟之排華，必係根據他們本身問題的考慮。

　　當時胡的主要考慮，不是越南能否早日獲得獨立的問題，而是越盟本身能否奪得政權的問題。胡告訴他的幹部們：「目前的任務在努力掀起一個起義的高潮，必須使解放區在全國範圍內不斷擴大；即使本身力量薄弱，定可在同盟軍未到之前把解放區建立起來」；「否則時不待人，必然將大好機會錯過。」⁴⁴因此，在他奪取政權的準備工作未完成之前，他絕不希望盟軍進入越南；更不希望越南其他黨派的勢力隨同中國軍隊進入越南，去和他爭取民眾及

政權。因此革命同盟會非屬共黨的入越武裝人員，受到越盟的圍困和捕殺；搜索入越的中國軍隊，受到越共的阻擾；同時，胡亦憑藉他和美軍合作的關係，作為排華的掩護，這和他過去拉攏張發奎及蕭文以排斥越南國民黨的手段，如出一轍。

　　胡的另一考慮，認為可能由於他本身力量的薄弱，在盟軍入越時，越盟不能夠奪得政權，便考慮要和法國談判。也就是說，如果越盟的力量不足以控制越南時，他寧願讓法國繼續統治越南一個時期，也不願越南其他黨派得勢，來領導越南的獨立。因此他利用在其基地的美軍電臺，直接向法駐昆明的戴高樂代表團接觸，除要求法國保證在五年到十年之內給予越南獨立外，並要求給予武器及教練。七月間，一個法美六人代表團降落在越盟總部。[45]同時胡也扮演出一副親西方國家的面孔。例如當時在越盟基地和胡相處幾個月的一位年輕的美軍少尉約翰，竟天真的相信胡不是一位共產黨。在約翰的看法，胡縱然是共產黨，他也確信胡氏亟需和西方合作，特別是和法國及美國。[46]顯然，越盟之採取排華的行動，亦有故示對法拉攏之意。同時胡亦利用美軍的電臺對反法的急先鋒──大越黨，進行攻訐。當日本投降之前不久，約翰即曾使用他的電臺替胡發出如下的一個電報：

　　「大越黨（一個反越盟的民族集團）計畫作大規模的恐怖反法，並企圖嫁禍於越盟。越盟已命令二百萬會員及其所有的民眾，儘可能地來嚴防並制止大越黨的這項犯罪計畫。越盟明白地宣布其目的，在求國家的獨立，它用政治的鬥爭以及假如必要時的軍事手段，但它絕不依靠犯罪的及可恥的行動。越盟民族解放委員會──簽字。」[47]

　　此時胡的表演，儼然成為一個親法主義者。正如他在不久之前向張發奎和蕭文所表演的「親華、反法、抗日」的態度一樣；甚至在越盟排華以後，蕭文仍然相信胡「必走中國路線和反法」，且認

為他與中共無關。[48]

　　胡之攻訐大越黨，不僅是向法爭寵，是在間接的反華；同時，胡最畏懼的也是大越黨。大越黨亦名大越維民黨，該黨原以親日反法為主張。它的來源，是越南國民黨在一九三〇年安沛起義失敗後，因受法殖民當局之監視，無法繼續活動，部分黨人逃入中國；另一部分黨人則聯合興越黨、社會民主黨、急進黨、文郎黨、國社黨、越南興國黨，以及努力黨等，於一九三九年組織大越黨。日軍進據越南後，該黨聲勢極盛，曾有黨員三萬餘人，多屬知識分子，分佈於中圻及北圻。因引起日本之注意，故又分為大越、文郎、雄王三派，以分散日人之注意目標。後因機密洩露，受到日軍之壓制，主要人物多為日、法當局所拘捕。[49]該黨重要活動分子阮祥三於一九四二年秋逃亡來華，在柳州活動，和胡志明同時加入革命同盟會，被選為候補執行委員。因受越共分子之排斥，而與越南國民黨人武鴻卿等同被排出革命同盟會。一九四四年六月，在阮祥三和武鴻卿等的合作下，將大越黨併入越南國民黨，產生新的中央委員會，有委員二十九名，其中如張伯宏、張文源、黎雄、黎文明、周伯鳳、范凱旋、潘針、阮山海等，均為越南的優秀知識分子。[50]六月間，由潘針率領一個代表團到達重慶，與中國中樞當局接洽，預定盟軍入越時協同驅逐日軍，即宣布越南的獨立。[51]由於該黨在越具有雄厚的基礎，乃成為越盟奪取政權之勁敵。因此在越盟的宣傳下，所有的惡劣名詞，均加諸大越黨，他們說阮祥三及其大越黨「無恥地投罪在敵人卵翼下敲邊鼓，做幫兇，把一切惡意的誣衊和中傷，都加到越盟頭上。」[52]事實上，胡也幹著「敲邊鼓，做幫兇」的勾當。

　　因此，胡志明及其越盟之聯美與排華，是完全基於他們本身的生存發展問題之考慮。至越南能否獲得獨立，顯為次要的問題。

1 Tran Dan Tien《胡志明傳》，一二八～一二九頁。

2 《胡伯伯》，一五四頁。

3 Tran Dan Tien《胡志明傳》，一二八～一二九頁。

4 張發奎答作者及 Julie How 之訪問。

5 《胡伯伯》，一三三～一三四；一三七頁（黃光平述）。

6 Tran Dan Tien, p. 129-130.。

7 Fall, p. 100.

8 Robert Shaplen, The Lost Revolution, p. 33. New York, Harper & Row, 1965.

9 《胡伯伯》，一八五頁。

10 Tran Dan Tien, p. 140-142.。

11 Ibid., p. 143.

12 《胡伯伯》，六四頁。

13 Robert Shaplen, p. 33-34.

14 Ibid., p. 40-41.

15 邢森洲報告，民三四、一〇、一；尹鳳藻（中國駐西貢總領事）報告，民三四、一〇、一二（原件）。

16 蕭文《對越南問題之解答》，民三五、一一、一。

17 邢森洲《越南情況週報，民三四、五、一四～二〇》（民三四、五、二〇，原件）。

18 同上，民三四、五、二八～六、三（民三四、六、三，原件）。

19 同上，民三四、七、九～一五（民三四、七、一五，原件）。

20 邢森洲《越情彙報，民三十四年七月分》（原件）。

21 Robert Shaplen, p. 34-35.

22 邢森洲報告，民三四、八、五（原件）。

23 張發奎之報告，民三五、九一、一七（廣州，原件。時張已調任國民政府廣州行營主任）。

24 張發奎答作者及 Julie How 的訪問。

25 葉秀峰致吳鐵函，民三四、五、二六。

26 邢森洲《越情彙報，民三十四年四月分》（原件）。

27 中國國民黨中央宣傳部致中央秘書處函，民三四、三、二七（重慶）。

28 邢森洲《越情彙報，民三十四年四月分》。

29 邢森洲報告，民三四、四、八（原件）。
30 邢森洲《越情彙報，民三十四年四月分》。丁張洋於一九四四年八月末由越南到柳州。據柳州《中正日報》（民三三、八、三〇）記載：丁現年六十歲，為越南老革命黨人，被法拘捕數次，在獄二十三年。近因病被釋。
31 邢森洲報告，民三四、九、三〇（原件）。
32 邢森洲報告，民三四、八、一〇（原件）。
33 越南國民黨來華代表團談話會紀錄，民三四、六、二五（重慶，原件）。
34 邢森洲報告，民三四、八、一〇。
35 同上。
36 邢森洲《越情彙報，民三十四年四月分》。
37 邢森洲報告，民三四、五、六（原件）。
38 張發奎電報，民三四、五、一八。
39 邢森洲報告，民三四、五、一三（原件）。
40 邢森洲報告，民三四、七、一（原件）。
41 邢森洲報告，民三四、五、六。
42 邢森洲報告，民三四、七、八（原件）。
43 越南國民黨來華代表團談話會紀錄，民三四、六、二九（重慶）。
44 《胡伯伯》，六五頁（阮良朋述）。
45 Ellen J. Hammer, p. 99.
46 Robert Shaplen, p. 28-29.
47 Ibid., p. 29-30.
48 蕭文《對越南問題之解答》。
49 盧漢《越南各黨派概況》，民三四、一二、一四（河內，原件）。
50 據越南國民黨來華代表團所列之中央委員名單及簡歷，計委員二十九人如下：張伯宏、張文源、黎雄、范仲楚、黎文明、陳文春、阮文發、武鴻卿、嚴繼祖、阮祥三、武光品、黃國政、黎寧、周伯鳳、阮文龍、范源湖、范凱旋、阮仲龍、阮進玉、范伯山、黎文禮、黎奇南、吳孟瑞、潘針、黃家決、阮家屬、阮有練、阮山海、潘伯仲。
51 越南國民黨來華代表團談話會紀錄，民三四、六、二九。
52 呂毅《越南人民反帝鬥爭史》，七九頁。

第十三章

結論

　　十九世紀末葉及二十世紀的初年，越南雖在法人統治之下，但中國的傳統文化和社會制度，仍存留於越南。由於外力的入侵與壓迫，越南的知識分子已在追求改革。其追求改革的途徑，亦正如中國當時的情況，一為效法日本的維新，一為學習西方的文明。前一途徑在越南稱之為「東遊」；後一途徑在越南稱之為「西化」，即是學習法國的新事物。胡志明的家世原具有中國的傳統，胡的祖父和父親出身於中國式的科舉。他的父親曾是一個傳統家庭中的被虐待者，後來雖考中舉人和副榜，但對科舉制度已有反感，傾向於「西化」的途徑。胡在幼年，雖曾接受過中國舊式的教育，並準備參加科舉考試，但由於他父親的影響，放棄了中國傳統的儒學教育，也曾拒絕「東遊」派的遊說，進入法越式的西化學校，走向「西化」的途徑。他在一九一二年放棄教師的職業而改充一名低級海員，以謀出國，正是他利用職業的便利，追求他的「西化」途徑。

　　第一次世界大戰結束前後，胡在巴黎定居下來，和越南「西化」派接觸，加入了法國社會黨。凡爾賽和會開議，他向和會請願，要求改善越人的地位，而一舉成名。在他請願失望之後，對於列寧《民族與殖民地問題綱領》發生狂熱的感動和崇拜。從此他更積極的參與政治活動，並由法國社會黨員成為法共黨員，且成為法共反殖民運動的專家。希望經由法國內部的共產革命，做到殖民地

的共產革命。這正是胡氏進一步的邁向「西化」途徑。引用共產黨
的術語來說,就是要把越南由「資產階級」的法國統治,轉變為
「無產階級」的法國統治;越南的傀儡政權由「西化」派的「資產
階級」之手,轉入「西化」派的「無產階級」之手。

由於法共對共產國際殖民地問題政策的推動,並不積極,因此
胡的「西化」途徑,似感「此路不通」。在莫斯科東方政策的支配
下,隨著斯大林的路線,他開始轉向東方。他不僅對西方帝國主義
者做猛烈的攻訐;甚至對法國共產黨,也提出嚴厲的批評和指控。
由於越南問題,尚未為莫斯科當局所重視,因此胡對法共雖感失
望,仍須透過法共的殖民地政策,間接對越宣傳。

一九二四年到一九二七年間,莫斯科的東方政策,實際集中於
中國問題。中共在這一政策支配之下,加入了中國國民黨領導的國
民革命運動。此一運動對亞洲殖民地的民族主義發生積極的影響作
用。胡在一九二四年底來到中國的國民革命根據地廣州,開始他在
中國的生涯。從此他使用各種不同的化名,以民族主義者的面目,
一面參加中共的工作;同時透過中共的幫助,對越發展組織。從一
九二五年到一九四五年的二十年間,法共對胡的影響愈來愈小,中
共的影響卻愈來愈為重要。

從一九二五年到一九二七年胡在中國時期,中共正在參加國民
革命運動,以圖爭取民族運動的領導權。胡亦以民族主義者的身
分,在俄共鮑羅廷的卵翼下,利用越南國民黨人「心心社」的基
礎,組織「越南青年革命同志會」,在中共的協助下,對越發展組
織。「同志會」遂為越南共產黨的前身。迨中共與中國國民黨決裂
而轉入地下活動,胡在中國亦失去活動的憑藉,變為共產國際在遠
東的「第五縱隊」。

一九三○年的初期,是國際共黨遠東活動最盛時期,也是他們
遭受打擊最嚴重的時期。中共在國際共黨的指導下,厲行所謂「立
三路線」,傾其全力發動武裝暴動。越南共產黨亦在中、法、俄共

的「兄弟黨」幫助下宣告產生。此時胡一面參加共產國際在遠東的組織和活動，同時指導在華越共地下人員與中共分工合作。胡給越共規定的「十大口號」，正是同時期中共「十大口號」的翻版。「立三路線」失敗，中共及共產國際在華的組織，紛紛被破獲。越共亦在宜安蘇維埃的暴動中，遭到徹底的失敗；胡在香港亦被英方逮捕，服刑六個月後，潛入廈門，經由上海轉回莫斯科。

一九三五年到一九三九年間，斯大林為緩和東西方軍國主義對蘇聯的壓力，規定各國共產黨徒在其本國內建立「廣泛的統一戰線」。因此中共和法共分別執行「民族陣線」及「人民陣線」。越共在維護其宗主國法國對蘇聯的友好關係，只有追隨法共的「人民陣線」，放棄其反法獨立的鬥爭，實行「民主陣線」，擁護法國殖民的統治。胡在此一時期對於越共的路線，除了作更大的贊同外，似無作為。

一九三七年七月，中日戰爭爆發，中共與國民黨合作抗日，獲得合法的地位，在日軍佔領的廣大淪陷區，建立其「解放區」。胡在一九三八年底又來到了中國，參加中共的工作。隨著中共的團體，活動於中國西南各地，吸收中共「民族陣線」的經驗，成為他後來組織「越盟陣線」（民族陣線）的藍本。

一九三九年九月，二次大戰發生，法蘇關係破裂，法共的「人民陣線」宣告結束，越共的「民主陣線」亦隨之解體。胡直接指揮越共，採取中共的經驗和方法，建立中共式的「民族陣線」。從一九四〇年初到一九四五年八月，日軍投降以前，胡在中國及中越邊區實行「民族陣線」的經過和方式如下：

(1)經由中共的協助，胡與越共組織取得直接聯繫，並安排越共重要幹部接受中共的訓練。乃以法在歐洲戰敗，日本勢力伸入越南，並扶植親日勢力反抗法人。一九四〇年九月法日軍在北越諒山的一次衝突中，越共人員與親日派採取「聯合陣線」，發動武裝抗法，建立了越共第一支游擊隊。胡在桂林亦指示越共人員加入越南

民族主義者早在一九三五年所建立的「越南獨立同盟會」，企圖結
合親日派，參與「抗法」運動。這是「越盟」的早期真面目。

(2)法、日軍在越南妥協，停止衝突，越南親日派的勢力亦趨消
沉。親華派的勢力漸告抬頭，胡又指導越共人員結合親華派的勢
力，於一九四一年四月，在靖西成立「越南民族解放同盟會」。
「獨立同盟會」的人員轉入「解放同盟會」，以圖支配和分化親華
的勢力。但胡仍繼續利用「獨立同盟會」的旗幟，組織「越盟陣
線」，在北越單獨活動，組織群眾，發展游擊武力和游擊根據地，
進行他奪取政權的準備工作。

(3)太平洋戰爭爆發後，越南革命黨在中國的活動趨於活躍。一
九四二年八月，集合在中國第四戰區司令長官部所在地廣西柳州的
越南革命黨人，在中國的支援下，有「越南革命同盟會」的組織。
胡在此時亦潛入廣西，因「間諜嫌疑」被地方民兵拘捕，轉送柳州
審訊。由於他拒絕表明真正的身分，一直到一九四三年九月始恢復
自由；惟尚須政治「感化」。由於他善於表現，獲得中國第四戰區
司令長官張發奎將軍個人的信任，並得左傾分子蕭文的支持，使他
由加入越南革命同盟會而至被釋回越。同時由於法在越南為保持其
名義上的統治，一面對日忍辱屈服，同時挾日本以自重，與同盟國
採取極不合作的態度。胡及其黨人得以利用中、法、日在越之間的
矛盾與衝突，縱橫其間，遂使革命同盟會中的民族主義黨派，成為
左傾反法勢力合流下的犧牲者。

(4)越盟勢力之擴張，實得自日、法在越的衝突。日軍每在越南
對法施行一次壓迫，便使越盟獲得一次擴張勢力的機會。尤其一九
四五年三月九日的越南事變，日軍推翻法在越南之統治，給越盟以
空前發展的機會。越盟利用這次事變的機會，游擊武力擴充到五倍
以上，地方政權普及北圻六個省區。這是胡在同年八月能夠奪得政
權的最大關鍵。

(5)日軍發動越南事變後，同盟國的軍隊亦開始積極對越活動。

日軍之崩潰及其退出越南，只是時間的問題。越南各民族主義黨派爭取越南獨立運動頓現活躍，中國援越政策亦趨積極，構成對越盟之單獨奪取政權一大威脅。胡一面主動的聯絡美軍，在其越盟基地建立聯絡中心，藉以提高越南盟的聲勢；同時亦在活動壟斷中國對越的援助，但後者企圖遭到失敗。一九四五年五月，他由廣西回到北越，推行其「聯美」排華的政策。當時他也考慮到本身的力量，未必能在盟軍入越之前，利用有利時機奪得政權。儘管其他黨派正在積極爭取越南獨立，並已獲得中國的保證和援助，但胡卻利用美軍在其基地的電台，直接對法要求談判，表示願意放棄越南獨立；並且攻訐反法的急先鋒──大越黨。同時，他一反其過去對華「親善」的態度，採取強烈的排華行動，藉以打擊民族主義黨派勢力的興起。胡在數十年的流亡生涯中，積有豐富的鬥爭經驗。他的每一行動，均有其自己的企圖，也常能取得主動的形勢。他顯然有一基本的原則，凡是適合他所需要的，不惜利用各種機會去主動地結合和爭取；凡是對他本身實力的發展有妨礙的，必須設法排除或消滅。為了爭取群眾，他豎起反法和爭取民族獨立的旗幟；他卻排斥其他反法的和爭取民族獨立的異己黨派。他也宣傳抗日，但卻結合及利用親日的勢力；甚至與日軍採取平行的行動，協同打擊另一敵人，以求本身實力的擴張。他也表現親華，但卻利用親華的組織，以排除或消滅親華的異己黨派；必要時，卻採取排華的行動，以達成他的另一目的。他絕對需求外援，但不允許其他黨派或個人獲得外援；他也需要爭取群眾，但不允許其他黨派或個人爭取群眾。胡經常使用不同的化名，以民族主義者的面目，利用各種有利的機會，以保存或壯大自己的力量；利用對方的弱點，以或消滅對方的力量。因此，他的每一動作表現，變化靈活，運用自如，經驗豐富，是一位老練的革命家。

引用文件及資料目錄

（一）原始文件及檔案

中國國民黨中央海外部：

　　《越南革命黨派略史》，民國三十二（一九四三）年至一九四五年，重慶。

中國國民黨中央調查統計局：

　　《黨派調查週報》第三二、三九、四〇期，民國二十九（一九四〇）年九月至十一月，重慶，油印本。

　　《黨派調查月報》，民國三十年二月號，油印本。

中國國民黨中央宣傳部致中央秘書處函，民國三十四（一九四五）年三月二十七日。

中國國民黨中央秘書處致潘林雄函稿，民國三十三（一九四四）年二月一日。

中國國民黨雲南省黨部報告，民國二十九（一九四〇）年十二月二十六日，昆明。

中國駐河內總領事館：一九四〇年。

中國駐法國大使館：

　　《電報》，民國二十九（一九四〇）年。

　　《中法規定越南及中國邊省關係專約》，民國十九（一九三〇）年五月十六日，見《中外條約彙編》，外交部，民國四十七（一九五八）年，臺北。

王寵惠《外交報告》（國防最高委員會紀錄）。

王達人（胡志明）《越南情況報告》，見中國國民黨第二次全國代表
　　大會紀錄第十七號，民國十五（一九二六）年一月十四日，廣州。
王之五有關越南情況報告，柳州。
尹鳳藻報告，民國三十四（一九四五）年十月十二日，西貢。
《江蘇地方法院公佈牛蘭判決書》，見南京《中央日報》，民國二十
　　一年（一九三二）九月十三日。
邢森洲有關越南情況報告：《越南民族獨立運動現況》，民國三十六
　　（一九四七）年十二月二十六日。
李瑞（胡志明）致中國國民黨第二次全國代表大會主席團函，民國十
　　五（一九二六）年一月六日，廣州。
李濟深致吳鐵城電報，民國三十二（一九四三）年一月二十九日，桂
　　林。
何應欽致吳鐵城函，民國三十二（一九四三）年十二月二十二日，重
　　慶。《越南情況報告》，民國三十四（一九四五）年十月八日。
吳鐵城致張發奎電報，民國三十一（一九四二）年十一月九日，重
　　慶。致邢森洲函稿，民國三十三（一九四四）年十月十二日。
武鵬翼致中國國民黨中央執行委員會代電，民國三十一（一九四二）
　　年十一月四日，柳州。
胡弅（胡毅生）《安南范烈士墓記》，民國十四（一九二五）年一月
　　一日（拓本），廣州。
胡志明《入越工作計畫大綱》，見張發奎報告，民國三十三（一九四
　　四）年八月九日，柳州。
張發奎有關越南情況報告及文件：
致吳鐵城函，民國三十一（一九四二）年十二月二十七日，柳州。民
　　國三十三（一九四四）年六月六日。
復吳鐵城的電報，民國三十一（一九四二）年十二月二十七日。
致中央秘書處函，民國三十三（一九四四）年一月六日。《訪問》，
　　答作者及夏連蔭，一九六六年九月六日，香港。
夏連蔭訪問楊清民，一九六六年十一月二十日、十一月二十六日及一

九六七年一月二十七日致作者函,香港。

侯志明復作者函,民國五十五(一九六六)年九月一日,臺北。

孫科致吳鐵城函,民國三十一(一九四二)年十月二十九日,重慶。

凌其翰《對蕭文所擬扶助越南獨立方案之批判》,民國三十五(一九四六)年十月三十一日,南京。

第四戰區政治部有關越南革命黨報告:

　民國三十一(一九四二)年七月二十八日。

國防最高委員會紀錄,重慶:

　《外交決議案》,民國二十九(一九四〇)年七月十八日。

　《開羅會議經過報告》,民國三十二(一九四三)年十二月二十日。

國際反侵略會越南分會致重慶塔斯社通訊,一九四二年十一月十五日(中統局一九四三年一月十八日中文譯件)。

楊哲民報告,民國三十三(一九四四)年十一月一日,柳州。

越南革命同盟會,柳州:

　《籌備委員會委員簡歷表》,一九四二年七月二十八日,柳州。

　《章程、政綱、工作綱領》,越南革命同盟會印,一九四二年十月。

　《指導代表梁華盛報告》,民國三十一(一九四二)年十月二十四日。

　民國三十一(一九四二)年十月二十八日。

　《指導代表辦公室報告》,民國三十二(一九四三)年十二月二十三日。

　民國三十三(一九四四)年三月二十三日。

　民國三十三(一九四四)年八月七日。

越南國民黨:

　《中央執行委員會海外部報告》,一九四五年一月二十日,重慶。

　《麻栗工作站黃國政報告》,一九四五年六月十六日。

　《來華代表團報告越南三月九日事變經過》,一九四五年六月,重

慶。

　　《來華代表團談話會紀錄》，一九四五年六月二十五日及二十九
　　日，重慶。

越南國民黨政府籌備委員會代電，一九四三年十一月二十日，韶關。

越盟《解釋人民委員會與越盟會之分別》，見國民政府軍事委員會報
　　告，民國三十四（一九四五）年九月十九日，重慶。

葉秀峰致吳鐵城函，民國三十四（一九四五）年五月二十六日，重
　　慶。

盧漢《越南各黨派概況》，民國三十四（一九四五）年十二月十四
　　日，河內。

蕭文《越南情況報告》，民國三十五（一九四六）年十月，南京。

　　《對越南各項問題之解答》，民國三十五（一九四六）年十一月一
　　日。

嚴繼祖《越南革命黨派略史》，一九四二年八月十六日，重慶。

　　《致中國國民黨中央執行委員會報告》，一九四二年八月十六日。

　　《報告》，一九四四年一月二十日。一九四五年一月三十日。

（二）中文書刊及論文

中國國民黨中央組織部調查科《中國共產黨之透視》，文星書店影印
　　本，臺北，民國五十一（一九六二）年。

中國國民黨中央委員會第六組：

《共匪重要資料彙編》第十冊（人物篇），中央文物供應社，臺北，
　　民國四十一（一九五二）年。

《共匪重要資料彙編續編》第二冊，中央文物供應社，民國四十二
　　（一九五三）年。

《匪情週報》第四十一期，民國四十二（一九五三）年十二月九日。

中華民國開國五十年文獻編纂委員會《共匪禍國史料彙編》，三冊，
　　民國五十三（一九六四）年十月，臺北。

毛思誠《民國十五年以前蔣介石先生》第五冊，民國二十六（一九三

七）年南京刊本。

王健民《中國共產黨史稿》第三冊,國立政治大學,臺北,民國五十四（一九六五）年。

司馬璐《瞿秋白傳》,自聯出版社,香港,一九六二年。

世界知識社《印度支那問題大事紀要》（一九四〇～一九五四）,北平,一九五四年。

呂毅《越南人民反帝鬥爭史》,東方書社,上海,一九五一年。

李雲漢《從容共到清黨》,中國學術著作獎助委員會,臺北,民國五十五（一九六六）年。

李熙斌《記同盟會中之一個暗殺團》,一九三〇年鉛印本（黨史會藏）。

李昌慶《越南民族革命運動的一個喜訊》,見桂林《力報》,民國三十（一九四一）年一月十八日。

阮文剛《越南獨立運動一覽》,越南旅滬僑民聯合會,上海,一九四六年四月。

宋雲彬《中國近百年史》,香港新知書店,一九四八年。

長征《胡主席》,越南外文出版社,河內,一九六六年。

胡志明《選集》,上下卷,越南外文出版社,一九六二年。

　　《獄中日記》,越南外文出版社,一九六六年。

　　《越南民主共和國成立十週年》,一九五五年九月二日。

　　《我與中共》,見香港《展望》半月刊第一八三期,一九六九年九月十六日。

陳懷南《越南的人民解放鬥爭》,世界知識社,一九五四年。

陳民先（Tran Dan Tien）《胡志明傳》,上海八月出版社,一九四八年。

陳以令《越南現勢》,中華文化出版事業,臺北,民國四十八年（一九五九）。

陳子濤《越南向著民族解放的前途邁進》,見《抗戰時代》第三卷第六期,廣西綏靖公署政治部,民國三十（一九四一）年六月。

桂林《掃蕩報》民國二十九年（一九四〇年十月十二日，有關越南革
　命黨動態之新聞）。

梅公毅《越南新誌》，中華書局，重慶，一九四五年。

張靜廬《中國現代出版史料》第四編第一冊，一九五五年，上海。

張卓華《達拉第與今日法國》，見桂林《掃蕩報》，民國二十九（一
　九四〇）年六月三十日。

麥浪《越南民族的革命哲學》，見桂林《掃蕩報》，民國三十（一九
　四一）年六月二十二日。

黃郛《戰後之世界》，中華書局，上海，一九二〇年。

楊懷南（武元甲）《越南革命風潮的一個重大事件》，見桂林《掃蕩
　報》，民國三十（一九四一）年五月二十六日。

楚女《世界弱小民族解放運動的近狀》，見《中國國民黨週刊》第三
　十九期，民國十三（一九二四）年九月二十一日，廣州。

鄭學稼《第三國際興亡史》，香港亞洲出版社，民國四十三（一九五
　四）年。

　《史達林真傳》，香港亞洲出版社，民國四十三（一九五四）年。

蔡文星《泰國近代史》，正中書店，重慶，一九四四年。

懷青等《胡伯伯》，越南外文出版社，一九六二年。

龍大鈞《越南民族獨立運動與華僑》，見《東方雜誌》第二十五卷第
　十二期，民國十七（一九二八）年六月十五日，上海。

顏雲龍《在倭寇南進中掙扎的泰國、越南和緬甸》，見桂林《掃蕩
　報》，民國三十（一九四一）年三月二十五日。

謝康壽《敵寇盤踞下的越南現狀》，見桂林《掃蕩報》，民國三十
　（一九四一）年一月十四日。

（三）外文書及資料

Barnett, A. Doak, Communist China and Asia, Harper and Brothers, Y.N.
　1960.

Buttinger, Joseph, Vietnam: A Political History, Frederick A. Praeger, N.

Y. 1968.

Cherepanov, Alexander Ivanovich, Notes of a Military Advisor in China, A Draft Translation y Alexander O. Smith, Office of Military History, HQ MAAG Taipei, 1970.

Chu Van Tan, With Uncle Ho, in Vietnamese Studies, No. 15, 1968, Mountain Regions and National Minorities in the D. R. of Vietnam, Hanoi.

Devillers, Philippe, Histore du Viet-Nam de 1940 à 1952, Paris, 1952.

Fall, Bernard B. The Two Viet-Nams, A Political and Military Analysis, Frederick A Praeger, N.Y. 1964.

Hammer, Ellen J. The Struggle for Indochina, 1940-1955, Stanford University Press, 1966.

Hoang Van Chi, From Colonialism to Communism, A Case History of North Vietnam, Frederick A. Praeger, N.Y. 1965.

Ho Chi Minh. The Pethwhich Led Me to Leninism, in Ho Chi Minh on Revolution, the New American Lirary, 1968.

Jones, F. C. Survey of International Affairs, the Far East, 1942-1946, Oxfordn University Press, London, 1955.

Kahin, George McTurnan and others, Government and Political of Southeast Asia, Cornell University Press, Ithaca, 1964.

Lacouture, Jean, Ho Chi Minh, A Political Biography, translated from the French, y Peter Wiles, New York, 1968.

McLane Charles . Soviet Strategies in Southeast Asia, Princeton University Press, 1966.

Nguyen Luong ang, rought to Political Maturity thanks to the People and the Party, in A Heroic People, Foreign Languages Pulishing House, Hanoi, 1960.

Roosevlt, F. D. The Public Papers and Addresses of Franklin D. Roosevlt, 1944-1945, Volume, Victory and the Threshold of Peace.

Sacks, I. Milton, Marxism in Viet Nam, in Frank N. Trager, Marxism in Southeast Asia, Stanford University Press, 1959.

Shaplen, Robert, The Lost Revolution, Harper and Row, N.Y. 1965.

U. S. Department, Foreign Relations of the United States, 1942, China, Washington, D. C. 1957.

Foreign Relations of the United States, 1943, China.

Foreign Relations of the United States, 1943, Conference at Cairo and Teheran.

Vo Nguyen Giap, People's War, People's Army, Frederick A. Praeger N. Y. 1962.

Wilur, C. Martin, Forging the Weapons: Sun Yat-sen and the Kuomintang in Canton, 1924, Columia University, N.Y. 1966.

孔中山與胡志明／蔣永敬著·--初版·-- 臺北市：
臺灣商務，2010.10
面： 公分

　ISBN 978-957-05-2647-9(平裝)

　1.革命　2.中國史　3.越南史

628.1　　　　　　　　　　100016377

孫中山與胡志明

作者◆蔣永敬

發行人◆施嘉明

總編輯◆方鵬程

主編◆李俊男

責任編輯◆賴秉薇

美術設計◆吳郁婷

校對◆林秋芬

出版發行：臺灣商務印書館股份有限公司

台北市重慶南路一段三十七號

電話：(02)2371-3712

讀者服務專線：0800056196

郵撥：0000165-1

網路書店：www.cptw.com.tw

E-mail：ecptw@cptw.com.tw

網址：www.cptw.com.tw

局版北市業字第 993 號

初版一刷：2011 年 10 月

定價：新台幣 280 元

ISBN 978-957-05-2647-9